U0940310

# 成语误用辨析 200 例

赵丕杰　著

**图书在版编目(CIP)数据**

成语误用辨析200例 / 赵丕杰著. —北京：商务印书馆，2013(2022.9重印)
(语林漫步丛书)
ISBN 978-7-100-09239-5

Ⅰ.①成… Ⅱ.①赵… Ⅲ.①汉语—成语—研究 Ⅳ.①H136.3

中国版本图书馆CIP数据核字(2012)第134778号



**成语误用辨析200例**
赵丕杰 著

---

商 务 印 书 馆 出 版
(北京王府井大街36号 邮政编码100710)
商 务 印 书 馆 发 行
北京艺辉伊航图文有限公司印刷
ISBN 978-7-100-09239-5

---

2013年1月第1版 开本787×1092 1/32
2022年9月北京第7次印刷 印张16½

定价：49.00元

# 目　　录

# 序　一

## 曹先擢

赵丕杰先生与我同庚，但是他入北大中文系求学，是1948年，比我早6年，是我的学长。闻道有先后，我发现他们早我上大学的，国文底子比我雄厚。我十分尊敬他。最近他写了一部书，书名是《成语误用辨析200例》，希望我写一篇序，学长之命，我就二话没说同意了。

我对成语有偏爱，认为它是词语系统中的精华。在古汉语中，成即定也，成语就是社会语言应用中优胜劣汰的结果。从历史看，《论语》、《孟子》、《庄子》、《列子》和《史记》等留下的成语多。一部2万字的《论语》留下的成语五十多条，“己所不为，勿施于人”，柏林街上的孔子塑像下面镌刻的是这句话。大多数成语极富表达力，它传递了我们民族的智慧。因此人们喜欢学习成语喜欢用成语。然而学好成语，特别是用好成语绝非易事。使用成语宁缺勿滥，要用就得用得贴切，这是从积极方面说的，从消极方面说就是不要出错。

学习成语大致有三个方面，一是从书本上学，成语词典就是为我们学习成语提供的，二是在写作中学，三是从误用的例子里学。这本《成语误用辨析200例》便是为我们学好成语而提供的。

这部书的优点很多，我认为重要的有以下几点。

1. 误用成语的选择大多是有很好的代表性。这需要作者做调查，既然是误用，自然不是俯拾即是的，因为谁也不愿意去用错的，因此只有大量搜集资料才可找到，花功夫少办不到。我注意到作者所选例句的时间跨度很大，所标发表的文章也是先后跨年很多，可见作者用力之勤矣。要有很好的语言文字功底，这样才能对成语的误用具备一种敏感性，在分析致误的原因时，能如老吏断狱，一下子把要害抓住。具备这种能力非一朝一夕之功，而是靠长年的积累。作者长期在大学讲授中文课程，后来做辞书编纂工作，有丰富的成语等知识和成语应用分析的能力，浅学者是难以做到的。

2. 有正确的观点，即语言发展的观点。成语是在历史的发展中形成和演变的，它有相当稳定的传承性，但是也有变化。有些人只谈历史的传承，以古为准则，凡是与古不同的，就认为是不正确的，于是一定要说成“揠苗助长”，你要是用了“拔苗助长”，就认为学无根底。我们是难以认同的，试问“掩耳盗铃”一定要作“掩耳盗钟”吗？但是我们更多发生的误用是没有了解成语的原来意思，也是历代人们遵从的意义，自己随意而为之。例如本书所分析的误用例“过犹不及”，并不是指“过头”，误用者恰恰是把二者画了等号。这则成语出自《论语》，说“‘过犹不及’既不只指‘过’，也不是只指‘不及’，而是在比较了二者之后得出的结论”，即“事情做过了头，就像做得不够一样，都是不好的”。杨伯峻先生的《论语译注》译为“过分和赶不上同样不好”。

3. 例证丰富。误用的例子举出许多，可以提醒人们误用并非个别的，需要避免。以“过犹不及”条来说，有误用例“张国立说‘我强烈反对韩剧、日剧，一切国外的剧’。张国立的观点有点过犹不及。(《京华时报》2007 年 9 月 29 日)”等 6 条，皆有出处，不是自编的。现在找例子有时可利用互联网，比较方便，但是挑选也很费劲，得花时间，得推敲，得比较。《新华字典》10 版主事者要我对新补条目“理念”拟一初稿，按照通常的做法在大量用例基础上写草稿，我在搜狐网查“理念”的用例有 418366 条，选择了极小的一部分。我想本书作者用的功夫是很大的。

4. 分析能分门别类，注意实用。不像我有时看到的，在做这种分析时，好故意卖弄才学，离开实际需要而广征博引。例如本书“‘不孚众望’与‘不负众望’”条在引了正确用法和大量误用例后，用点睛之笔说“弄清‘孚’(使人信服)和‘负’(辜负)这两个关键词的区别，就不会把这两条截然相反的成语混为一谈了”。

如果你认真读了这本著作，我相信收获是很大的，不仅会丰富我们的成语知识，懂得如何正确用成语，如何避免发生误用等，而且会感到需要进一步学好语文，特别是学好古代的那些名篇佳作(如书中谈到的，也可以由此为基础再扩大一下)，其实这是补一下传统文化的课。传统文化的缺失是一个带有根本性的缺失，会在许多地方反映出来，成语应用是其中的一个方面。所以这本书的意义不局限于成语，而是关系我们进一步把传统文化学好的问题了。

2011 年 9 月

# 序 二

苏 培 成

首都师范大学文学院赵丕杰教授的新著《成语误用辨析200例》(以下简称《辨析》)是一本兼有学术性和实用性的好书,它的出版值得祝贺。赵教授是我的学长,彼此相知多年。他要我在书的前面写几句话,谈谈对这本书的看法。我不避浅陋,下面就从成语应用研究的角度讨论一下《辨析》的特点和它做出的贡献。

汉语里的成语古已有之。例如"众口铄金"就出现在《国语·周语下》《战国策·魏策一》《邓析子·转辞》《晏子春秋·内篇谏上》等多部古籍里。《国语·周语下》:"故谚曰:众志成城,众口铄金。"《战国策·魏策一》:"臣闻积羽沉舟,群轻折轴,众口铄金,故愿大王之熟记之也。"这两条语料在"众口铄金"的前面标明了"谚"或"闻",可见在当时已是广为流传。在中古汉语里,成语有了很大的丰富和发展。但是古人对成语的研究却开始得较晚。宋代无名氏著《释常谈》中收入了"鹬蚌相争""文过饰非""胶柱鼓瑟"等条目,可是还没有"成语"这个名称。清代钱大昕著《恒言录》开始设"成语"类,收入了"一败涂地""花言巧语"等,这是"成语"一词出现的较早记录。民国时期,成语的研究和著录进展不大,成果也不多。新中国建立后，成语的研究逐渐引起了学者的关注，发表了一些质量较高的研究论文，但是成语词典的编写和出版仍旧滞后，满足不了社会的需要。1958 年暑假，北大中文系 1955 级语言班的同学集体编写了《汉语成语小词典》，用现代汉语解释成语的意义，并有显示用法的例句。用今天的眼光来看，那只是薄薄的一小本，算不了什么，可是在那时却是雪中送炭，出版后受到社会的欢迎。改革开放以来，成语词典的出版一改过去的贫乏状况，短短的几年间有了几十种，而且还有了全面考源、释义、引例的大型词典。有了这么一大批讲解成语的辞书，使得人们学习成语、查考成语方便多了，可是人们在使用中逐渐发现这些词典对用法却讲得不多，而用法恰恰是人们使用成语时遇到的重要问题。吕叔湘先生说："成语之妙，在于应用。"当前各种媒体里误用成语的现象比比皆是，成为汉语应用中亟待解决的问题。人们对现有的成语词典并不满足，期待着能有突出讲解成语用法的词典问世。《辨析》的出版正是适应了这种形势。

《辨析》与一般成语词典的显著不同就在于它不但解释了常用成语的意义，而且重点突出了成语的应用，分析了造成误用的原因，指明了避免误用的方法。造成成语误用的原因可以分为两大类。一类是使用者对成语的意义不了解，这当然会用错，可是一般成语词典对意义都有解释，查一查就能解决了。另一类是使用者虽然了解成语的意义，但是对成语的色彩，使用的条件、范围、对象等不了解，结果也会用错。遇到这类问题时去查阅现有的成语词典，常常得不到满意的答案。这些成语词典对这些方面不是完全不讲，就是语焉不详，而

《辨析》恰恰是在这些方面做出了重要改进。讲用法当然不能不管意义，所以《辨析》是联系用法讲意义，重点在讲用法。它做了大量的调查研究，搜集了大批典范的和误用的例子，然后有的放矢地进行分析，得出有说服力的结论。《辨析》的每篇短文都包括两部分：前一部分是交待成语的语源，举出典范的用例分析成语的意义；后一部分是辨析常见的误用。我们知道许多成语的用法前人并没有做出过仔细的研究，所以《辨析》的分析具有开创性，这是难能可贵的。这就是《辨析》的特点和它对成语研究做出的贡献。

下面我们把《辨析》里有关避免成语误用的意见归纳为十个方面做一些介绍，供读者参考。使用成语时，注意这十个方面就一定会大量减少成语的误用。这十个方面的前三个在语文辞书里多有涉及，而后七个则鲜有论述。

## 一、准确理解成语用字的文言义

许多成语都有很长的历史，它的字有不少用的是文言义。如果用现代白话的意义来理解这样的字，必然要产生差错。例如"差强人意"的意思是"大体上还能使人满意"，可是经常被误解为"不能令人满意"。例如"反腐斗争上投入了不少成本，花了不少力气……天天反腐时时倡廉，但效果却差强人意。"《辨析》指出：

所以如此，很可能是因为把"差强人意"中的"差(chā)"，同当"不好"讲的"差(chà)"混为一谈了。很多人把这条成语读成 chàqiángrényì，便是证明。"差"是多音多义字，读 chā 时，在古汉语中有一个副词义，相当于"颇""稍微”。例如《汉书·匈奴传下》:“从塞以南,径深山谷,往来差难。”宋·张实《流红记》:“有一脱叶,差大于他叶。”又如“差可”就是尚可,“差堪”就是还能够,“差愈”就是稍微胜过。“差强人意”中的“差”正是大体、稍微的意思。可见一个关键词理解错了,整条成语的意思便弄反了,可谓失之毫厘,谬以千里,不可不慎。

## 二、准确理解成语里关键词的含义

《辨析》以“首鼠两端”为例说明理解关键词的重要性:

理解这条成语的关键在“首鼠”二字。“首鼠”是双声联绵词,义同“踌躇”“犹豫”。“首鼠两端”就是犹豫于两者之间。有人没有弄清这一点,把“首鼠两端”误解为“言行不一”。其实这两条成语毫无共同之处。“言行不一”者,其行是真,早已确定无疑,其言是假,实为掩人耳目,根本不是犹豫于言与行之间难以决定。此类误用在媒体中并不罕见,例如:“当奥巴马与中国的握手还余温未散之时,美国国务院就在本月初发出消息说政府将开展新一轮对台军售行动。作为当今世界上的超级大国如此首鼠两端、朝三暮四,怎能不令世人惊讶。”行文中“首鼠两端”与“朝三暮四”连用,更足以说明作者确实是把“首鼠两端”误解为“言行不一”了。

## 三、弄清成语里包含的典故

有些成语来自典故,不明典故,成语的意义自然也难于明了。《辨析》在“举案齐眉”条指出:

“举案齐眉”语出《后汉书·逸民传》:“〔梁鸿〕为人赁舂,

每归，妻为具食，不敢于鸿前仰视，举案齐眉。”说的是东汉人梁鸿受雇为人舂米，每次收工回来，他的妻子孟光都为他准备好饭食，把托盘举得同眉毛一样高，以示对丈夫的敬重（案：古代端饭菜用的矮脚托盘）。后遂用“举案齐眉”形容妻子敬重丈夫，泛指夫妻互敬互爱。……有人不了解“案”是什么，误以为不管什么东西只要举得同眉毛一般高，就叫“举案齐眉”。例如：“倘若选个日子海峡两岸，世界华人一起祭祖……大陆十三亿对岸二千万一起举案齐眉，共同纪念一个老祖宗，应该更有意义。”此例当然不会是说海峡两岸的同胞都是恩爱夫妻，似乎是想说“举‘香’（祭祖时点燃的香）齐眉”，或“举‘香案’（放置香炉的长桌）齐眉”。如果我猜得不错，那就是把“举案齐眉”用成“举×齐眉”了。

## 四、全面理解成语的结构，不要断章取义

《辨析》在“不绝如缕”条里指出：

“不绝如缕”原作“不绝如线”，语本《公羊传·僖公四年》：“夷狄也，而亟病中国；南夷与北狄交，中国不绝若线。”意思是就像只有一根细线连着，差一点就要断了。后来写作“不绝如缕”（缕：细线）。……理解“不绝如缕”的关键，是要弄清它所描绘的状态，既不是已断，也不是不断，而是将断未断，随时可断。……现在有些人根本没有读懂这条成语，错误地把它同“接连不断”“连绵不绝”“络绎不绝”混为一谈。例如：“进入21世纪以来，有关在外经商的中国人受到驻在国官方和民间双重侵害的新闻报道不绝如缕。”所以误用，是因为只看到“不绝”，而忽略了“如缕”。这种类型的误用，可以称之为“断章取

义”，即只看到成语中某个字的意思，便误认为是整个成语的意思，而所忽略的往往恰恰是最关键的字。

## 五、全面理解成语的意义，不要望文生义

《辨析》在“目无全牛”条里指出：

“目无全牛”语本《庄子·养生主》：“始臣之解牛之时，所见无非牛者；三年之后，未尝见全牛也。”……后因以“目无全牛”比喻对事物的整体和各个组成部分之间的关系已经了如指掌，因而处理起来极为准确熟练。

《辨析》接着举出了误用的例子，如：“在研究中，首先必须知晓通史，专而不通，必然目无全牛，失于偏颇。”接着分析说：

以上诸例的作者显然都没有弄懂什么叫“目无全牛”，而是想当然地把它理解为只看到局部而看不到整体，只见树木不见森林，所以才把它同“失于偏颇”“支离破碎”“以偏概全”“零件主义”等相提并论。这是典型的望文生义，是理解和运用成语的大忌。

## 六、区分成语的褒贬色彩

许多成语带有明显的褒贬色彩，这种色彩是语言社会约定俗成的，个人不得随意改动。常见的误用是褒义成语用于贬义。《辨析》指出：

“方兴未艾”也作“方昌未艾”“方盛未艾”。“兴”“昌”“盛”都是兴旺、昌盛的意思。显然这是一条色彩鲜明的褒义成语，不能用于贬义。有人没有注意到它的感情色彩，不管什么事物正在发生、发展，都拿来使用，以致造成误用。请看例句：

"新流感方兴未艾，出现了第一个死亡病例，震撼全岛。"

也有的就是贬义成语用于褒义。《辨析》以"罄竹难书"为例分析说：

2006年5月20日，陈水扁在一个公开集会上赞扬台湾志工（义工）的贡献时说："有很多我们的志工团体，不管是政府代表或者是民间企业帮忙等等，这些都是罄竹难书，非常感人的成功故事。"……这条成语从它一出现，就带有明显的贬抑色彩，尽管过去间或有人用于褒义，但发展至今，其为贬义成语早已约定俗成。因此陈水扁用来赞扬"志工"，"教育部长"杜正胜为之辩解，在台湾立即引起轩然大波，传为笑柄，绝非偶然。令人遗憾的是，类似陈水扁这样的误用至今在大陆依然时有出现。

## 七、遵守成语的使用条件

每条成语在使用时都有一定条件，不过有的条件明显，有的条件不十分明显。对那些使用条件不十分明显的成语，人们容易用错。《辨析》在分析"投鼠忌器"这一成语时指出：

"投鼠忌器"的"鼠"是投掷的对象，比喻要打击的坏人；"器"是鼠身旁的器物，比喻打击对象身边的人，特别是他所依附的或无辜的人，但绝不是投鼠者自己。……之所以造成误用，同某些辞书释义不到位不无关系。例如《中国成语大辞典》把这条成语释为"比喻有顾虑，想干而不敢干"，《中华成语词典》释为"比喻做事有顾虑，不敢放手干"，既没有落实到"鼠"，更没有落实到"器"，这样就很容易对使用者造成误导。《现代汉语词典》比较好，释为"比喻想打击坏人而又有所顾忌”，落实了“鼠”，但还没有落实到“器”。《现代汉语学习词典》释为“比喻想打击坏人，又有所顾忌，怕会伤害别的无辜的人和牵涉别的事”，便比较准确了。

## 八、把握成语的适用范围

《辨析》在“济济一堂”条里指出：

理解这条成语关键在“济济”一词。《尚书·大禹谟》：“禹乃会群后，誓于师曰：济济有众，咸听朕命。”孔安国传：“济济，众盛之貌。”“众盛”就是人多气势大的样子。《现代汉语词典》把这条成语释为“形容许多有才能的人聚集在一起”，实为确诂。由此可见，“济济一堂”主要形容人才很多，扩大一点也可以形容人很多，但是绝不能形容事物很多。不恰当地扩大它的使用范围，就会造成误用。

《辨析》举出的误用的例子是：“各地的奇瓜异果，特色小吃济济一堂，市民大饱口福。”这个句子里“济济一堂”用来形容瓜果和特色小吃很多，是不恰当的。

## 九、认清成语的适用对象

《辨析》在分析成语“反戈一击”时指出：

理解和运用这条成语一定要注意，“反戈一击”的对象必须是自己原来所属的或拥护的一方，只有背叛了原来的营垒倒向敌对的一方，才有可能回过头来反戈一击。它同“反击”恰好相反，反击的对象是攻击过自己的敌对的一方，而不是自己的一方。现在有人没有弄清这一点，把“反戈一击”同“反击”混为一谈，以致造成误用。

下面句子里的“反戈一击”应该改为“反击”:“足球就是这样,你不进球,别人就会反戈一击。”

## 十、辨析近义成语

对同义词或近义词进行辨析,大家都很熟悉,而对于同义成语或近义成语的辨析,人们做的较少,《辨析》在这方面做了很多工作。《辨析》对“弹冠相庆”和“额手相庆”这两条成语做了比较,指出:

“额手相庆”同“弹冠相庆”只差两个字,但是区别恰恰就在这两个字上:“额手”的意思是双手合掌加额,是古人表示敬意或庆幸的习惯动作;而“弹冠”并非敲锣打鼓、手舞足蹈之类通常表示庆贺的动作,它具有特定的含义,即掸掉帽子上的尘土,准备做官。所以“弹冠相庆”表示的不是一般的“相庆”,而是因即将掌权或得势而“相庆”。有些人只看到“相庆”,而没有理解“弹冠”,以致把两条成语混为一谈。

《辨析》在另一个地方指出:

形容费尽心思的成语很多,如褒义的有“殚精竭虑”,中性的有“煞费苦心”“绞尽脑汁”“千方百计”,贬义的有“挖空心思”“费尽心机”等。这些成语感情色彩不同,意思大同小异,可以根据不同的语境灵活选用,不要抱着一个“处心积虑”不放。多掌握一些近义成语,使用起来就会得心应手、左右逢源了。

总之,《辨析》这本书的出版有意义,作者付出的辛勤劳动有价值。从实用的角度说,它可以弥补当前成语词典释义的不足,帮助读者正确使用成语;从研究的角度说,作者重视成语的应用，并做了有益的探索，对成语的教学和成语词典的编写都有参考价值。不论是专业语文工作者还是其他方面的工作者，读读这本书都会有所得。

2011 年 10 月

# 前　言

## （一）

成语是人们在长期使用语言的过程中逐渐形成、一直沿用下来的意义完整、形式简洁、结构定型、表现力强的固定词组。在语言表达中适度地、正确地使用成语，可以使语言简练，形象生动，甚至可以起到画龙点睛、事半功倍的作用。正如吕叔湘先生在为一本成语词典题词中所说，“成语之妙，在于运用”。而正确运用成语的前提是全面正确了解成语的含义和用法，否则很容易弄巧成拙，南辕北辙。目前误用成语的现象相当严重，误用的例子在媒体中屡见不鲜，令人忧虑。为了纯洁祖国的语言，促进语言文字规范化，有必要对成语误用的情况作一番考察和辨析。

成语误用概括起来主要表现在以下几个方面：

### 一、没有全面、准确理解成语的含义

不能全面、准确理解成语的含义，是成语误用的最主要的原因。常见的有以下几种情况：

1. 以今释古

绝大多数成语都是从古代流传下来的，其中保留了不少

古代汉语的词义，是我们理解这些成语的难点，稍不注意就会产生误解。例如“不赞一词”原指文章写得好，别人不能再添加一句话，现多指一言不发。“赞”是参与、加入的意思。在现代汉语中，“赞”的常用义是称赞，因此这条成语很容易被误解为没有一句称赞的话。2008 年 2 月 14 日《南方都市报》有一句话：“对于甘地在民族解放运动中提倡的手纺手织，泰戈尔不仅不赞一词，而且苛评有加。”既然“苛评有加”，肯定不是一言不发，怎么能说“不赞一词”呢？再如“不足为训”的意思是不值得作为典范或准则。“训”是典范、准则的意思。这个意义现在已不常见，很容易把这条成语误解为不足以成为教训。又如“差强人意”的意思是大体上还能使人满意。“差(chā)”是大体、稍微的意思。这个意义在现代汉语中只保留在“差强人意”“差可告慰”等少数词语中，很多人把它同当欠缺、不好讲的“差(chà)”混为一谈，从而把这条成语误解为不能令人满意。对于诸如此类的成语，切不可以今释古，否则必然造成误用。

2. 没有抓住关键词的含义

许多成语中往往只有一个词不容易理解，弄不清这个关键词的含义，就会把整个成语的意思搞错。例如“罪不容诛”是说即使处死也不足以原谅他，也不能抵偿他的罪过。“容”是宽容、原谅的意思。有人误解为“容许”，从而把这条成语误解为所犯罪行还不容许处死，即还没到非死不可的地步，与原意大相径庭。再如 “不名一钱”的意思是连一文钱都没有，形容穷到极点。“名”是“占有”的意思。有人没有弄懂这个关键词，把它同“不值一钱”混为一谈。又如有人不懂得“充耳不闻”的“充”是“塞”的意思，“充耳”就是堵住耳朵，误解为充满耳朵。声音充满耳朵却听不见，那就不是故意不听，而是耳朵有毛病了。此外像把“蹉跎岁月”中的“蹉跎”（虚度光阴）误解为“苦难”，把“灯火阑珊”中的“阑珊”（暗淡、零落）误解为“辉煌”……都会造成误用。

还有一些成语本不难理解，但是其中有一个词具有关键作用，抓不住这个关键词，也不能准确理解和运用这条成语。例如理解“感同身受”的关键在“同”。既然说“同”身受，显然就是没有“身受”，因此凡属亲身感受，都不能说“感同身受”。再如理解“身临其境”的关键在“身”。只有亲身到了那个境地，才能说“身临其境”，说看看电视、图片之类，足不出户就可以身临其境，显然是错误的。又如理解“栩栩如生”的关键在“如生”，没有生命的东西只能说塑造得像真的一样，绝不能说像活的一样。

3. 断章取义

成语是由几个词构成的固定词组，它是通过整体来表示一定意义的，因此必须全面掌握成语的含义，只见局部不见整体，只能造成误解和误用。例如“风雨如晦”是说风雨交加，天色昏暗，如同黑夜，比喻社会黑暗，环境险恶。有人只见“风雨”，不见“如晦”，把它同比喻经历了重重困难和曲折，适用于任何时代的“风风雨雨”混为一谈。再如“人满为患”是说人多得超过容纳的限度以致造成麻烦、困难，甚至灾难。有人只见“人满”，不见“为患”，只要人多（例如剧场座无虚席、商店顾客盈门）就说“人满为患”。又如“义无反顾”只能用于为正义事业而勇往直前、百折不回，有人只见“无反顾”，丢掉了“义”，把死心塌地干坏事也说成“义无反顾”。“不寒而栗”是说不寒冷却发抖，形容非常恐惧。有人只见“寒而栗”，丢掉了“不”，把因为寒冷而发抖也说成“不寒而栗”。此外像“首当其冲”只取一个“首”，“过犹不及”只取一个“过”，“投鼠忌器”只取一个“忌”，“炙手可热”只取一个“热”，“洛阳纸贵”只取一个“贵”，而置其余于不顾，如此断章取义必然造成误用。

4. 望文生义

许多成语是在特定的语境中形成的，有些来源于历史故事、神话寓言或古代诗文，有些具有深层的含义，如果仅从字面上去附会，就要犯望文生义的错误。例如“目无全牛”源于庖丁解牛的故事，形容技艺达到十分纯熟的地步。有人从字面上附会为只见局部不见整体，把它同“支离破碎”“以偏概全”等相提并论。再如“火中取栗”出自外国寓言《猴子与猫》，比喻受人利用去干冒险的事，自己吃了苦头却一无所得。有些人附会成冒着危险（“火中”）为自己谋取利益（“取栗”）。又如“如坐春风”比喻与品德高尚、学识渊博的人相处，受到亲切的教诲。有人附会为温暖如春。在“外面风吹雨打寒气逼人，屋里宾主谈欢如坐春风”（见《人民日报》海外版 2008 年 6 月 13 日）这句话中，“如坐春风”与“寒气逼人”对举，显系望文生义。“守株待兔”比喻死守狭隘经验不知变通。很多人附会为守在一个什么地方去等待一个什么对象，诸如警察守在车站等待抓捕犯罪嫌疑人之类，错误更加明显。“休养生息”指国家大动荡之后，采取措施安定社会秩序，减轻人民负担，发展生产，繁殖人口，以恢复元气。有些人既不了解这条成语产生的历史背景和特定含义，也没有弄懂“休养”（休息调养）和“生息”（滋生繁衍）的字面义，想当然地把它当成“休息”的同义语，更是近于荒谬了。

## 二、没有弄清使用对象、范围或条件

有些成语具有特定的使用对象、范围或条件，这是由成语的出处、意义和长期使用的习惯决定的，只能严格遵守而不能随意改变，否则必然造成误用。

1. 用错了对象

例如“豆蔻年华”语出唐·杜牧《赠别》诗“娉娉袅袅十三余，豆蔻梢头二月初”，比喻十三四岁的少女。作为成语固然不必拘泥于这个年龄段，但绝不能相差太大。有人把它用于二十多岁的青年妇女，甚至用于男性，显然是用错了对象。再如“人老珠黄”比喻女子人到中年，青春不再，遭人嫌弃。有人却用来比喻男子，甚至老年男子，显然不妥。又如“严阵以待”的对象只能是来犯之敌，而不是自己希望见到的什么人；“反戈一击”的对象必须是自己原来所属的或拥护的一方，而不是攻击过自己的敌对的一方。此外像“比翼双飞”只能比喻夫妻，“耳提面命”只能用于尊长，“雀屏中选”的只能是女婿……随意改变这些约定俗成的使用对象，只能造成误用。

2. 扩大了范围

例如“一笔抹杀”比喻轻率地把优点、成绩等全部否定，也可比喻把成绩和问题全部否定，唯独不能比喻只否定缺点和错误，与“一笔勾销”不同。“络绎不绝”只能形容人、马、车、船等来来往往，接连不断，而不能形容事情接连不断地发生，与“接踵而至”不同。“休戚相关”形容彼此利害一致，关系密切，只用于人与人之间，也可以用于人与集体之间，但是不能用于事物之间，与“息息相关”不同。“良莠不齐”比喻好人和坏人混杂在一起，只能用于人，不能用于事物。“不可磨灭”指痕迹、印象、事迹、名声等可以铭刻记载、长期流传的事物，而不能用于时间、声音、形势、状态等转瞬即逝或随时可以转化的东西。“涣然冰释”形容疑惑的消除，也形容误会、隔阂的消除，但不能形容烦恼、苦闷、紧张等情绪的消除。“巧夺天工”说明技艺胜过天造地设，“鬼斧神工”强调技艺非人工所为，都只能用来赞美人的技艺高超，而不能形容天然景物精美。诸如此类的成语，使用时都不能随意扩大它们的使用范围。

3. 忽略了使用的条件和环境

有些成语的使用需要具备一定的前提条件或语言环境，否则就会造成误用。例如使用“莫衷一是”的前提是众说纷纭，意见分歧，只有在这个前提下才有可能出现不能断定孰是孰非、不能取得共识的情况。因此，不交代存在的不同说法，或只举出一种观点、见解，都不能说“莫衷一是”；并非观点、意见的分歧，或本无所谓对错，无须取得一致，更不能说“莫衷一是”。再如“名正言顺”指做事名义正当，有充分的理由。使用时必须具备两个条件：一是要有一个正当的名义或名分，二是要凭借这个名义或名分去做某件事情。二者缺一不可，否则都不能说“名正言顺”。又如使用“当仁不让”需要具备两个条件：一是“当仁”，即面对的是合乎正义的事情，也就是好的、应该做的事情，绝不能用于不好的、不应该做的事情；二是“不让”，即不推辞不退让，积极主动承担应该承担的任务，而不是被动地无奈地接受某种结果。只有同时做到这两点，才能说

"当仁不让"。"相濡以沫"的意思是被困在陆地上的鱼用湿气互相嘘吸,用口沫互相浸润,只能比喻在困境中竭尽微薄之力互相安慰救助,而不能形容在顺境中互相关心支持。现在很多人用这条成语形容夫妻之间互敬互爱,互相支持,甚至描述我国五十六个民族之间、共产党同各民主党派之间60年来相处的历史,显然都是错误的。

## 三、褒贬颠倒,谦敬错位

语言不仅表达思想,而且也表达感情和意志。因此在使用成语时,不但要求语义确切,而且还要注意它的感情色彩,否则就会造成误用。

1. 褒贬颠倒

有些成语具有鲜明的感情色彩,必须准确把握、恰当运用。褒词贬用和贬词褒用都是使用成语时常见的错误。例如:

"集腋成裘"的意思是狐狸腋下的皮毛虽小,但是聚集起来就能缝制成珍贵的皮袍,比喻积少成多,积小成大。狐白裘是名贵的皮衣,集腋成裘是一件难得而可贵的事,这就赋予了这条成语以鲜明的褒义色彩,不能用于消极事物。消极事物可以使用中性成语"积少成多""积微成著",也可以使用贬义成语"积羽沉舟",绝不能使用"集腋成裘"。春雨过后,竹笋怒长,一派生机勃勃,令人欢欣鼓舞。用"雨后春笋"比喻新生事物的不断涌现,形象生动,富有诗意,而用来比喻坏人坏事的大肆泛滥,感情色彩就很不协调了。"功败垂成"表示事情在即将成功的时候遭到失败,含有惋惜之意。只有那些有意义、有价值,令人寄予厚望的事才值得惋惜,错事坏事没有成功显然不能说“功败垂成”。

“始作俑者,其无后乎”是孔子诅咒首先用俑代替活人殉葬的人的话,后用“始作俑者”比喻某项坏事或某种恶劣风气的开创者,是贬义成语。很多人把它当作“创始人”“首创者”的同义语,用于褒义,显然是错误的。“狼奔豕突”,意思是像狼和猪一样东奔西窜,比喻成群的坏人乱冲乱撞或仓皇逃窜,是一条感情色彩十分鲜明的贬义成语。有些人把它同“东奔西跑”“左冲右突”之类的成语混为一谈,例如说“让人误以为那时尚在毛儿盖一带狼奔豕突的毛泽东等人发布了这个宣言(按,指《八一宣言》)”(见 2009 年 12 月 16 日中国共产党新闻网),便近于荒唐了。“在所难免”的意思是实在难以避免。所谓避免,就是设法不让某些不好的或不希望出现的事情发生,说成功、胜利、获奖等“在所难免”,也不妥当。

2. 谦敬错位

汉语中谦辞和敬辞的区别是很严格的,不能随意混用。历史题材的电视剧中经常出现用“家父”代替“令尊”尊称对方父亲的笑话,类似的现象在成语应用中也不罕见。

例如“蓬荜”是“蓬门荜户”的缩略语,借指穷苦人家的房屋或穷苦人家。称自己的家为“蓬荜”是谦虚,称对方或别人的家为“蓬荜”就近乎侮辱了。所以“蓬荜生辉”是谦辞,只能说别人的到来或题赠给自己家增添了光辉,而不能说自己给对方的家或一个人使另一个人的家增添了光辉。再如“信笔涂鸦”形容书画幼稚拙劣或胡乱写作,常用作自谦之辞,不能用来形容别人,更不能用来赞扬别人。有人竟然把“信笔涂鸦”用在凡·高、托尔斯泰这样的大师身上，实在令人啼笑皆非。又如“鼎力相助”通常用于请求或感谢别人帮助自己，也可以用来叙述一个人帮助另一个人，唯独不能用来表示自己帮助别人。某省 2010 年 8 月 12 日在致邻省的慰问信中说，“如有需要，我省将全力以赴，鼎力相助”，显然也犯了谦敬错位的错误。

## 四、关系错乱，比喻失当

有一类成语涉及具有特定关系（如主次关系、手段和目的的关系）的两种事物或两种做法，表示二者的位置没有摆对或二者互相矛盾。如果自己所说的两个方面之间的关系同成语所设定的关系不一致，就不能使用这条成语。例如“舍本逐末”讲的是主次关系或轻重关系，有人说“高等学校只顾科研而放弃教学，无疑是舍本逐末。”（见 2008 年 9 月 11 日《人民日报》）对于高校而言，教学与科研不是主次关系，只顾科研而放弃教学是错误的，只顾教学而放弃科研也是错误的，无论忽视哪一方面都不能说“舍本逐末”。再如“南辕北辙”比喻行动、做法同目的截然相反。而彼此之间在立场、观点、意见、态度等方面存在差异，并非行动同目的之间发生矛盾，显然不能使用“南辕北辙”。又如“缘木求鱼”比喻方向错误或方法不对头，一定不能达到目的。“缘木”是手段，“求鱼”是目的。如果只有手段、只有目的，或者既没有手段也没有目的，也都不能使用“缘木求鱼”。

还有一类成语涉及两种不同的人，他们之间具有特定的关系，被比喻的对象不属于这种关系就不能使用这条成语。

例如“为虎作伥”比喻充当恶人的帮凶，帮助恶人干坏事。把不是“虎”的比作“虎”，不是“伥”的比作“伥”，也会造成误用。2009 年 5 月 12 日人民网上有一句话：“〔邓玉娇的〕悲剧充分暴露部分官员的腐败，依仗权势为虎作伥的丑恶嘴脸。”在邓玉娇一案中，邓贵大等腐败官员本身就是为非作歹的“虎”，把他们比作“伥”显然是搞错了关系。再如“投鼠忌器”中的“鼠”比喻要打击的坏人，“器”比喻打击对象身边的人，特别是他所依附的或无辜的人。2004 年 11 月 13 日《新民周刊》上有一句话：“伊朗成美国下个打击目标，布什欲动武投鼠忌器。”在这句话里，“投”的是伊朗，“忌”的是美国自己将为此付出比打击伊拉克更大的代价。伊朗不能比作“鼠”，美国更不是“器”，当然也不能说“投鼠忌器”。

## 五、叠床架屋，自相矛盾

成语中已经包含的意思，使用时一般就不必重复了，否则容易叠床架屋。例如“芸芸众生”意思是为数众多的普通人，本身就包含了“众多”和“普通人”两个意思。因此，不能再用“众多”“广大”之类的形容词和表示多数的数量词修饰，也不能再接受“普通”的修饰或用来修饰“普通人”。再如“忍俊不禁”意思是忍不住要笑，其中的“忍俊”就是忍笑。因此“忍俊不禁地笑了”，“忍俊不禁的笑声”之类，都是叠床架屋的说法。又如“星罗棋布”中的“罗”和“布”就是罗列、分布的意思，因此不能再说“星罗棋布地分布在……”。“完璧归赵”本身就包含了原物（“璧”）和原主（“赵”），使用时一般不必再重复原物或原主，更不能把原物或原主当成“完璧归赵”的宾语或补语。

同时也要防止同成语隐含的意思互相矛盾。例如“巧夺天工”意思是人工的精巧胜过天然形成的精巧，如果用它来形容天然景物，就等于说天然景物胜过天然景物，岂不逻辑混乱、自相矛盾了吗？再如“改头换面”就是只改变形式、不改变内容，根本不可能彻底发生变化，说“彻底改头换面”就自相矛盾了。

## 六、音近、形近成语混为一谈

有些成语读音相同或相近，有些成语只有一字之差，意思却有明显区别，甚至迥然不同。使用时必须认真分辨，严格区别，否则极易混为一谈。例如：

“艰苦卓绝”和“坚苦卓绝”读音相同，但意思不同。“艰苦卓绝”形容斗争极其艰苦，无可比拟；“坚苦卓绝”形容坚忍刻苦的精神超乎寻常。“艰苦”和“坚苦”是两个不同的词，分别由它们组成的成语当然不可能意思相同。不仅使用者常常分辨不清，有些成语词典也把它们当成异形成语。“不孚众望”和“不负众望”读音相近，意思却截然相反。很多人没有弄清“孚”（使人信服）和“负”（辜负）这两个关键词的区别，常常把二者混为一谈。

“无可非议”是说没有什么可以批评指责的，表示言论行动合情合理，并无错误；“无可厚非”是说没有什么可以过分指责的（厚：重、过分），表示虽有缺点，但可以原谅。二者只有一字之差，极易混淆，就连有的成语词典也把它们处理成互见条目。“不以为然”意思是不认为是正确的，表示不同意；“不以为意”意思是不把它放在心上，表示对人对事不加重视。这两条形近成语也常常被人混为一谈。

除了以上六种以外，还有一种情况值得注意，那就是生造成语。近年来，一些貌似成语的词组悄然走红，在媒体中经常被使用。例如“有所起色”就是当前使用频率较高的一个。“所”可以放在动词前面同动词组成名词性的“所”字词组；“有”“所”连用放在双音节动词前面，可以表示具有一定的程度。而“起色”是名词，根本不能同“所”或“有所”结合。表示事物出现变好的样子，可以说“略有起色”“颇有起色”“大有起色”，也可以说“有所好转”“有所改观”“有所回升”，唯独不能说“有所起色”。又如“尽如人意”意思是完全符合人的心意，多用于否定句或反问句。它的否定式是“不”尽如人意或“不能”尽如人意。现在有人生造了一个“不尽人意”，作为“尽如人意”的否定式正在被广泛使用。所谓“不尽人意”，唯一的解释就是“不完全人的心意”，丢掉了关键的动词“如”（符合），不仅不合语法，而且变得不知所云了。

成语应用中常见的错误形形色色，归纳起来主要就是以上几类。希望使用成语的朋友切实注意，严肃对待，力求避免类似的错误。一时拿不准的，无妨查一查工具书，搞清楚了再下笔。养成查工具书的习惯，是防止误用的最有效的办法。同时切忌盲目赶时髦。一人误用，群起效尤，是一种浮躁的文风，害人不浅，应该引起我们高度的警惕。只要做到这两点，我想误用成语的现象是完全可以避免的。

## （二）

语言是在不断发展变化的，成语在长期流传、使用的过程中也会出现某些变化。有些成语的语义转移了。例如“按图索骥”原比喻办事拘泥成法，不知变通，现多比喻按照线索寻找。有些成语使用范围扩大或缩小了。例如“息息相关”形容彼此关系非常密切，只用于人与人之间，现在也可以用于人与事物、事物与事物之间。有些成语感情色彩转换了。例如“后来居上”原指资历浅的人反而位居资历深的人之上，含贬义，后用来赞扬后起的超过先前的，变成褒义成语了。当然也有由于古人误用，以致积非成是、以讹传讹的。例如“每况愈下”语出《庄子·知北游》，原作“每下愈况”，字面义是用脚踩猪腿来验猪，越往下越能看出猪的肥瘦（况：甚）。从宋朝就开始讹变为“每况愈下”，沿用至今。又如“反唇相讥”语本汉·贾谊《陈政事疏》，原作“反唇相稽”，意思是受到指责不服气，反过来质问对方（稽：计较，责难）。后来讹变为“反唇相讥”，意思也走样了。

对于诸如此类已经发展变化、约定俗成的成语，毫无疑问应该按照今天的意义和用法理解和运用。问题在于有些成语现在可能正处在演变的过程中，还没有定型，判断它是正常的发展还是误用，就比较麻烦一些。例如“空穴来风”意思是有了空洞才招进风来，比喻消息和传说不是完全没有根据，但是现在多用来比喻消息和传说毫无根据。有人对《人民日报》近十几年来使用这条成语的情况做了考察，发现没有一例是表示事出有因，传播有据的。因此近年来新出版或修订的几部有影响的词典，在释义中都反映了这种变化。再如“美轮美奂”本来只形容建筑物华美、高大而众多，使用范围很窄。现在使用范围不断被扩大，几乎可以用来形容一切华美的东西。《现代汉语词典》过去并没有收录这个词条，2005 年第 5 版开始补收，释为“形容新屋高大美观，也形容装饰、布置等美好漂亮”，便有限制地扩大了它的使用范围。当然也不排除某些今天被认为是误用的成语，将来有一天会积非成是，最终被辞书界所认可。

但是，这种情况毕竟为数不多。目前有一些呼吁为误用成语开绿灯的文章，它们所举也不外乎“七月流火”“明日黄花”“空穴来风”等少数例子。而目前媒体上被误用甚至滥用的成语数量很大，而且还有增加的趋势。吕叔湘先生生前在病榻上曾语重心长地对来访的《咬文嚼字》主编郝铭鉴先生说，现在是“社会语言文字全面混乱时期，字也错，词也错，语法也不通，文风也有问题”。吕老逝世十几年了，至今这种令人忧虑的状况并没有明显改变。看来，当前的主要倾向，不是像某些人所说的那样，少数语言文字工作者“胶柱鼓瑟”，甚至“背离了人们口中笔下鲜活的语言而去闭门造车地编制词语规范”，而是某些使用成语的人过于随意，缺乏规范意识。张斌先生在为一本成语词典所写的序言中说：“对每一个成语如何解释，如何读音，如何书写，如何使用，都有一定的规范。在长期的使用过程中，少数成语的意义、用法、读音、写法有些改变，这也是有公认的标准的。”违背长期以来形成的、广大群众都在遵守的规范，随心所欲地、想当然地加以改变，显然是错误的。因此不能因为有少数成语将来可能约定俗成，便对今天大量成语被误用的现象视而不见，听之任之。

## （三）

为了纯洁祖国的语言，促进语言文字的规范化，对目前社会上误用成语的现象，提出自己的意见和看法，是广大语言文字工作者、辞书编纂工作者和语文教师义不容辞的责任。近年来每年高考语文试题中都包含旨在纠正成语误用的判断题，显然是在利用高考这个“指挥棒”，引导人们从学生时代就注意正确使用成语。这种做法用心良苦，意义深远，对我很有启发。从2008年开始，我陆续写了一批辨析成语误用的小文章。每篇文章着重讲一条成语。先说这条成语怎么讲，理解和运用这条成语要注意些什么，然后举出媒体中误用的例子，分析错在哪里，原因何在，必要时也指出应该怎样修改。写作过程中注意了以下几点：

一、所辨析的成语都是媒体中常常被误用的，没有掌握一定的错误用例不轻易动笔。有些成语看起来容易用错，但实际上很少有人用错，写出来没有实用价值，就不写。有些成语正处在发展演变过程中，尽管目前还没有被辞书界认可，但是将来有可能约定俗成，也尽量不写。

二、所辨析的成语适当多举一些错误用例，例子尽可能取自距离下笔为文时间最近的主要报刊和主要网站。多举例子是想说明问题的普遍性，举大报和大网站的例子是想说明问题的严重性，举近期出现的例子是想说明问题的现实性。

三、每条成语，除详加解释外，还列举古今书证，并力求丰富、典型、准确。凡是能确定出自某书的，就用“语出”指明出处；如果不能确定，就选取我所见到的较早的书证，用“语见”表示。有些成语只靠释义是不能完全说清楚的，必须通过揣摩例证才能加深对其含义和用法的理解，因此尽量多举一些古今典范用例。

四、对成语误用的分析，力求清楚透彻，有说服力，但要简明扼要，通俗易懂，一般不旁征博引，以能说明问题为度。

五、对于成语的界定，学术界还没有形成一致的看法，有人掌握得严一些，有人掌握得宽一些。拙文旨在纠正成语误用，着眼点在于是否用错，既然很多人用错了，纠正一下就比听之任之强，因此对于某些严格说来不一定是成语但是经常被误用的惯用词组，例如“莘莘学子”“鼎力相助”，也一并加以辨析。

文章写出后，陆续在《语文建设》《语言文字报》《青年记者》《新闻与写作》等六家语文刊物和新闻刊物上发表，积攒至今已有二百余篇。现在不揣浅陋，纂集成册，取名《成语误用辨析 200 例》，把它呈献给青年新闻工作者、青年语文教师和准备参加高考的广大同学，希望能对正确掌握成语、避免误用有所帮助。

蒙中国辞书学会名誉会长、国家语言文字工作委员会原副主任曹先擢教授，北京大学中文系苏培成教授，在百忙中审阅书稿，多所是正，并惠予作序，谨致谢忱。蒙商务印书馆副总编辑周洪波编审、汉语出版中心编辑室主任余桂林副编审大力支持，蒙王玉责编精心编辑，提出许多宝贵意见，一并致谢。

限于水平，错误不妥之处，在所难免，尚祈专家和读者不吝赐教。

赵丕杰

2011年8月

# “哀兵”不等于败军、弱旅

“哀兵必胜”语本《老子》六十九章：“故抗兵相若，哀者胜矣。”现在通行的王弼本“若”作“加”，误，当据傅奕本、敦煌本及马王堆汉墓帛书《老子·德经》改。一说，“加”系“如”字之误。“相若”“相如”都是“相当”的意思。“哀”，任继愈注：“沉痛，悲愤。”后以“哀兵必胜”四字成文，指对抗双方兵力相当，受到欺压而悲愤地奋起反抗的军队一定胜利。例如夏衍《时评与通讯》：“这是血哺的空军，血哺的军队，血哺的文化，‘哀兵必胜’，这不可击败的精神、文化，将永在中华民族的历史上留下一条永不褪色的红线。”秦牧《晴窗晨笔·国家新庆》：“让我们都来发挥兢兢业业的精神，本着哀兵必胜的意志来努力。”

需要注意的是，“哀兵必胜”的前提是双方实力基本相当，至少相差不大。忽略了这个前提而强调哀兵必胜，就是夸大了主观能动性的作用。有人没有准确理解《老子》的原话，误认为不管双方实力对比如何，只要是哀兵就一定能够胜利。殊不知强调“小固不可以敌大，寡固不可以敌众，弱固不可以敌强”（见《孟子·梁惠王上》）固然是片面的，强调弱必胜强同样也是片面的，不符合《老子》的原意。从这种片面的理解出发，再引申一步就是把“哀兵”等同于败军、弱旅。其实用现在的观点来看，“哀兵”就是被迫从事正义战争的一方，同败军、弱旅根本不是一个概念。

这条成语本不太好理解和运用，过去使用频率也不高，但是近年来颇受体育记者的青睐，只要以弱对强，就使用“哀兵必胜”，以致造成误用。请看例句：

（1）我们是哀兵出征，哀兵必胜。我们的总体实力还不强，所以要放低姿态，一场一场地拼。（人民网 2008 年 8 月 7 日）

（2）虽然他们战绩不佳，但是哀兵必胜，他们已经 10 连败了，他们肯定不想再输下去。（人民网 2009 年 11 月 19 日）

（3）所谓“哀兵必胜”，在网球场上恐怕是行不通的。源自骨子里的自信，才是通往胜利之门的金钥匙。（《解放日报》2007 年 11 月 19 日）

（4）古语有云：“哀兵必胜。”但若当两支哀兵碰到了一起，胜利的又将是哪一方呢？今晚……内乱不断的上海申花在主场迎来了两连败的深圳金威，两支士气低落的“哀兵”将在虹口足球场拼个你死我活。（《深圳特区报》2006 年 7 月 26 日）

例(1)说的是“弱旅”，例(2)说的是“败军”，他们都没有受到任何欺压或不公平的待遇，不能叫“哀兵”，当然也未必“必胜”。例(3)是说自信才是取胜之道，没有“自信”的“哀兵”是不能取胜的，试问没有自信的军队能叫“哀兵”吗？最可笑的还要算例(4)，“哀兵”竟然“士气低落”，已经不像话了，交战双方又都是“哀兵”，更是天下奇闻。看来“哀兵”对“哀兵”，其结果只能非“双赢”不可了。

2010 年 1 月 4 日

# 不要扩大"爱不释手"的使用范围

"爱不释手",意思是喜爱得拿在手里舍不得放下,形容极其喜爱。语本南朝·梁·萧统《〈陶渊明集〉序》:"余爱嗜其文,不能释手,尚想其德,恨不同时。"例如晚清·李伯元《文明小史》二十二回:"〔王福〕取出那两件礼物……邓门上一见雕镂精工,爱不释手。"邓友梅《记忆中的老舍先生》:"我对此画爱不释手,发配到东北我还带着它,不时拿出来观看。"王朔《刘慧芳》:"慧芳欣赏了一遍这些矿石和油品,逐一拿在手里把玩,爱不释手。"

理解和使用这条成语的关键在"释手"二字。只有可以拿在手里把玩的书、画、文玩之类的物品,才可以说舍不得撒手。现在有人只看到"爱",却忽略了"释手",不管喜爱什么都说"爱不释手",以致扩大了这条成语的使用范围,造成误用。例如:

(1) 在宋祖英美国独唱音乐会上,六盏古色古香的宫灯和文物级的雕花门窗与金色屏风,让观众眼前一亮,爱不释手。(《重庆晚报》2006 年 10 月 15 日)

(2) 这一……精装酒店式公寓,让素有"时尚先生"美誉的任达华爱不释手……他当机立断,现场拍板购买。(《北京青年报》2007 年 12 月 13 日)

(3) 这些语言是我在学校中最喜欢的学习课目,就像音

乐一样，让我爱不释手。(《新闻晨报》2007 年 10 月 31 日)

(4) 除了惊叹于创意的别出心裁，更对其……所蕴藏的艺术气息由衷地爱不释手。(人民网 2008 年 1 月 22 日)

(5) 那汤色之稠，味道之美，常常令人爱不释手。(人民网 2007 年 9 月 5 日)

舞台上的宫灯、门窗和屏风，观众只能看不能摸，说"眼前一亮"则可，说"爱不释手"就不妥了。而一套百余平米的公寓，更是任何人都不可能拿在手里玩赏的。至于语言、课目或音乐，作品所蕴藏的艺术气息，汤的颜色和味道，都是无法把玩的抽象事物，说"爱不释手"就更加离谱了。

2008 年 3 月 1 日

# “白驹过隙”形容时间过得快

“白驹过隙”语本《庄子·知北游》:“人生天地之间,若白驹之过郤(同‘隙’),忽然(犹言转瞬之间)而已。”后以“白驹过隙”四字成文,形容时间过得飞快,就像白色的骏马在缝隙前一闪而过。例如《史记·留侯世家》:“人生一世间,如白驹过隙,何至自苦如此乎!”明·兰陵笑笑生《金瓶梅词话》二回:“白驹过隙,日月如梭,才见梅开腊底,又早天气回阳。”李霁野《岳麓山和橘子洲头》:“时光真好像是‘白驹过隙’,十五六年匆匆过去了。”

这条成语不难理解,也不难使用,但是有两点要注意:一、它只形容时间过得快,不能形容时间短(当然更不能形容别的东西短)。时间长短是客观存在,而过得快慢往往因人的主观感觉而异,几十年可以转瞬即逝,一两天也可以度日如年,二者看起来差不多,实际是两个完全不同的概念。二、它只形容时间转瞬即逝,不能形容别的事物迅速消失,适用范围不能随意扩大。有人忽略了这两点,以致造成误用。例如:

(1) 从 12 秒 91 到 12 秒 88,看似白驹过隙的短暂瞬间,却逾越了从奥运冠军到世界纪录的鸿沟。(《东方体育日报》2007 年 3 月 28 日)

(2) 很久以来一直觉得,在我心中藏匿着一段旋律,它有时长得几乎可以串起我整个的生命,有时却又短得如白驹过

隙般仓促。(中国广播网 2009 年 11 月 13 日)

(3) 学习窦铁成的事迹……只有感动,他的精神才不至于像海市蜃楼样的空洞,也不是白驹过隙样的短暂。(人民网 2008 年 4 月 24 日)

例(1)从 12.91 秒到 12.88 秒,只有短短的 0.03 秒,时间确实很短,但是再短也不能用“白驹过隙”来形容。例(2)用来形容“旋律”短,例(3)用来形容“精神”短,错得越来越离谱了。

(4) 这 15 年来,工人路的其他服装店如白驹过隙,花开花落,“梦巴黎”却依然绽放。(人民网 2008 年 4 月 1 日)

(5)有些爱,如白驹过隙,说来,就来了,不预约;说过,就过了,不停留。(广西新闻网 2009 年 12 月 21 日)

(6) 省考的“双优”只能作为韶关发展中一次白驹过隙般的契机和动力,更关键的还是要在新的起点上推进“双转移”再上一个台阶。(《南方日报》2009 年 6 月 22 日)

例(4)形容有些服装店如过眼云烟,相继倒闭,例(5)形容有些爱情如同儿戏,来去匆匆,被形容的事物均不在时间的范畴之内,显然都不能使用“白驹过隙”。至于例(6),用“白驹过隙”形容“契机”已属不妥,但还可以理解(大约是“稍纵即逝”吧),而用来形容“动力”,便猜不透是什么意思了。

2010 年 2 月 1 日

# 不是主次关系不能用“本末倒置”

“本末倒置”意思是把树根和树梢放颠倒了（本：树根；末：树梢）。比喻把主要事物同次要事物或事物的主要方面同次要方面的关系弄颠倒了。语见唐·陆贽《均节赋税恤百姓六条》其四：“法制或亏，本末倒置，但务取人以资国，不思立国以养人，非独徭赋繁多，夐无蠲贷，至于征收迫促，亦不矜量。”例如梁启超《中国国会制度私议》第三章第二节：“今本末倒置若此，其危及国家统一之基础，又何怪焉。”曲波《林海雪原》十二回：“该简者你却详而不简，该详者你又简而不详。本末倒置，批评你还不愿意？乱弹琴！”蒋子龙《开拓者》：“人家要退合同，他就应该提高产品质量，改善经营和服务态度，他不在产品上下功夫，却乞求于行政命令，真是本末倒置！”曹玉林《祠堂里的学校》：“我觉得本职工作和业余爱好并不矛盾，只要不是本末倒置，能够摆正两者之间的关系，那么业余爱好有时对本职工作反而能有所裨益。”

从前举书证可以看出，被弄颠倒了的两个方面之间毫无例外都是主次、轻重的关系。不是这种关系，就不能说“本末倒置”。现在有人不去认真分析二者之间的逻辑关系，只要谈到两个方面的关系没有摆对，便说“本末倒置”，以致造成误用。例如：

（1）在以马克思主义为指导思想的社会主义国家里，以

西方经济理论为指导，这是一种喧宾夺主，本末倒置的态度，当然是不对的。（中国共产党新闻网 2010 年 5 月 5 日）

（2）为促进经济发展来改善民生是本末倒置。（《南方日报》2010 年 2 月 2 日）

（3）若不能抑制经适房的投机性，不把那些高收入人群挡在门外，那就和经适房政策的初衷本末倒置了。（《经济参考报》2010 年 2 月 5 日）

马克思主义同所谓“西方经济理论”是两种不同的学说，二者之间不是主次轻重的关系，显然不能说“本末倒置”。改善民生是目的，发展经济是手段，为了“促进经济发展”而“改善民生”，是误把目的当成手段，而不是“本末倒置”。销售经济适用房时没有把投机者和高收入人群挡在门外，是考虑不周，事与愿违，也不是颠倒了主次关系，当然也不能说“本末倒置”。

（4）高校对教授的评价标准本末倒置……谁拉来的钱多、项目多，谁就最荣耀，学校甚至以教授拿了大钱作为成果。（《羊城晚报》2010 年 1 月 19 日）

（5）这种赤裸裸、本末倒置的利用春晚平台大肆做广告的卑劣手法，引起了观众极度反感。（新华网 2010 年 2 月 20 日）

（6）从新闻本身的性质来看，可以将网络虚假新闻分为四类……四是本末倒置的虚假新闻，表现为故意曲解客观事实，蒙蔽事情真相。（《人民日报》2010 年 3 月 19 日）

（7）自从我们党成立以来，一直倡导党员干部……争取做“一个高尚的人，一个纯粹的人，一个有道德的人，一个脱离了低级趣味的人，一个有益于人民的人”，而现在……一些人却是本末倒置，努力做“势利取巧的人，黑白兼工的人，损人利己的人，骄奢淫逸的人，坑害百姓的人”。（人民网 2010 年 4 月 13 日）

拉钱多少是评价教授的错误标准，而不是次要标准。利用“春晚”大做广告，既已引起“观众极度反感”，当然也是错误的做法。“故意曲解客观事实，蒙蔽事情真相”的虚假新闻，是以假乱真，而不是主次易位。至于“努力做‘……坑害百姓的人’”云云，更不是对党员干部的次要要求。凡此种种都不是主要与次要的关系，而是正确与谬误、真实与虚假的关系，当然更不能使用“本末倒置”。

由此可见，正确使用“本末倒置”的前提是切实弄清被倒置的两个方面是什么关系。

2010 年 5 月 4 日

# “比翼双飞”只能比喻夫妻

2010年1月27日《燕赵都市报》上有一段话:“孔令辉退役后,转行做教练……当时就有专家断言,刘国梁在男队当家,孔令辉肯定要做女乒主帅,当年球场‘双子星’,做教头也要比翼双飞。”刘国梁、孔令辉能“比翼双飞”吗?让我们带着这个问题去考察一下这条成语吧。

古代传说有一种鸟,只有一只眼睛一个翅膀,雌雄两只紧挨在一起才能飞翔。《尔雅·释地》:“南方有比翼鸟焉,不比(比:紧挨着)不飞,其名谓之鹣鹣。”郭璞注:“似凫,青赤色,一目一翼,相得乃飞。”古人常用这种鸟比喻恩爱夫妻。如唐·白居易《长恨歌》:“在天愿作比翼鸟,在地愿为连理枝。”清·蒲松龄《代毕信涉通王受兹启》:“惟愿琴瑟静好,鹣鹣谐比翼之祥;鸾凤和鸣,诜诜兆宜男之瑞。”后衍化为成语“比翼双飞”,比喻夫妻恩爱,生活中相伴不离或事业上并肩前进。例如明·朱权《卓文君》四折:“不是妾身多薄幸,只因司马太风骚。效神凤,下丹霄,比翼双飞上泬寥。”昆剧《十五贯·被冤》:“她与奸夫情投意合,自然要生比翼双飞之意。”黄梅戏《天仙配》二场:“你我好比鸳鸯鸟,比翼双飞在人间。”

从“比翼双飞”的来源和古今典范用例可以清楚看出,这条成语只能用于夫妻、情侣,而不能用于其他人。刘国梁、孔令辉两位男士,过去是队友,现在是同事,显然不能“比翼双飞”。改为“并肩战斗”就通顺了，“并肩”的使用范围没有严格限制。类似的误用，在媒体中并不罕见。例如：

(1) 军营中的两个儿子比翼双飞，捷报频传。大儿子周健……成了空军驻武汉某部的技术骨干；二儿子周龙……被编入歼八F梯队光荣地参加了世人瞩目的首都国庆大阅兵。(人民网 2010 年 7 月 27 日)

(2) 我和排长同名同姓，同年毕业……战友们都称我们“黄金搭档俩王勇”。排长打算报考研究生，我也产生了考研的念头。现在国家又对我们报考研究生出台了优惠政策，更让我有了与排长比翼双飞的底气儿。(《解放军报》2009 年 3 月 27 日)

(3)〔刘子歌的教练〕金炜的训练模式带有“澳洲元素”，焦刘洋的教练刘海涛……同样掌握了世界先进的训练手段，这才使得两名弟子在“水立方”比翼双飞(按，指刘子歌、焦刘洋在北京奥运会上分获女子 200 米蝶泳冠亚军)。(新华网 2008 年 8 月 14 日)

周健、周龙是兄弟，两个王勇是战友，刘子歌、焦刘洋是队友，都不是也不可能是夫妻、情侣，怎么能说“比翼双飞”呢？显然都是误用。

值得注意的是，近年来不仅有人把“比翼双飞”的使用范围扩大到兄弟姐妹、战友队友、同学同事，而且还进一步扩大到抽象事物，只要是两种事物同步前进，都说“比翼双飞”。这种例子在媒体中也时有所见。例如：

(4) 雄厚的经济实力急切呼唤着与它相适应的文化，广东要从“文化大省”向“文化强省”迈进，使经济、文化比翼双

飞，二轮驱动。（《光明日报》2010年7月21日）

（5）许多数据证明，贺州的经济发展体现为软实力与硬环境比翼双飞。（《广西日报》2010年12月15日）

（6）新时期以来，中华诗词从复苏走向复兴，诗歌领域逐步出现了新诗和旧体诗歌比翼双飞的局面。（人民网2009年11月28日）

以上三例说的都是有一定关系的两种事物，应该改为“并驾齐驱”或“齐头并进”。这两条成语既可用于人，也可用于事物。

2010年12月21日

# “鞭长莫及”与“望尘莫及”

《左传·宣公十五年》记载：春秋时代楚国攻打宋国，宋国向晋国求救，晋侯准备出兵，大夫伯宗劝谏说：“不可，古人有言曰：‘虽鞭之长，不及马腹。’天方授楚，未可与争。虽晋之强，能违天乎？”“虽鞭之长，不及马腹”的意思是，鞭子虽然很长，但是不应该打到马肚子上。后来以“鞭长莫及”四字成文，借指尽管主观上想管，但是客观上力量达不到。例如清·昭梿《啸亭续录·魏柏乡相公》：“滇、黔、蜀、粤地方边远，今将满兵遽撤，恐一旦有变，有鞭长莫及之虞。”任光椿《戊戌喋血记》：“慈禧的旧党势力也很快就要崩溃了，他们自顾不暇，对南方各省更是鞭长莫及。”梁晓声《冉之父》：“小齐是外地留京工作的大学生，父母在外地，鞭长莫及，照顾不上他们的孩子。”

现在有人断章取义，只看到“莫及”，置“鞭长”二字于不顾，把“鞭长莫及”同“望尘莫及”混为一谈，以致造成误用。例如：

(1) 直到〔阿·波林〕谢世之时，他担任奇才队老板长达45年，这一纪录令其他NBA老板鞭长莫及。（新华网2009年11月25日）

(2)〔国航〕业内现在有一个共识，即把运力放在1000公里以上的航线，让高铁的优势鞭长莫及。（《中国经营报》2010年1月2日）

（3）能够在股市中异军突起，必定有不为人知的内幕消息，普通人对此鞭长莫及。（《华西都市报》2009 年 11 月 6 日）

（4）视频网站在播出时效上的劣势始终难以被克服，是传统电视媒体让其鞭长莫及的“鸿沟”。（《通信信息报》2009 年 12 月 30 日）

以上诸例中的“鞭长莫及”都应改为“望尘莫及”。“望尘莫及”意思是只望见前面的人、马扬起的尘土，却怎么也赶不上，比喻远远落在后面。语本《后汉书·赵咨传》：“〔曹暠〕迎路谒候，咨不为留。暠送至亭次，望尘不及。”例如茅盾《子夜》九：“她那股热情，不但吴芝生望尘莫及，就是柏青也像赶不上。”邹韬奋《萍踪忆语·梅隆怎样成了富豪？》：“所获得的现款红利，为全世界的银行所望尘莫及。”这条成语放在这几例中正好合适。

2010 年 3 月 2 日

# “兵不血刃”不等于轻取

广州亚运会期间，有些项目或场次，由于中国队实力明显高于对手，往往毫无悬念便轻松取胜。对于这种赛事，有些体育记者习惯用“兵不血刃”加以形容。例如：

(1) 由于亚洲鲜有对手，中国组合秦凯/罗玉通今天男子三米板比赛中赢得兵不血刃，六轮动作全部拿到全场最高分，最终以459.60笑揽金牌。（中国新闻网2010年11月23日）

(2) 面对约旦大胜48分，兵不血刃的五连胜，让中国男篮以小组第一名的身份闯入八强。（新民网2010年11月23日）

(3)名将薛晨/张希是在淘汰泰国组合乍鲁尼/乌沙之后晋级决赛的，她们同样以21:16和21:14的成绩兵不血刃击败对手。（中国新闻网2010年11月23日）

(4)中国男篮重回与巴西队的斗殴之地河南许昌，与美国明星队进行备战亚运会的第三场热身赛。最终男篮兵不血刃地以92-86战胜对手。（新华网2010年11月3日）

这样使用“兵不血刃”对不对？让我们先来考察一下这条成语。

“兵不血刃”语出《荀子·议兵》：“此四帝两王，皆以仁义之兵行于天下也，故近者亲其善，远方慕其德，兵不血刃，远迩来服。”意思是：上古的尧、舜、禹、汤、文、武，都是以仁义之师行于天下的，所以近处的喜欢他们的善良，远处的仰慕他们的正义，兵刃还没有沾上血，远近的部族就都来归顺了。后遂用“兵不血刃”(兵：兵器；血：使沾上血；刃：兵器的锋刃)指没有经过交手厮杀就取得胜利。例如《三国演义》六十二回：“前军至关下叫曰：‘二将军有急事回，可速开关。’城上听得是自家军，即时开关。大军一拥而入，兵不血刃，得了涪关。”冯玉祥《我的生活》三十四章：“他自信可以用理论去说服这顽强的敌人，取得兵不血刃的胜利。”也作“兵无血刃”。如《南齐书·曹虎传》：“使不战屈敌，兵无血刃。”

兵不血刃当然很轻松，但是并不等于“轻取”。经过战斗而轻易取胜叫“轻取”，未经厮杀就取得胜利才叫“兵不血刃”。本文开头所引诸例，双方均已交手，即使轻松取胜，兵刃也要沾上些血迹，怎么能说“兵不血刃”呢？何况有时胜得并不轻松，男篮许昌之战中国队仅领先美国队 6 分，北京青年网为这条消息所加的标题是“男篮险胜美国明星队”，“险胜”与“轻取”区别已经很大，与“兵不血刃”相去更远，新华网这样使用就更没有道理了。

是不是这条成语就不能用于体育比赛了呢？当然不是。但是只有在一种情况下，即一方退赛，另一方不战而胜，才可以说“兵不血刃”。以下两例用得就比较恰当：

(5)〔在羽联超级赛丹麦公开赛上，我国男单选手〕杜鹏宇因为对手开场仅 1 分钟就退赛，兵不血刃地跻身次轮。(新浪网 2010 年 10 月 28 日)

(6) 伯内特首轮本应碰到“火箭”奥沙利文，但后者的退赛让伯内特兵不血刃，晋级 16 强。(新华网 2010 年 9 月 14 日)

2010 年 12 月 18 日

# “不孚众望”与“不负众望”

“不孚众望”意思是不能达到大家的期望，不能使大家信服。旧时公文中常用作对人的判词。例如茅盾《蚀·动摇》四：“他查复的公文，我也看见了，只说你‘不孚众望’，其余的事，概没提起。”马叙伦《我在六十岁以前》：“一天，蒋介石忽然给张〔人杰〕主席一个电报，大致是说我不孚众望，嘱我辞职，张主席给我看了电报，叫我‘不必介怀’。”也作“不孚人望”。例如茅盾《虹》八：“假使黄因明肯爽直地告诉了底蕴，那么梅女士一定还要说：‘为什么挑中了这位不孚人望的秋敏！’”

这条成语使用频率并不高，但误用的比例却相当大，值得引起重视。请看例句：

(1) 中国领导人不孚众望，以一部《反分裂国家法》，将“台独”判处了死刑。（中国新闻网 2005 年 4 月 21 日）

(2) 在现有法律体系和经济体制背景下，《反垄断法》能否不孚众望，在规制方式上有所创新，始终是摆在立法者面前的一个难题。（《新京报》2006 年 1 月 11 日）

(3) 中央“空降”纪委书记……让我们感受到了中央反腐败的决心和信心。地方纪委要抓住机遇，不孚众望，变“坐等”为“主动出击”。（中国共产党新闻网 2006 年 12 月 8 日）

(4) 我们期待周强省长不孚众望，将“亲民承诺”落到实处。（人民网 2007 年 2 月 8 日）

(5) 阿摩德森不孚众望，赢得了1944张选票……禁酒党已经明确提名他为2008年美国总统候选人。（新华网2007年4月20日）

显而易见，以上诸例并不是批评“中国领导人”“地方纪委”“周强省长”“阿摩德森”……不能使大家信服，而是肯定他们没有或期待他们不要辜负大家的期望，与“不孚众望”的意思截然相反。应该改用“不负众望”。“不负众望”意思是不辜负或没有辜负大家的期望。例如冰心《为河南灵宝市安家底村题辞》：“但愿学校里的学生们不负众望，努力前进，为本村、为国家，尽上自己全部学力。”这条成语用于上述诸例正好合适。

要想正确使用成语，必须正确理解成语，特别是理解成语中关键词的含义。对于只有一字之差的成语尤应如此，因为关键词的不同，往往就决定了这两条成语具有不同的，甚至截然相反的含义。弄清“孚”（使人信服）和“负”（辜负）这两个关键词的区别，就不会把这两条截然相反的成语混为一谈了。

2008年3月8日

# 莫把“不寒而栗”当成“寒而栗”

《史记·酷吏列传》记载：西汉定襄太守义纵一天之内把狱中重罪犯人及入狱探视的四百余人全都判罪处决，“其后郡中不寒而栗”。后来就用“不寒而栗”（不寒冷却发抖）形容非常恐惧。例如巴金《第二次解放》：“想到那些阴暗的日子，我真是不寒而栗。”周而复《上海的早晨》四部三十九：“他的手曾帮助朱延年干这些罪恶的勾当，他一想到这些，全身不寒而栗。”路遥《平凡的世界》三部十四章：“想起几年前，他在柳岔公社搞那一套极左做法，至今还令人不寒而栗。”

这条成语不难理解也不难运用，关键是要扣准“不寒”二字。发抖，通常有两种原因：一是受寒，只能叫“寒而栗”；一是生气或受惊，与寒冷无关，这才叫“不寒而栗”。有些人没有弄清二者的区别，置“不”字于不顾，把“不寒而栗”当成了“寒而栗”。这样一来，意思就全变了。例如：

（1）这里林木苍翠，植被茂密，每到盛夏季节，层峦高树把烈日挡在山外，让山里阴凉尽透，一股股凉气会从密林藤萝中穿透而出，迎面袭来，让人不寒而栗。（《齐鲁晚报》2009 年 6 月 4 日）

（2）昨天尽管艳阳高照，但呼啸的北风依然让人不寒而栗。（《宁夏日报》2010 年 1 月 12 日）

（3）每当风起，呼啸的北风便从大大的后窗缝里灌进来，吹得头上的纸天棚呼啦啦响，让人不寒而栗。……每天晚上只能钻进冰冷的被窝，蜷缩着睡去，梦里又会常常冻醒。（新华每日电讯 2010 年 1 月 22 日）

（4）夜里泛着瑟瑟寒意的冷风，令人不寒而栗。（上海热线 2010 年 3 月 11 日）

（5）到了半夜，两边人马都静了下来，却又淅淅沥沥地下起了小雨，阵阵冷风吹来使人不寒而栗。（搜狐网 2010 年 4 月 16 日）

以上诸例说的都是由于寒冷而使人战栗，都是"寒而栗"，而不是"不寒而栗"，显系误用。

顺便说一下，"不寒而栗"形容的是人心理和生理上的变化，前面一定要有人作为施事者，如前举书证《史记》的"郡中〔之人〕"，巴金的"我"，周而复的"他"，路遥的"人"。因此下面的例子也属于病句：

（6）好在这栋倒塌的 13 层住宅楼主体已完但还未住人，如果是已经装修完工并已住人，那么其后果将不寒而栗。将有多少人会死于非命，其惨状绝不亚于地震。（新华网 2009 年 6 月 28 日）

"不寒而栗"前应加"令人"二字，或者索性改为"不堪设想"，这样才能豁然贯通。

2010 年 5 月 8 日

# “不尽人意”不是“尽如人意”的否定式

近年来在媒体中经常看到一个貌似成语的词组——“不尽人意”。例如：

（1）新课程改革的出发点是好的，结果却不尽人意。表现在：教学内容越来越多，学生负担越来越重，教育运行成本越来越高。（人民网 2011 年 2 月 23 日）

（2）投资者担心世界各国央行的刺激经济措施作用将逐渐减退，全球经济增长速度可能不尽人意，原油需求增幅预期也不乐观。（《经济参考报》2011 年 1 月 26 日）

（3）这些因素导致我国近年来虽然在社会保险制度建设方面作了努力，效果却并不尽人意。（《中国社会科学报》2011 年 1 月 20 日）

（4）尽管我们不断扩大内需，但效果不尽人意，并且继续呈现城乡消费不均衡、居民消费比重低、农民消费比重更低的现象。（《海南日报》2010 年 12 月 21 日）

（5）无论是工业经济总量，还是工业产业结构，无论是城镇居民收入，还是农民人均纯收入……都存在许多不尽人意的地方。（中国人大新闻网 2010 年 11 月 26 日）

不难看出，以上诸例中的“不尽人意”，表示的都是“不能完全符合人的意愿”的意思。但是查遍了手头的工具书，却找不到这个词条。原来它既不是成语也不是固定词组，而是不合语法、语义不通的生造词语。“尽”是“完全”，副词；“人意”是“人的意愿”，名词。从语义上看，“不能完全人的意愿”，讲不通；从语法上看，名词不能直接接受副词的修饰。显然这中间缺少了一个表示“符合”义的动词。加上这样一个动词，就变成了“不尽如人意”，而这正是成语“尽如人意”的否定式。

“尽如人意”意思是完全符合人的意愿（如：符合）。语见宋·曹彦约《跋陈令举骑牛图》：“士大夫食君禄，知天下事不尽如人意，触机而来，愤悱出一语，异时窘于奉养，不但缩舌啃齿而已。”例如明·海瑞《复毕松坡》：“生以五月初四之夕抵上新河，公先月二十六日北上，事之不能尽如人意，恰又如此。”沈从文《白魇》：“只因为太爱好，凡事不能尽如人意，琐琐家务更多烦心，所以总喜欢向朋友说到家庭问题。”陈国凯《下里巴人》二：“她这才知道工厂里有那么多不尽如人意之事，吃国家粮的人也有这么多苦恼。”从以上书证可以看出，这条成语多用于否定句或反问句，而它的否定式通常是“不能尽如人意”或“不尽如人意”。可能有人过分热衷于四字格，便从“不尽如人意”中删去“如”字，生造出一个不伦不类的“不尽人意”。而不知就里的人还以为是一条古已有之的成语，便糊里糊涂地跟着用起来，以致以讹传讹，一发不可收拾。

为了纯洁祖国的语言，促进汉语的规范化，我诚恳地呼吁喜欢使用“不尽人意”的朋友，还是多用一个字，说成“不尽如人意”吧！

2011 年 3 月 4 日

# “不绝如缕”不是接连不断

“不绝如缕”原作“不绝如线”，语本《公羊传·僖公四年》：“夷狄也，而亟病中国；南夷与北狄交，中国不绝若线。”意思是就像只有一根细线连着，差一点就要断了。后来写作“不绝如缕”（缕：细线）。这条成语有三个义项：一、形容形势十分危急。例如《清史稿·礼志三》：“洎朱温以下，或起寇窃，或为叛臣，五十余年，国统不绝如线。”二、形容后继乏人，随时有中断、失传的危险。例如唐·柳宗元《寄许京兆孟容书》：“荒陬中少士人女子，无与为婚，世亦不肯与罪大者亲昵，以是嗣续之重，不绝如缕。”闻一多《古典新义·敦煌旧钞楚辞音残卷跋》：“六书命脉，不绝如缕。”三、形容声音或思绪微弱悠长，但尚未中断。例如宋·苏轼《赤壁赋》：“其声呜呜然，如怨如慕，如泣如诉，余音袅袅，不绝如缕。”冰心《〈寄小读者〉四版自序》：“年来笔下销沉多了，然而我觉得那抒写的情绪，总是不绝如缕，乙乙欲抽。”

理解“不绝如缕”的关键，是要弄清它所描绘的状态，既不是已断，也不是不断，而是将断未断，随时可断。正是从这个特点出发，才引申出上述三个义项；而连续不断同差一点就要断意思迥然不同，绝不可能引申出这样的意思。现在有些人根本没有读懂这条成语，错误地把它同“接连不断”“连绵不绝”“络绎不绝”混为一谈。例如：

（1）进入21世纪以来，有关在外经商的中国人受到驻在国官方和民间双重侵害的新闻报道不绝如缕。（中国新闻网2009年12月9日）

（2）常常听到“舟水之论”。古往今来，不绝如缕。（《北京日报》2009年12月28日）

（3）〔对于明星加入外国国籍〕从网络的评论来看，谴责之声和认可、宽容之声都不绝如缕。（《人民日报》海外版2008年11月18日）

（4）自上世纪70年代末开始，“赵元任”这个名字不绝如缕地出现在商务印书馆的图书封面上。（《人民日报》海外版2008年10月17日）

（5）每天来此游玩健身的人不绝如缕。（新华网2009年4月29日）

“不绝如缕”在前四例中是“接连不断”的意思，在最后一例中是“络绎不绝”的意思，都与这条成语的原意大相径庭，显系误用。

所以误用，是因为只看到“不绝”，而忽略了“如缕”。这种类型的误用，可以称之为“断章取义”，即只看到成语中某个字的意思，便误认为是整个成语的意思，而所忽略的往往恰恰是最关键的字。例如，在“风雨如磐”中只见“风雨”而不见“如磐”，在“人满为患”中只见“人满”而不见“为患”，在“如数家珍”中只见“数家珍”而不见“如”，在“义无反顾”中只见“无反顾”而不见“义”。类似的情况并不罕见，我们必须给以足够的重视。

2010年1月8日

# “不可理喻”不是不可理解

“不可理喻”的意思是不能用道理使之明白，形容人愚昧、固执或蛮不讲理。语见明·沈德符《万历野获编·褐盖》：“要之，此辈不可理喻，亦不足深诘也。”例如清·俞樾《右台仙馆笔记》：“有某甲与之（指阿庆）忤，庆纠其党，欲殴之。甲惧，奔告于庆妻之父。其妻父曰：是不可理喻，汝谨避之而已。”巴金《家》八：“卖票的人告诉他们，这和普通戏院不同，不买票就不能看戏。他们简直不可理喻，一定要进去，结果被我们的人赶出来了。”王西彦《一个小人物的愤怒》：“她的日益变成暴躁，偏狭，有时竟至蛮横不可理喻，这错完全由他铸成。”

这条成语不难理解也不难运用，然而许多人却把它同“不可理解”“不可思议”“匪夷所思”“莫明其妙”之类的词语混为一谈。这种例子在媒体中屡见不鲜。例如：

（1）售货员笑着说：“你这位同志（按，指袁隆平教授）真怪，人家买东西讨价还价，你却往上加，不可理喻，不可理喻。”（人民网 2007 年 5 月 21 日）

（2）之所以会发生这种令人匪夷所思、不可理喻的事情（按，指乌鲁木齐 7 岁儿童讨钱葬父一事），是因为贫富不均，保障不力，社会救助机制缺失。（人民网 2008 年 11 月 27 日）

（3）经济疲软时加强国防建设，这在一般人看来简直是违背常理，不可理喻。（《环球时报》2008 年 12 月 26 日）

（4）身为内政部长竟然在网上公开张贴这样的照片（按，指她本人的沐浴照），简直太不可理喻了。（国际在线 2009 年 1 月 20 日）

所以造成误用，是因为没有弄懂什么叫“理喻”。理喻就是以理喻之，即用道理解说使对方明白。使用者把“理喻”误解为“理解”，这样一来就把使对方明白变成使自己明白了，与原意大相径庭。

2009 年 3 月 1 日

# “不可磨灭”的使用范围和感情色彩

“不可磨灭”指痕迹、印象、事迹、功绩、名声、道理等不会随着岁月的流逝而消失（磨灭：经过一定时期而逐渐消失）。语出宋·欧阳修《记旧本韩文后》：“韩氏（按，指韩愈）之文……盖其久而愈明，不可磨灭，虽蔽于暂而终耀于无穷者，其道当然也。”例如巴金《春》一：“近一年来这个公馆里面发生了许多大的变化，每一个变化都在她的心上刻划了一条不可磨灭的痕迹。”周而复《上海的早晨》一部四十一：“王士深讲的汉江西岸狙击战的英勇故事，在童进脑筋里留下了不可磨灭的深刻的印象。”侯外庐《深切悼念尹达同志》：“无论在考古发掘、史学研究和学术组织工作中，他都为马克思主义史学的发展做出了重要的不可磨灭的贡献。”

“不可磨灭”的使用范围是有限的，不是什么事物都可以同它搭配。不可磨灭的事物，首先是痕迹，例如刻在碑石上的文字；其次是印象，印象就是客观事物在人的头脑里留下的痕迹；再次是功绩、贡献、事迹、名声，这些都是可以铭刻记载、长期流传的；还有重要的事实、深刻的道理之类，它们也都可以因为自身的价值而流传下来。有人没有弄清这一点，随意扩大它的使用范围，以致造成误用。例如：

(1) 高中三年的学习，尤其是最后一年的冲刺，大家所承受的压力和背负的使命都是一言难尽的，现在考试结束了，而

那些相伴相随的时光却是永远不可磨灭的。(《广州日报》2010 年 6 月 11 日)

(2) 看来“vuvuzela”(按,这是非洲人用来驱赶狒狒的一种长喇叭,能发出很强的噪音)注定将成为这届世界杯无法磨灭的声音…… 它的出现和继续存在的确是世界杯非洲特色的最好体现。(《北京晚报》2010 年 6 月 15 日)

(3) 这种“淘汰车型”依然具有顽强生命力是中国汽车市场的悲哀,但桑塔纳自身不可磨灭的优势确实符合中国目前消费现状。(中国新闻网 2009 年 11 月 11 日)

(4) 双方都有不可磨灭的责任。(人民网 2010 年 4 月 19 日)

(5) 加拿大环境部长 28 日在赶到发掘现场时称,发现与西北航道有关的历史遗迹证明加拿大对北极有着不可磨灭的主权。(中国新闻网 2010 年 7 月 29 日)

“时光”和“声音”都是转瞬即逝的东西,怎么能说“不可磨灭”呢?“优势”随时可以转化为劣势,也不是“不可磨灭”的。例(4)可以说“不可推卸”的“责任”,例(5)可以说“无可争议”的“主权”,都不能使用“不可磨灭”。

从感情色彩上看,“不可磨灭”表示事物具有长期存在的价值,是一条褒义成语,不用于消极事物。以下诸例也属误用:

(6) 本届南非世界杯,卫冕冠军意大利队出乎意料地在小组赛便被淘汰出局,糟糕的成绩给意大利足球史上增添了不可磨灭的耻辱一页。(《法制晚报》2010 年 7 月 11 日)

(7) “东洋一哥”木村拓哉和“台湾第一名模”林志玲主演

日剧“月之恋人”…… 收视率……创木村主演日剧14年以来的最低纪录，在木村日剧生涯留下不可磨灭的污点。（浙江在线2010年7月7日）

（8）她总觉得，那个不寻常的夜晚，会给陈博留下某种不可磨灭的阴影。（新华网2010年5月31日）

2010年9月2日

# “不名一钱”不是不值一钱

《史记·佞幸列传》记载，汉景帝时，天下巨富邓通罢官后仍私自铸钱，被人告发，查证属实，全部家产被政府没收，最后“竟不得名一钱，寄死人家”。汉·王充《论衡·骨相》：“〔邓〕通亡，寄死人家，不名一钱。”后遂以“不名一钱”（连一文钱都没有）形容穷到极点。例如明·吴应箕《忠义杨涟传》：“〔杨涟〕莅虞五年，不名一钱。”梁启超《论中国人种之将来》：“乃至有不名一钱，持空拳而游于商界，不数年遂成素封之家者。”郭沫若《行路难》：“于是到五月尾上竟不名一钱，二十块钱的房金竟交不出了。”“不名一钱”也作“一钱不名”“不名一文”“一文不名”。

这条成语也时常被误用，例如：

(1) 说有效需求大于供给，那是哄外行的。不名一钱的股票都能炒热，房子还炒不热？（人民网 2007 年 7 月 23 日）

(2) 这个我曾经视为英雄的男子汉，他的冷漠，他的残忍，他的目无人道，使他转眼之间在我心中变得不名一钱。（大江网 2007 年 4 月 9 日）

(3) 它（按，指“诚信”）曾是千年前儒学大师发自肺腑的呐喊，它曾经在勾心斗角、尔虞我诈中变得不名一钱。（《燕赵都市报》2007 年 6 月 22 日）

(4) 这样的“新百家姓”，连本身的“姓氏数量统计价值”

也不可能是全面科学的，至于文化价值，那就更是不名一钱。(《青年报》2006 年 1 月 24 日)

(5) 它(按，指《先秦两汉文学史料学》)厘清了披于《周官》一书身上不应有的误解，取其与地下文物相合，证明《周官》并非如今文学家所说，是一本伪书，不名一钱。(《中华读书报》2005 年 6 月 1 日)

诸例中的“不名一钱”都应改为“不值一钱”。“不值一钱”的意思是一文钱也不值，形容毫无价值，用在这里正好合适。误用的原因在于没有读懂这条成语，特别是其中的“名”字，把它同“不值一钱”混为一谈了。“名”的本义是名字，引申为名义，再引申为以自己的名义占有。“不名一钱”的“名”就是占有的意思。

由此可见，使用成语一定要切实弄懂成语的含义，特别是其中关键字的含义，否则不用则已，一用就错。

2008 年 3 月 11 日

# “不情之请”是客套话

“不情之请”,《现代汉语词典》释为“客套话,不合情理的请求(向人求助时称自己的请求)”。语见清·纪昀《阅微草堂笔记·滦阳消夏录二》:“不情之请,惟君图之。”例如晚清·王韬《淞滨琐话·蕊玉》:“仆有不情之请:君囊中琴,欲仍归旧主;倘许割爱,不吝重酬。”恽代英《致柳亚子(一九二五年)·二》:“此事关系党国甚重,故敢以不情之请相冒渎也。”曹靖华《哪有闲情话年月》:“所以烦同志们勉为其难,当场各来一小篇吧,这是不情之请呵。”

从以上书证可以看出,“不情之请”毫无例外都用于说话人向人求助之时。向人求助时称自己的要求不合情理,无非是想把话说得委婉一些,纯属客套,事实上未必不合情理,而且通常都是可以得到满足的。如果当真按照字面义把“不情之请”坐实为不合情理的请求,用以谈论或评价别人的请求,那就错了。请看几条例句:

(1) 我不明白的是,面对高官及其周围爪牙的不情之请,为什么下面的一些官员就可以罔顾原则和法律,不惜放弃起码的职业道德和做人的底线,去助纣为虐,为虎作伥?(《珠江晚报》2009 年 11 月 11 日)

(2) 为此我等劝告某些女艺人……你们不是三陪女,有权拒绝一切不情之请。(金羊网 2009 年 10 月 10 日)

(3) 早年家乡每有大小事来“化缘”，做父亲的每次边称生意难做，边将千儿八百元递上。儿子则不一样，但凡是助学、修路、架桥一类公益的事，他都积极认捐，但对不情之请则果断说“不”。(《长江日报》2007 年 9 月 14 日)

(4) 按原定方案，浙江省对口援建的并非是青川县。然而，青川县委、县政府却向上级提出了由浙江省来援建的请求。这，并非不情之请，而是灾难深重的青川人民与浙江人民之间一段世纪情缘的延续。(《中国建设报》2009 年 12 月 29 日)

只有“罔顾原则和法律”才能满足的要求，肯定不是合理合法的；对“女艺人”提出只有对“三陪女”才能提出的要求，无疑是非礼的；“儿子”对之果断说不的“化缘”，当然也是不合情理的；而且这些请求毫无例外都出自别人之口，无须作者替他们自谦，因此都不宜使用“不情之请”。最后一例说青川人民的请求“并非不情之请”，也是把客套话“不情之请”坐实为“不合情理的请求”，用来评价别人的请求，显然也不妥当。

2010 年 2 月 5 日

# “不忍卒读”的不是拙劣之作

有人说：“就一般情况而言，所谓‘不忍卒读’是指文章质量拙劣，文词粗糙，令读者难以读完之意。如果是要表达‘让人哀伤得不忍心把它读完’之意，应用‘不忍终卷’，而非‘不忍卒读’。”（张咏《与文质彬先生商榷》，《书屋》2010 年 7 月号）这种说法是否正确？让我们先考察一下这条成语。

“不忍卒读”意思是不忍心读完，形容文章内容悲惨动人，是褒义成语。例如清·顾贞观《纳兰词·词评》：“容若词一种凄婉处，令人不忍卒读。”又如晚清·淮阴百一居士《壶天录》卷七：“闽督何公小宋，挽其夫人一联，一字一泪，如泣如诉，令人不忍卒读。”再如王芸生《看重庆，念中原》：“饿死的暴骨失肉，逃亡的扶老携幼，妻离子散……这惨绝人寰的描写，令人不忍卒读。”“不忍卒读”也作“不堪卒读”。如闻一多《记忆》：“啊！不堪卒读的文词哦！是记忆底亲手笔，悲哀的旧文章！”又如唐圭璋《唐宋词简释》：“末以问答语（按，指‘问君能有几多愁，恰似一江春水向东流’句）作结，吐露心中万斛仇恨，令人不堪卒读。”

理解这条成语的关键在“不忍”二字。只有内容悲惨、文字凄婉，能够震撼读者的佳作，才会令人不忍心继续读下去。所以自清代以来人们都用“不忍卒读”来形容优秀的文学作品，如前举书证顾贞观用来赞美纳兰容若的悼亡词，王芸生用来介绍《大公报》关于1942年河南大旱的长篇通讯。至于那些“质量拙劣，文词粗糙”、错误百出、令人生厌的文字，人们当然没有兴趣和耐心读下去，但这绝不是因为于心不忍，所以不能说“不忍卒读”。

值得注意的是，近年来对这条成语产生误解以致造成误用的情况确实存在。请看例句：

(1) 这些年来我经常审稿，发现有些论文虽有导师署名，但读来文理不通、艰涩难懂，尤其是英文文稿，破绽百出、不忍卒读。（科学网2010年8月13日）

(2) 展室里面张贴的《毛泽东亲笔手书福字简介》更是谬误连连，不忍卒读。（《齐鲁晚报》2010年7月13日）

(3) 媒体上“作家”、主持人们信口开河，语病、错字不忍卒读（听）。（中国新闻网2010年2月21日）

(4) 一部小说，无论好坏，一旦落入索隐派或考据派的读者手里，结果都是变得支离破碎，不忍卒读。（《北京日报》2009年4月21日）

以上诸例都用褒义成语“不忍卒读”形容质量拙劣、文理不通、错误百出之作，显系误用。如果换一个说法，例如“令人无法卒读”“令人难以卒读”，避开“不忍”二字，就文从字顺了。

2010年9月6日

# “不容置喙”不是不容置疑、无从置喙

“不容置喙”，《现代汉语词典》释为“指不容许别人插嘴说话”。例如李泓冰《谁有权对转基因水稻说“不”》：“任何决策的过程，本来就是个集思广益的过程。如果说，除了专家以外，旁人都不容置喙，结局自然就是‘一言堂’。”（见 2004 年 12 月 10 日《人民日报·华东新闻》）解玺璋《郭德纲 15 岁儿子退学为什么没人管》：“据说有近一半的网友甚至认为，这是郭家的私事，外人不容置喙。”

这条成语的使用频率不高，但误用的比例却不低。请看例句：

（1）故宫文物乃国之公器，故宫博物院只是管理部门，而不是所有权拥有者。国宝损毁，当然要向它的“主人”报告。这种信息公开义务，在理论上不容置喙。（《新京报》2011 年 8 月 1 日）

（2）时至今日，网络搜索与媒体调查的信息拼图，依然未能清晰展现“郭美美事件”的来龙去脉，但身处风暴核心的中国红十字总会遭遇信任危机的事实已不容置喙。（人民网 2011 年 7 月 6 日）

（3）中国在迅速成为世界上高端产品和服务的最大市场是不容置喙的事实。（《环球时报》2010 年 5 月 21 日）

（4）任何针对入侵者和占领者的抵抗和还击，无论其方

式和手段怎样，都应属于自卫和正义之举，其正义性与合法性绝对不容置喙。(《环球时报》2010 年 4 月 10 日)

(5) 即使没有姚明，中国男篮仍是不容置喙的亚洲老大。(《青岛日报》2009 年 12 月 25 日)

以上诸例的“不容置喙”，表达的都是不容怀疑的意思，这同这条成语的原意大相径庭，显系误用。所以造成误用，是因为没有弄懂什么叫“置喙”。“喙”是鸟兽的嘴，借指人的嘴。如“百喙莫辩”(即使有一百张嘴也辩解不清)。“置喙”就是插嘴，参与议论。如明·焦竑《焦氏笔乘·扬子云始末辨》：“近泰和胡正甫辨证甚悉，吠声者当无所置喙矣。”清·林则徐《定期放告颁发状式告示》：“其中纵有委琐情节，尽可于投审时当堂供明，何得以一面之辞，哓哓置喙耶？”表示不容怀疑，应该说“不容置疑”。例如彭大正《实践出真知》：“实践是检验真理的标准，这是不容置疑的。”陆地《瀑布》：“现在，自治军前锋既已抵达城郊，进城是不容置疑的了。”“不容置疑”放在以上诸例中正好合适。

有人虽然懂得了“置喙”，却没有弄清什么叫“不容”，把“不容置喙”误解为没有资格插嘴或不便插嘴，从而也造成误用。例如：

(6) 网民对建筑质量作为外行是不容置喙的，毕竟隔行如隔山，但建筑质检部门对这起世人广泛关注的事件(按，指中国建筑公司 6 天盖起一座 15 层酒店一事)是不能缺位的。(人民网 2010 年 11 月 30 日)

(7) 我对皖南事变毫无研究，自然不容置喙。但氓公说的皖南事变尚无最后结论、项英问题也是一个遗留下来没有

解决的历史问题，倒是千真万确，谁也不能否认的。（人民网2010年11月4日）

“外行”，“毫无研究”，自然不便参与议论，但这是因为自己不具备参与议论的条件，而不是有人不容许插嘴，当然也不能说“不容置喙”。如果一定要用“置喙”，可以说“无从置喙”。“无从”是找不到门径或方法，不知从哪里入手的意思。例如茅盾《色盲》一：“他实在不知道赵女士过去生涯的详情，他无从置喙。”“无从置喙”用于以上两例庶几近之。

2011年8月2日

# “不以为然”不是不在意

“不以为然”的意思是不认为是正确的(以为然,认为是正确的),表示不同意。语见宋·苏轼《再乞罢详定役法状》:“右臣先曾奏论衙前一役,只当招募,不当定差,执政不以为然。”例如鲁迅《三闲集·在钟楼上》:“有人说我应该拼命去革命,我自然不敢不以为然,但如叫我静静地坐下,调给我一杯罐头牛奶喝,我往往更感激。”郭沫若《月食》:“你这个考古的见解,却只是一个想象,恐怕真正的考古学专家一定不以为然。”周恩来《关于党的“六大”的研究》:“共产国际的一些同志听了〔我的发言〕之后大哗,不以为然。”

这条成语并不难懂,也不难用,但是不少人却把它用错了。例如:

(1) 目前反腐力度正在加大并向纵深发展,很多过去不以为然的问题,现在受到了重视。(《法制日报》2009 年 4 月 29 日)

(2) 那种对待工作不以为然、麻木不仁、能推则推、能拖则拖的作法,就是…… 对党和人民的事业极端不负责任。(《人民日报》2009 年 4 月 7 日)

(3) 有的官员平时对“吃一点、拿一点、要一点”不以为然,认为是小事一桩,无碍大节。(新华网 2008 年 12 月 19 日)

反腐没有人认为不正确，现在开始重视，正说明过去不重视，足见例(1)的“不以为然”就是没把它当一回事。例(2)能与“麻木不仁”“推推拖拖”相提并论的作风只能是不认真负责，而不可能是认为工作不正确。例(3)认为“吃一点、拿一点、要一点”是小事一桩，显然不是对它持反对态度，而是并不在意。以上诸例的“不以为然”都与作者要表达的意思相左，改用“不以为意”就豁然贯通了。“不以为意”的意思是不把它放在心上(以为意，把它放在心上)，表示对人对事不加重视，不认真对待。例如明·冯梦龙《喻世明言》卷十八：“那倭寇平素轻视官军，不以为意。”茅盾《子夜》八：“昨晚姨太太又是到天亮才回来，这已是惯了的，冯云卿本来不以为意，但此时正因公债投机失败到破产的他，却突然满肚子不舒服了。”两条成语只有一字之差，意思却大不相同，不可不察。

2009年6月3日

# “不赞一词”的“赞”不是赞美

“不赞一词”原作“不能赞一词”，语出《史记·孔子世家》：“至于为《春秋》，笔则笔，削则削，子夏之徒，不能赞一词。”意思是孔子修《春秋》，该写则写，该删则删，行文精当，连子夏这些人都不能再添加一句话。所以，“不赞一词”是形容文章写得很好，别人不能再添加一句话。例如鲁迅《致台静农》：“昨始得《右文说在训诂学上之沿革及其推测》一本……甚服此书之浩瀚，而竟不能赞一词。”现多指一言不发。如晚清·吴趼人《二十年目睹之怪现状》八十三回：“倒是侯制军屡次劝他，他却是说到续娶的话，并不赞一词，只有垂泪。”又如鲁迅《呐喊·头发的故事》：“我大抵任他自言自语，不赞一词，他独自发完议论，也就算了。”

这条成语使用频率不高，但误用却时有所见。我们先分析几个例句：

(1) 国内许多知名的新闻网，对南非的开幕式不赞一词。我想，如果不是出于礼节，有的媒体可能会用“大跌眼镜”一词来形容吧！（新浪网 2010 年 6 月 12 日）

(2) 近日读余英时的《现代儒学论》，很奇怪他为什么对梁漱溟不赞一词，只认为梁崇佛，非现代儒者……行文中很轻视梁某人。（博客中国 2010 年 2 月 7 日）

(3) 对于甘地在民族解放运动中提倡的手纺手织，泰戈尔不仅不赞一词，而且苛评有加……认为纺车在经济上没有意义，在促使人们思考上，也无帮助。（《南方都市报》2008 年 2 月 14 日）

（4）梁漱溟高度赞扬陈独秀在新文化运动中的贡献……对陈独秀的为人处世则不赞一词，称他“细行不检，予人口实”，“其为人圭角毕露”。（北京大学校友论坛 2006 年 5 月 4 日）

对于南非世界杯开幕式，国内各大媒体均有报道，只是没有高度评价而已，绝非一言不发。既然余英时在“行文中很轻视”梁漱溟，泰戈尔对甘地的主张“苛评有加”，梁漱溟对陈独秀的为人处世多所指责，可见他们对所评论的对象都不是一言不发。细玩文意，以上诸例所要表达的其实都是“没有一句称赞的话”。这个意思同“不赞一词”迥然不同，显系误用。

所以造成误用，是因为没有弄懂“赞”字的意义。“赞”在现代汉语中的常用义是称赞，把“赞”理解为称赞，“不赞一词”自然就是“没有一句称赞的话”了。殊不知在古代汉语中，“赞”还有一个义项是“参与、加入”。《字汇・贝部》：“赞，参也。”如“赞决”就是参与决策，“赞议”就是参与议政。《史记》“不能赞一词”与成语“不赞一词”中的“赞”都是这个意思。

绝大多数成语都是从古代流传下来的，其中保留了不少古代汉语的词义，是我们理解这些成语的难点，稍不注意就会产生误解。例如把“不刊之论”的“刊”（删改）误解为刊登，把“不足为训”的“训”（典范、准则）误解为教训，把“危言危行”的“危”（正直）误解为危险，把“望洋兴叹”的“望洋”（仰视貌）误解为望着海洋……对于诸如此类的成语，切不可以今释古，望文生义，否则必然造成误用。

2010 年 7 月 10 日

# 听不懂别人的话叫“不知所云”吗？

“不知所云”语出诸葛亮《前出师表》：“临表涕泣，不知所云。”原意是不知道自己所说的是什么，表示由于感情激动而语无伦次，是自谦之词。后泛指语言混乱，不着边际，令人摸不着头脑，含贬义。例如鲁迅《〈花边文学〉序言》：“但那时可真厉害，这么说不可以，那么说又不成功，而且删掉的地方，还不许留下空隙，要接起来，使作者自己来负吞吞吐吐，不知所云的责任。”萧乾《我爱新闻工作》：“你报道什么事件也好，谈论什么问题也好，总要围绕一个实质性的东西，不能虚无缥缈不知所云。”曹靖华《不尽铁浪滚滚来》：“某些文章或全部检扣，或部分删削，有时删得体无完肤，上下不接，读来不知所云。”徐铸成《报海旧闻》二〇：“他以‘冷’的署名写的‘时评’和‘小言’，吞吞吐吐，有时简直不知所云……看了像读《太上感应篇》一般。”

从以上书证可以看出，不管“所云”（所说的话）是自己说的还是别人说的，只要语言混乱，不着边际，令人摸不着头脑，都可以叫“不知所云”。鲁迅和萧乾是从作者（说话人）的角度说的，曹靖华和徐铸成是从读者（听话人）的角度说的。角度不同，但意思相同，矛头所指都在“所云”。现在有人认为，不管“所云”有没有问题，只要自己听不懂，就叫“不知所云”，因此把由于听话人自己的原因没有听懂别人的话，也说成是“不知所云”。这就不是在贬抑别人的话，而是贬抑听话人了，显然是对这条成语的误解和误用。请看例句：

(1) 红军东渡黄河前，毛泽东为一军团诸将领送行，随口吟诗道：“涉远祁连外，来从晋地游。”众将军不知所云，面面相觑。(《北京日报》2009 年 11 月 17 日)

(2) 毛泽东在与周恩来谈话时，指着在座的王洪文说，邓小平的“politics(政治)比他强”，懂得英语的周恩来心领神会，而一心想抢班夺权的王洪文则不知所云了。(中国共产党新闻网 2009 年 7 月 14 日)

(3) 他原本是数学专业的，完全不知“生物物理学”为何物，翻遍图书馆资料……仍不知所云。(《文汇报》2009 年 11 月 5 日)

(4) 服务员拿出几卷壁纸，记者看了半天，只看到一些不知所云的韩文，中文标签却没有。(《信息时报》2009 年 4 月 28 日)

(5) 在当代大学生中，对此歌(按，指苏联歌曲《共青团员之歌》)略有耳闻的可谓凤毛麟角，更多的人对此完全不知所云。(人民网 2009 年 5 月 20 日)

无论是众将军听不懂毛泽东所吟的诗句，王洪文听不懂英语单词，学数学的读不懂生物物理学资料，还是中国记者看不懂朝鲜语标签，其原因毫无例外都在于听(读)者自己不具备听(读)懂的条件，而不是别人的话有问题，显然都不能使用“不知所云”。至于例(5)，既不是说歌本身有问题，也不是说听歌的人听不懂，而是说听众对这首歌知之甚少，甚至一无所知，这个意思同“不知所云”就更不沾边了。

2010 年 1 月 13 日

# “不知所踪”“不知所终”和“不知去向”

中国共产党新闻网2009年8月6日刊登一条新闻，说：“香港康文署证实，筹建孙中山纪念馆时，在美国购入一批孙中山先生文物，但其中21件不知所踪。”8月9日又刊登一篇后续报道，说：“直到收货后4年因香港审计署检察，康文署点算文物才发现其中21件不知所终。”同样是讲21件文物下落不明，前者用的是“不知所踪”，后者用的是“不知所终”。到底应该用哪条，还是两条都可以用，或是两条都用错了？

先考察一下“不知所踪”。这是近年来媒体上经常出现的一个词语。例如：

(1) 据张家反映，自从张厚明的尸体被“夺走”后，便不知所踪，几次索要均遭拒……〔警方透露〕尸体目前保存于内江市青龙山殡仪馆。(《京华时报》2010年1月11日)

(2) 曹某此时也在人间蒸发，不知所踪……通过反复查询，专案组得知曹某此时正蜗居在新疆……并成功将其抓获。(《湖南日报》2009年10月20日)

(3) 季羡林失窃旧居看门人及其行李不知所踪。(《武汉晚报》2009年12月21日)

“不知所踪”于古无征。“所”可以同动词组成名词性的“所”字词组，如“所见”“所闻”“所作”“所为”，而“踪”是人或动物走过留下的足迹，引申为痕迹，名词，不能同“所”相结合。

表示不知道他的踪迹，可以说“不知其踪”，而不能说“不知所踪”。“不知所踪”是今人生造的词语，不是古汉语，更不是成语。

再看“不知所终”。“不知所终”近年来在媒体中使用频率也很高。例如：

(4) 昨天，又有媒体爆出更为惊人的消息，谓中国足协两名副主席南勇和杨一民最近“出差”不知所终。(《广州日报》2010 年 1 月 21 日)

(5) 在健翔的婚礼上，新娘阿欣举止失常，被家人接走，随后就不知所终……事后，健翔才了解到阿欣已住进了北医六院。(《北京晚报》2009 年 10 月 19 日)

(6) 之前有媒体披露其正门右侧墙面的“广州市文物保护单位”牌子不知所终。昨日记者在现场看到，那块牌子……仍挂在正门右侧的老地方。(《羊城晚报》2010 年 3 月 1 日)

“不知所终”语本《国语・越语下》：“〔范蠡〕遂乘轻舟，以浮于五湖，莫知其所终极。”后以“不知所终”四字成文，意思是不知道结局或下落。例如《后汉书・向长传》：“于是遂肆意，与同好北海禽庆俱游五岳名山，竟不知所终。”清・采蘅子《虫鸣漫录》：“余幼在湖口，有一僧持显者书，周行各郡县……后不知所终。”范文澜《中国通史》三编五章：“回纥余众……受张仲武压迫，遏捻可汗率妻子九人逃走，不知所终。”一个“终”字决定了这条成语的侧重点是人的最终结局，而不是此时此刻人到哪里去了。以上书证表述的都是不知道范蠡、隐士向长、云游僧和遏捻可汗这些人最终的结局如何，足以证明。表示不知到哪里去了，古人常说“不知所之”。如《晋书・孟陋传》：

"时或弋钓,孤兴独归,虽家人亦不知其所之也。"因此用"不知所终"表述不知人到哪里去了,是不贴切的,表述不知东西到哪里去了,就更加错误了。

"踪"和"终"读音相近,在某些方言中读音相同。"不知所踪"很可能是"不知所终"的误写。中国共产党新闻网先前的报道作"不知所踪",后续报道作"不知所终",可能作者误认为这是一条成语的两种写法,怎么写都行,也可能是发现原先写错了,赶紧改正。写成"不知所踪"肯定是错误的,改成"不知所终"也属误用。张厚明的尸体被警方保存在殡仪馆(例(1)),曹某逃匿后不久就被抓获(例(2)),阿欣被接走后立即住进医院(例(5)),他们的结局作者都交代得清清楚楚,南勇和杨一民的下落更是众所周知(例(4)),怎么能说"不知所终"呢?至于把"行李"(例(3))、"牌子"(例(6))和21件"文物"等物品的丢失也说成"不知所终",显然更属误用。

窃以为,不如老老实实说"不知去向"。"不知去向"就是不知到哪里去了,用于人也用于物。如《三国演义》一百三回:"廖化随后赶出,〔司马懿〕却不知去向。"潘汉年《对空炉说空话·西装与我》:"家里做给我的两件夏布大褂不知去向。""不知去向"放在前引诸例中都能适用。

2010年5月12日

# “不足为训”的“训”不是教训

关于“不足为训”，要说两点：一是怎样讲，二是怎样用。

“不足为训”的意思是不值得作为典范或准则。理解这条成语的关键在“训”字。“训”在这里是典范、准则的意思。《正字通·言部》：“训，古言可为法也。”宋·赵与时《宾退录》卷三：“王右军书势雄强，如龙跳天门，故历代宝之，永以为训。”现代汉语的双音词中仍然保留了这个意义。如“古训”就是古代流传下来的可以作为准则的话，“校训”就是学校规定作为全校师生行为准则的话。由于这个意义不太常见，人们容易把“训”误解为“教训”，把“不足为训”误解为“不足以成为教训”，从而造成误用。

至于怎样用，请看前人的典范用例。晚清·曾朴《孽海花》四回：“孝琪的行为，虽然不足为训，然听他的议论思想，也有独到处。”孙犁《秀露集·耕堂读书记(一)》：“这其实是避重就轻、图省力气一种写法，不足为训。”马南邨《燕山夜话·读书也要讲“姿势”》：“这两人可能有独异于常人之处，但是他们卧读的例子也仍然不足为训。”曾朴是说孝琪的议论思想有独到之处，但行为不足为训；孙犁是说这种取巧的写法虽然可用，但不足为训；马南邨是说这两人虽有异于常人之处，但其读姿不足为训。由此可见，说一种做法不足为训，至少表面上看来或者从某一个角度看来，它还是有一定的道理或可取之处的。如果一望而知就是错误的，只能彻底否定，作为典范或准则之类的话便无从谈起了。有人没有体会到这一点，也会造成误用。例如：

(1) 24 日中午，衡阳市祁东县中心市场发生了一起特大火灾……难道刚刚过去的“11·3”衡阳大火还不足为训？（汉网论坛 2003 年 11 月 25 日）

(2) 现在看来，“看客”们的堕落实在不足为训，最令人痛心的，莫过于已经迷失了航向的社会对人性的侵蚀、对良知的戕害。（人民网 2007 年 9 月 12 日）

(3) 他们都是……为钱不顾一切，最终被金钱带入坟墓，当了金钱的殉葬品，可悲可叹，不足为训。（《宁波日报》2006 年 11 月 10 日）

(4) 许多受传统濡染至今毫不动摇的作家对此不以为然、不足为训或不屑一顾，甚至嗤之以鼻，恰好说明他们不思进取、抱残守缺而胶柱鼓瑟。（《山西日报》2007 年 7 月 31 日）

例(1)把“不足为训”误解为“不足以成为教训”，这是明显的误用。例(2)例(3)的错误在于，既然已经堕落，已经判处死刑，只剩下“可悲可叹”“令人痛心”了，还谈什么值不值得作为典范、准则呢？显然也不宜使用这条成语。至于最后一例，错得就更没有道理了，不但意思不对，句子也不通，而且一句话中堆砌了那么多条成语，这种文风也不足取。

2008 年 2 月 20 日

# “惨淡经营”并非生意惨淡

“惨淡经营”一语，原指作画前先用浅淡的颜色勾勒轮廓，苦心构思，安排好画面上各部分的位置。语出唐·杜甫《丹青引赠曹将军霸》：“诏谓将军拂绢素，意匠惨淡经营中。”后引申指苦心谋划，从事诗文创作或经营某种事业。例如宋·王质《和李无变求诗》：“十年惨淡经营处，一点青荧灯火知。平日诗从天外得，只今天外总无诗。”曹禺《北京人》一幕：“这房子是先人的产业，一草一木都是祖上敬德公惨淡经营留下来的心血。”季羡林《意匠惨淡经营中》：“杜甫有一句很有名的诗：‘语不惊人死不休。’可见他作诗惨淡经营之艰苦。”

这条成语本不难理解，不难使用，但现在很多人把它误解为生意萧条、连年亏损、濒临倒闭。这类例子在媒体上屡见不鲜，酌举数则如下：

(1) 涉外演出红红火火，传统剧目惨淡经营，我们的传统文化演出市场亟待保护。（新华网 2004 年 3 月 21 日）

(2) 去年美国国内航班，平均每天有一万件行李丢失，航空公司对此的解释是，惨淡经营，人手不足。（国际在线 2006 年 2 月 19 日）

(3) 女超联赛惨淡经营，观众门可罗雀，铿锵玫瑰路难行。（《京华时报》2006 年 9 月 15 日）

(4) 多数文学期刊目前是惨淡经营……全国目前有 800

多家文学期刊,但大多数发行惨淡,赔本经营。(《羊城晚报》2007年7月13日)

(5) 马来西亚旅游部掏钱买下吉隆坡观景摩天轮50万张门票,以拯救惨淡经营的摩天轮管理公司。(《联合早报》2007年8月13日)

所以造成误用,显然是因为这些作者只知道"惨淡"当萧条、不景气讲。上引例(4)的"发行惨淡,赔本经营"八个字,就是该文作者对"惨淡经营"的诠释。殊不知"惨淡"还可以当苦费心思、尽心竭力讲。例如巴金《家》二十二:"仅仅在一刹那间就可以毁坏她十几年来苦心惨淡地造成的一切。""惨淡经营"中的"惨淡"正是这个意思。

由此可见,使用成语首先必须准确理解它的含义,有的还需要了解它的出处和语义发展演变过程,望文生义只能用错。

2008年1月5日

# “侧目而视”的种种误用

《战国策·秦策一》记载:苏秦最初以连横说秦,碰壁之后回到家里,“妻不下纴,嫂不为炊,父母不与言”;后改用合纵说赵,取得成功,挂了相印,再次见到家人,“妻侧目而视,侧耳而听,嫂蛇行匍匐,四拜自跪而谢”。后遂以“侧目而视”形容畏惧的神态。例如晚清·刘鹗《老残游记》三回:“诸君记得当年常剥皮做兖州府的时候,何尝不是这样?总做的人人侧目而视就完了。”毛泽东《向国民党的十点要求》:“使通国之人重足而立,侧目而视者,无过于此辈穷凶极恶之特务人员。”“侧目而视”也形容愤恨、敌视的神态。例如清·曹雪芹《红楼梦》二回:“〔贾雨村〕今已升了本县太爷,虽才干优长,未免贪酷,且恃才侮上,那同寅皆侧目而视。”

理解“侧目而视”的关键在“侧目”。“侧目”从字面上看就是斜着眼睛看,但它具有特定的含义:一是表示畏惧,如汉·桓宽《盐铁论·周秦》:“赵高以峻文决罪于内,百官以峭法断割于外,死者相枕席,刑者相望,百姓侧目重足,不寒而栗。”一是表示愤恨,如《史记·邹阳传》:“太后怫郁泣血,无所发怒,切齿侧目于贵臣矣。”这就决定了成语“侧目而视”只能形容畏惧或愤恨的神态。有些人没有理解“侧目”的特定含义,以为只要是斜着眼睛看,或用不同于一般的、不同于过去的眼光去看,都叫“侧目而视”,以致造成种种误用。误用的情况在媒体

中屡见不鲜,酌举数例如下:

(1) 每到星期六犹太人安息日,耶路撒冷陷入一片寂静,而在特拉维夫,穿着比基尼在沙滩上溜达和玩水上滑翔的人比比皆是,那些路过的戴小毡帽的虔诚犹太教民也很少侧目而视。(新华每日电讯 2010 年 9 月 30 日)

(2) 上课时,任何参观、考察等人员进入教室或站在窗口走廊上,都不会引来学生的侧目而视。去年冬天裘小民副市长视察乐平小学,没有一个学生因市长的到来而影响上课注意力,依然专心致志地听课。(新华网 2010 年 11 月 11 日)

例(1)是说虔诚的犹太教民目不斜视,身着比基尼的女郎也吸引不了他们的目光。例(2)是说乐平小学的学生遇到有人参观也目不斜视,依然专心致志地听课。两例都与畏惧和愤恨无关,显然是把"侧目"等同于"斜视",把"侧目而视"当成"目不斜视"的反义语,犯了望文生义的错误。

(3) 石涛的《莲社图》被拍至 1177 万元,陆远的《岁朝喜庆图》以 1650 万元成交……这些都不得不让专家们开始对古代书画侧目而视。(《成都晚报》2006 年 12 月 27 日)

(4) 仅从商丘自古到今的战略地位,和它本身散发出的诱人魅力,就足以让人们对他侧目而视,翘首相望。(人民网 2010 年 8 月 26 日)

(5) 如果儿媳妇能妥妥当当地准备一桌丰富的年夜饭,将大大提升她们在丈夫和公婆眼里的形象和地位。而如果准备不周或者饭菜味道不佳,则不免被亲戚们侧目而视。(《成都商报》2010 年 2 月 13 日)

(6)在鸦片战争之后的一段相当长时间里,我们在世界上

总是被洋人侧目而视，低看一眼，因为我们国家大而不强，国民多而不富。（人民网 2008 年 8 月 11 日）

“侧目而视”，在(3)(4)两例中是“格外重视”的意思，在(5)(6)两例中是“歧视”或“轻视”的意思。既不是畏惧，也不是愤恨，怎么能说“侧目而视”呢？显然是把“侧目而视”同“另眼相看”混为一谈了。“另眼相看”(也作“另眼相待”)指看待人或事物采用另一种眼光，即不同于一般的眼光，表示格外重视或加以歧视。如清·李汝珍《镜花缘》五十六回：“此等读书人，若不另眼相看，何以鼓励人才？”周恩来《团结广大人民群众一道前进》：“一听说这个人是党员，是青年团员，就放心了，什么问题也没有了；一听说是非党员非团员，马上就另眼相看。这样来划一个鸿沟是非常危险的。”最能说明问题的是杨绛《洗澡》三部六章里的一句话：“她感到旁人对她侧目而视，或另眼相看，好像带些敌意，或是带些鄙视。”后半句恰好是对前半句的注解：“带些敌意”就是“侧目而视”，“带些鄙视”就是“另眼相看”，把两条成语区别得非常清楚。

(7) 弹指一挥间，中国成了一匹拥有强大综合国力的黑马，国际地位变得举足轻重，令人侧目而视。（《南方日报》2009 年 7 月 8 日）

(8) 以色列的足球水平近年来有突飞猛进之势，特别是主场表现出来的强硬，令关注欧洲足球的人们无不侧目而视。（新民网 2010 年 10 月 10 日）

近年来中国的综合国力日益强大，以色列的足球水平突飞猛进，但并没有使人畏惧或愤恨，说令人“侧目而视”当然讲不通，说“另眼相看”也不够贴切，准确一点应该说“刮目相看”。“刮目相看”（也作“刮目相待”“刮目相见”）指对进步显著的人或事物，要去掉过去的看法，改用新的眼光看待。例如蔡元培《就任北京大学校长之演说》：“士别三日，刮目相见，况时阅数载，诸君较昔当必为长足之进步矣。”姚雪垠《李自成》二卷五十五章：“自从起义以来，你的思路开阔，大不同于往日，真当刮目相看！”这条成语用于（7）（8）两例正好合适。

2010 年 12 月 14 日

# “曾几何时”不等于过去、当初

“曾几何时”意思是才过去了多少时间，表示时间过去没有多久。语见宋·王安石《祭盛侍郎文》：“补官扬州，公得谢归。曾几何时，讣者来门。”清·周亮工《书冯幼将画竹卷后》：“曾几何时，诸君子皆化为异物，而予与幼将亦皆颓然老矣。”鲁迅《三闲集·吊与贺》：“呜呼！回想非宗教大同盟轰轰烈烈之际，则有五教授慨然署名于拥护思想自由之宣言，曾几何时，而自由批评已成为反动者唯一之口号矣。”丁玲《北京》：“这些文艺花朵，衬着社会主义新建设的绿叶，开得鲜艳缤纷。可是曾几何时，一阵风呵一阵雨，风吹雨打，神州失色，柳败花残。”

“曾几何时”用于表示一件事发生之后，没有过多久，就发生了另一件事，对于这种变化颇有感慨。这从古今典范用例中可以得到证明：王安石是说，盛侍郎辞职回家之后，没过多久就去世了；周亮工是说，当年在一起的朋友，没过多久便死的死、老的老了；丁玲是说，当年鲜艳缤纷的文艺花朵，没过多久便柳败花残了。都是在介绍了过去发生的事情之后，用“曾几何时”引出现在发生的事情。现在很多人没有弄懂这条成语的含义，错误地把它当成“过去”“当初”的同义语，放在句首用来引出过去发生的事情，然后再用“如今”“后来”“然而”之类引出现在发生的事情。殊不知，如此理解和运用，恰好把这条成语用反了。请看例句：

（1）曾几何时，抱着砖头般的“大哥大”打电话，就是富贵者的象征，令多少人羡慕向往。而今呢，手机已经成为每个人的生活必需品。（《人民日报》2010年1月18日）

（2）曾几何时，许多人不敢、不愿再见义勇为。如今，英雄故里再现“人链救人”壮举，无疑像冬季的火炬，照亮着社会的向善之路。（《人民日报》2010年1月21日）

（3）曾几何时，中国足球联赛曾经是举国关注的焦点，其品牌价格曾让各个财团趋之若鹜。而随着丑闻、取消升降级等等乱政，中国联赛的品牌价值和品牌美誉度大打折扣。（《济南时报》2010年3月28日）

（4）曾几何时，长安街上的自行车如同潮水一般在一个个红绿灯之间涌动。然而随着机动车的增多，公交地铁的发展，自行车渐渐被边缘化。（《京华时报》2010年1月24日）

（5）曾几何时，“万元户”是富裕的代名词，让人羡慕不已。没想到，时间不过半个甲子，浙江省农民年人均收入超过了万元。（《农民日报》2010年1月29日）

以上诸例，“曾几何时”都被错误地用来表示过去的一段时间，只有改为“过去”“想当年”之类的词语，句子才通顺。如果一定要用“曾几何时”，只能放在后面，用它分别代替上述诸例中的“而今呢”“如今”“而”“然而”和“没想到，时间不过半个甲子”。例如，例（1）可以改为“想当年，抱着砖头般的‘大哥大’打电话，就是富贵的象征，令多少人羡慕向往。曾几何时，手机已经成为每个人的生活必需品”。这才是这条成语的正确用法。

也有人把“曾几何时”误解为表示未来的一段时间，用它引出很久以后才可能发生的事情，相当于“将来”“有朝一日”之类，错得更加离谱了。例如：

（6）曾几何时，我们制造的汽车能与德国、日本、美国相提并论之时，也是我们可以骄傲之时。（《南方日报》2010 年 3 月 5 日）

顺便说一句，例(3)的“趋之若鹜”也用错了。许多企业争相赞助足球联赛，是正常现象，没有什么可以贬抑或讥讽的，不应使用贬义成语“趋之若鹜”。

2010 年 5 月 17 日

# “差强人意”是不能令人满意吗？

“差强人意”语出《后汉书·吴汉传》。吴汉是刘秀手下的大将。有一次打了败仗，诸将“或多惶惧，失其常度”，而吴汉却“意气自若，方整厉器械，激扬士吏”。刘秀听说后感叹道：“吴公差强人意，隐若一敌国矣！”称赞吴汉还能振奋人的意志（强：振奋），得到这样一个人，就如同获得一个同自己势均力敌的国家。后来“差强人意”作为成语，意思稍有改变，指大体上还能使人满意。例如明·归有光《与李浩卿书》：“少好《史》《汉》，未尝遇可以发吾意者，独此女差强人意。”清·陈廷焯《白雨斋词话》卷一：“明代无一工词者，差强人意，不过一陈人中而已。”冰心《二老财》：“小时看《红楼梦》，觉得一切人物都使我腻烦，其中差强人意的，只有一个尤三姐。”茅盾《茅盾文集·自序》：“自然也不敢说这样做了以后一定能写出差强人意的东西来，但既然这是正确的道路，就应当这样走。”“差强人意”也作“粗强人意”（“粗”也是略微的意思），如宋·魏了翁《与黄制置书》：“吴桂未保何如，陈昱粗强人意。”“强”也可以换成某些近义词，如“差慰人意”（见《苏东坡集续集》）、“差可人意”（见明·李开先《闲居集》）、“差快人意”（见《海瑞集》）、“差适人意”（见宋·楼钥《攻媿集》），这样一来意思更加显豁。

由此可见“差强人意”的意思是很明确的，各家辞书也从没有不同的解释。但是近年来，很多人却把它误解、误用为

“不能令人满意”。媒体中误用的例子俯拾即是，酌举数则如下：

(1) 今年春晚明确提出了杜绝假唱，然而从彩排情况看，真唱的效果令导演组十分头疼。连排一结束，导演组立刻召开紧急会议商量对策，希望在短时间可以找到办法解决真唱差强人意这个问题。(《新闻晨报》2009 年 1 月 14 日)

(2) 住房公积金管理和使用的规范性、稳定性都差强人意，似有“劫贫济富”之嫌。(《羊城晚报》2009 年 2 月 24 日)

(3) 反腐斗争上投入了不少成本，花了不少力气……天天反腐时时倡廉，但效果却差强人意。(人民网 2009 年 3 月 13 日)

(4) 许多消费者抱怨……奶酪吃起来像嚼肥皂，卫生纸薄如蝉翼，质量实在差强人意。(《中国青年报》2008 年 10 月 24 日)

(5) 学费昂贵，千余名学生挤在一起上大课，教学效果差强人意，敛财效果却胜人一筹。(《黑龙江晨报》2008 年 9 月 5 日)

以上诸例，“差强人意”毫无例外表示的都是“不能令人满意”，显然均属误用。所以如此，很可能是因为把“差强人意”中的“差(chā)”，同当“不好”讲的“差(chà)”混为一谈了。很多人把这条成语读成 chàqiángrényì，便是证明。“差”是多音多义字，读 chā 时，在古汉语中有一个副词义，相当于“颇”“稍微”。例如《汉书·匈奴传》：“从塞以南，径深山谷，往来差难。”宋·张实《流红记》：“有一脱叶，差大于他叶。”又如“差可”就是尚可，“差堪”就是还能够，“差愈”就是稍微胜过。“差强人意”中的“差”正是大体、稍微的意思。可见一个关键词理解错了，整条成语的意思便弄反了，可谓失之毫厘，谬以千里，不可不慎。

2009 年 4 月 8 日

# 一种颜色的花能说“姹紫嫣红”吗？

“姹紫嫣红”语出明·汤显祖《牡丹亭·惊梦》：“原来姹紫嫣红开遍，似这般都付与断井颓垣。”后用来形容各种颜色的花卉鲜艳美丽。“姹”和“嫣”都是艳丽的意思。例如钱锺书《围城》五：“那女孩子年纪虽小，打扮得脸上颜色赛过……姹紫嫣红开遍的花园。”李春光《夜长长……》：“她觉得，就连那会说话的、姹紫嫣红的百花，在它面前也顿时变得黯然失色了。”秦牧《长街灯语·寄北方》：“吊钟、桃花、梅花……花团锦簇，姹紫嫣红，摆满了花架。”

前举书证中，钱锺书用“姹紫嫣红”形容“花园”，李春光用来形容“百花”，秦牧则在列举了多种花卉之后，才用了“花团锦簇，姹紫嫣红”这八个字，足证这条成语形容的对象要具备两个特点：一是花的颜色要多种多样，一种颜色的花不能说“姹紫嫣红”；二是花的数量要比较多，一棵、一束、一盆之类习惯上也不说“姹紫嫣红”。请看下面的用例：

(1) 这是2月25日在长沙橘子洲景区内拍摄的姹紫嫣红的红梅。临近元宵佳节，长沙市橘子洲景区内的红梅竞相绽放，吸引众多游客观景赏花。（新华网2010年2月25日）

(2) 安溪县境内多山，气候温暖，雨量充足，茶树生长茂盛，品种繁多，姹紫嫣红，冠绝全国。（东方网2009年7月15

日）

（3）张爱玲在寂寞的文坛上，是一棵轰轰烈烈的杜鹃，突兀而自然；也是一束姹紫嫣红的罂粟，诱惑而神秘。（新浪网 2007 年 9 月 23 日）

（4）〔茶摊〕四周还围上一圈篱笆，几株牵牛花蔓绕其上，姹紫嫣红。（人民网 2007 年 3 月 9 日）

（5）朋友买了一盆太阳花，开得姹紫嫣红的，在太阳下灿烂得耀眼。（新浪网 2007 年 7 月 31 日）

例（1）是对几幅照片的说明，从照片上可以清楚看出，“红梅”虽多，但统统都是红色。例（2）描写的是茶树而不是茶花，当然都是绿色。这两例中“姹紫嫣红”均属误用。后三例用“姹紫嫣红”分别形容一束罂粟花，几株牵牛花，一盆太阳花，不仅颜色单调，而且数量太少，也不适宜使用“姹紫嫣红”。

为什么不能用“姹紫嫣红”形容一种颜色的花呢？原因就在“紫”“红”二字上。紫和红是两种花的颜色，借指各种颜色的花卉。其修辞手法与“万紫千红”相同，只不过“万紫千红”中有了“万”和“千”，不致误认为只形容一种颜色的花罢了。由此可见使用成语一定要切实弄清其中每个词或语素的含义，切不可囫囵吞枣，大而化之。

2010 年 3 月 6 日

# “长此以往”与“久而久之”

“长此以往”，意思是长期这样发展下去。这条成语通常是就不好的情况而言的，使用时，前面先要提出一种不好的情况，然后用“长此以往”（“此”就指代上述情况）引出发展下去将会产生的后果。例如鲁迅《书信集·致曹聚仁》：“坚卓者无不灭亡，游移者愈益堕落，长此以往，将使中国无一好人。”又《书信集·致许寿裳》：“近亦仍忙，颇苦于写多而读少，长此以往，必将空疏。”贾芝《李大钊诗文选集·前言》：“……长此以往，将是文学界、思想界莫大的危险。”

如果发展下去将会出现好的结果，也说“长此以往”，就不符合这条成语的习惯用法了。以下就是用“长此以往”引出好的结果的例子：

(1) 通过接受合作社统一提供技术培训，相互交流生产经验，这样就能很快使全体成员掌握和运用好新型、实用的现代农业技术。长此以往，一批新型的职业农民就会由此而成长。（《人民日报》2011 年 6 月 19 日）

(2) 只要读完一本书就去总结一本书，只要做成一件事就去总结一件事，长此以往，这样的领导干部就会逐渐积累出一套自己的东西，经验就会逐步丰富起来。（中国共产党新闻网 2011 年 6 月 8 日）

(3) 及时的反馈、正确的引导，可以让民意得到良好的疏通。长此以往，民意与立法互动的渠道将更通畅，各种民意诉求的表达也将更趋理性。(《工人日报》2011 年 6 月 3 日)

(4) 中西医……两种医学互相借鉴学习，甚至部分达到互相融合，长此以往，必然产生中西医结合的新医学——中国医学。(《人民日报》2011 年 5 月 12 日)

以上诸例，“长此以往”都应该改为“久而久之”。“久而久之”和“长此以往”都含有经过很长时间的意思(虽然侧重点有所不同)，但“久而久之”既可以引出坏的结果，也可以引出好的结果，使用范围比“长此以往”要广。例如晚清·吴趼人《二十年目睹之怪现状》一回：“繁华到极，便容易沦于虚浮，久而久之，凡在上海来来往往的人，开口便讲应酬，闭口也讲应酬。”贾平凹《鸡窝洼的人家》：“镇子落成，公路修了进来……吸引了方圆几十里的人来赶集。久而久之，三、六、九就成了赶集的日子。”邓友梅《烟壶》一二：“……久而久之，两种艺术交流的结果，就出现了一些既会唱戏又会养鸟的全才人物。”

2011 年 7 月 28 日

# “车载斗量”表示不足为奇

“车载斗量”语出《三国志·吴书·吴主传》“遣都尉赵咨使魏”裴松之注引韦昭《吴书》：“聪明特达者八九十人，如臣之比，车载斗量，不可胜数。”说的是吴主孙权派遣中大夫赵咨出使魏国，魏文帝曹丕叹服赵咨的辩才，问他：像大夫这样的人才，吴国有几个？赵咨说：明察事理、极其通达的有八九十人，像我这一类的，可以用车来装，用斗来量，数也数不清。后遂以“车载斗量”形容同类的人或东西数量很多，不足为奇。例如南朝·梁·徐陵《在吏部尚书答诸求官人书》：“故员外常侍，路上比肩；谘议参军，市中无数；四军五校，车载斗量。”清·吴敬梓《儒林外史》四十六回：“举人、进士，我和表哥两家车载斗量，也不是什么出奇东西。”郭沫若《整理国故的评价》：“研究莎士比亚与歌德的书车载斗量，但抵不上一篇《罕谟列特》和一部《浮士德》在文化史上所占的地位。”吴小如《关于“博导”》：“在欧美各大学中，只要是教授就有资格指导博士生，并无‘博导’与非‘博导’之分。不过彼方之教授是‘物以稀为贵’，并不像我们这里的所谓教授多得车载斗量，甚至逾于过江之鲫。”

从这条成语的出处和古今典范用例可以看出，它不是一般地表示数量很多，而是带有特定的感情色彩。同“多如牛毛”类似，都不用于褒义。不同的是，“多如牛毛”含有厌恶或者认为不足珍惜的意思，而“车载斗量”则含有轻视、认为不足为奇的意思。有人忽略了这一点，用“车载斗量”来赞美值得尊重、不同凡响的人或事物，在感情色彩上就显得不协调了。请看例句：

(1) 他(按，指李鸿章)是中国近现代电力、电讯、邮政、金融、外贸、铁路、航运、冶金、造船、教育、翻译、出版、海军、兵器等多项事业的开山鼻祖，培养的高级人才车载斗量。(《南方日报》2009 年 5 月 21 日)

(2) 祝希娟、陈冲、刘晓庆、丛珊、盖克、姜文、张瑜、潘虹、斯琴高娃、濮存昕等人的演艺事业，都与谢晋的慧眼识珠有着或多或少的联系，经他手培养成长起来的艺术家，车载斗量。(《人民日报》2008 年 10 月 20 日)

(3) 人们说起共和国开国将军们的传奇故事，可谓如数家珍，车载斗量。(中国共产党新闻网 2010 年 8 月 10 日)

(4) 来自全国乃至全世界各地的人们，以最浓烈的悲悯情怀聚焦汶川，援建汶川，可歌可泣的感人故事车载斗量，不可胜数。(人民网 2009 年 5 月 11 日)

(5) 对儿童无害有益的传统文化读物车载斗量，如唐诗宋词元曲、两汉唐宋文章，甚至《诗经》中也有不少短小通俗有趣的诗章。(《新京报》2011 年 1 月 9 日)

李鸿章在众多领域培养了大批先进的人才，这些人才在当时是弥足珍贵的，谢晋亲手培养了大批优秀演员，他们成绩斐然，深受观众喜爱，怎么能认为都不足为奇呢？改用“不可胜数”“不胜枚举”会更好一些。共和国开国将军的传奇，全国人民支援汶川的事迹，都是感人至深可歌可泣的，值得大书特书，显然也不宜说“车载斗量”。《诗经》以及流传至今的“唐诗宋词元曲、两汉唐宋文章”中适合儿童阅读的通俗篇章，都是宝贵的文学遗产，脍炙人口，百读不厌，更不适合说“车载斗量”，可以改用“浩如烟海”。

2011 年 2 月 25 日

# “充耳不闻”不是没有听见

“充耳不闻”,《现代汉语词典》释为:“塞住耳朵不听,形容不愿听取别人的意见。”例如清·李渔《奈何天·闹封》:“边陲告急,司转运者充耳不闻。”毛泽东《评国民党对战争责任问题的几种答案》:“中共发言人曾于一月二十一日给了这个不通的决议以严正的批评,不料该院长(按,指行政院长孙科)充耳不闻。”郭沫若《悼一多》:“然而有权贵的人却充耳不闻,熟视无睹,不仅不依从人民的意愿,反而倒行逆施,变本加厉……进行着大规模的内战。”

理解这条成语的关键在“充”字。《广雅·释诂三》:“充,塞也。”《诗经·邶风·旄丘》:“叔兮伯兮,褎如充耳。”郑玄笺:“充耳,塞耳也。”塞耳就是堵住耳朵,故意不听,而不是真的没有听见。为什么故意不听呢?因为别人的批评、群众的呼声之类的声音,都是他不愿意听到的。有人只见“不闻”,不见“充耳”,把“充耳不闻”断章取义地理解为没有听见,无疑是错误的。也有人把“充”误解为“充满”,声音充满耳朵却没有听见,那就不是故意不听而是耳朵有问题了,显然也是错误的。由于误解而造成误用的例子并不罕见,如:

(1)一名女子沿着南京下关城河北路附近一段铁路行走,这时,一列火车即将开到这里,路过这里的一名小伙子见

女子对火车的鸣笛声充耳不闻，于是大声喊火车来了，可那名女子依然沿着铁轨行走。（《扬子晚报》2009年8月20日）

(2) 昨晚，一名女子过马路时沉浸在音乐中，对外界“充耳不闻”，因躲闪不及被一辆水泥搅拌车撞伤。（东方网2010年9月3日）

(3) 他说画画时心情很平静，灵感一来，连妈妈喊吃饭都充耳不闻。（《信息时报》2010年8月1日）

(4) “郭侃峰下课”的声音开始响彻天泰体育场的上空……下课声响了大半场，郭侃峰不可能对此充耳不闻。（新华网2010年8月30日）

例(1)的女子对火车的鸣笛声和小伙子的喊声不是故意不听，而是真没听见，因为她并不想自杀。例(2)的女子过马路时被撞伤，肯定也不是对水泥搅拌车的声响假装听不见。例(3)的作画者连妈妈喊吃饭都没听见，只能是因为作画时精神过于专注，也不会是故意不听。何况他们没有听到的都与别人的批评、建议之类无关，因此以上三例都不能使用“充耳不闻”。例(4)的郭侃峰如果稍有修养，对要他下课的呼声置若罔闻、不予理睬，是可以说“充耳不闻”的，但事实是比赛刚刚结束郭便同球迷发生了冲突，可见作者想说的是“郭侃峰不可能对此毫无所闻”，这就是“不闻”而不是“充耳不闻”了。

顺便说一下，电视连续剧《手机》中有一个情节：赞助商拜访严守一和费墨，却只送严一台电脑，使坐在一旁的费墨非常尴尬。2010年6月7日《人民日报》海外版的一篇文章是这样描述的：“赞助商为严守一准备了限量版的笔记本电脑，而对一旁的费老却充耳不闻。”作者显然是把“充耳不闻”同“视若无睹”混为一谈了。这是对“充耳不闻”的另一种误用，也应该引起使用者注意。

2010年9月11日

# “踌躇满志”不等于满怀信心

“踌躇满志”语出《庄子·养生主》：“提刀而立，为之四顾，为之踌躇满志，善刀而藏之。”这段话是描写庖丁解牛之后，从容自得、心满意足的心态和表现（踌躇：形容从容自得的样子；善：拭）。后用来形容对自己的现状或取得的成就非常得意。例如清初·归庄《与大鸿》：“且平生少试文，此番踌躇满志，历观诸同人卷，益复自喜。”巴金《秋》三六：“他走到桌子前面，借着灯光，摇摆着头铿锵地把那两首肉麻的诗读了出来。他读完诗还踌躇满志地四顾问道：‘如何？’”茅盾《霜叶红似二月花》十一：“从家里出来的时候，他就同一个总司令亲临前线视察似的，踌躇满志，仿佛已有办法，只待亲自这么看一下，便可以发号施令了。”

理解这条成语要注意“满志”二字。“满”是满足，“志”是心意，合起来就是心满意足。只有对已经成为现实的景况或成就，才可能产生心满意足的情绪；对于未来，可以充满希望、满怀信心，但是不可能心满意足。有些人恰恰是忽略了这一点，对还没有成为现实的事情也说“踌躇满志”，这就讲不通了。这样的误用屡见不鲜，请看例句：

（1）怀着一腔热情，蔡恒开始踌躇满志地四处求职。不幸的是，恰逢经济危机来临，各大企业都在裁员，好的工作机会异常难找，蔡恒又一次面临残酷的现实考验。（《武汉晨报》

2010年6月17日)

(2)〔高考发榜后〕准大学生们集体大放松,复读生已经踌躇满志立志来年再战。(《江南时报》2010年7月7日)

(3)面对未来,朱增辉踌躇满志,立志要做中国最专业的知识产权代理机构和最专业的品牌设计公司。(人民网2010年7月9日)

(4)虽然对于申办2026年世界杯,中国足协是踌躇满志,但是对于不成功的可能性,也从来没有低估过。2026年不行,还有2030年,2034年,总之,一旦启动申办世界杯,就会一直坚持下去。(《北京晚报》2010年7月21日)

(5)王宝泉对即将到来的与泰国、荷兰等队的世界女排大奖赛踌躇满志。(《北京晨报》2010年8月3日)

蔡恒四处求职,接连碰壁;复读生已经落榜,只好寄希望于“来年再战”:面对这样的现状和成绩,怎么可能产生心满意足的心态呢?朱增辉的雄心壮志尚未实现,仅仅是一个美好的愿望;2026年世界杯尚未申办,而且明知“不成功的可能性”很大;女排大奖赛尚未打响,胜负难料:此刻便“踌躇满志”,岂不是为时过早?以上诸例中的“踌躇满志”只有改为“满怀信心”之类,方能文从字顺。可见这些作者都把“踌躇满志”同“满怀信心”混为一谈了。

2010年9月15日

# “处心积虑”是贬义成语

“处心积虑”语出《穀梁传·隐公元年》：“何甚乎郑伯？甚郑伯之处心积虑，成于杀也。”意思是心存某种想法，并且思虑了很长时间。例如唐·柳宗元《驳复仇议》：“元庆能以戴天为大耻，枕戈为得礼，处心积虑，以冲仇人之胸，介然自克，即死无憾，是守礼而行义也。”明·唐顺之《题大营驿》：“观岳侯所题大营驿壁，其处心积虑，未尝一日不在于复中原，迎二帝，眷眷然若赤子之于慈母然。”后来感情色彩有了变化，只用来形容费尽心机，图谋已久。如晚清·李伯元《官场现形记》四十六回：“单说大少爷见老人家有这许多银子，自己到不了手，总觉有点难过；变尽方法，总想偷老爷子一票，方才称心。如此者处心积虑，已非一日。”老舍《赵子曰》二十三：“他日夜处心积虑的把我卖了，他好度他的快活日子。”张友渔《报人生涯三十年·我解放前的斗争生活》：“少奇同志做了指示，认为蒋介石要处心积虑消灭共产党，但美国为了有效控制中国，可能采取照顾双方利益的欺骗手段。”

“处心积虑”过去是中性成语，现在已发展成为贬义成语，有人再用于褒义就显得不恰当了。例如：

(1) 作为一个权力至高无上的封建帝王，唐太宗处心积虑地这样做(按，指为误用贪官党仁弘而发布罪己诏)，至少说明执法的严肃和治贪的决心。(《哈尔滨日报》2010 年 1 月 15 日)

（2）在他（按，指画家任率英）的影响和动员下，当时画界高手如徐燕荪、刘继卣……纷纷加入进来，成为……一个群星灿烂的创作集体……可见任率英先生处心积虑的用心和影响力。（《北京日报》2009年10月23日）

（3）如果说《奋斗》是赵宝刚的“神来之笔”，那么《青春》（按，指《我的青春谁做主》）毫无疑问就是他的“处心积虑之作”。（《信息时报》2009年4月15日）

（4）所谓研究，其核心事件就是处心积虑、绞尽脑汁地思考。唯有思考，才有可能产生创新的思想火花、新的认识和新的学术观点。（科学网2010年1月9日）

前三例肯定属于褒义，例(4)也近于褒义。其实形容费尽心思的成语很多，如褒义的有“殚精竭虑”，中性的有“煞费苦心”“绞尽脑汁”“千方百计”，贬义的有“挖空心思”“费尽心机”等。这些成语感情色彩不同，意思大同小异，可以根据不同的语境灵活选用，不要抱着一个“处心积虑”不放。多掌握一些近义成语，使用起来就会得心应手、左右逢源了。

2010年3月10日

# “蠢蠢欲动”不是中性成语

“蠢蠢欲动”有两个义项。一是形容像虫豸一样蠕蠕爬动。语本南朝·宋·刘敬叔《异苑·句容水脉》：“掘得一黑物，无有首尾，形如数百斛舡（xiāng 船），长数十丈，蠢蠢而动。”蠢蠢，形容虫子蠕动的样子。例如明·张岱《陶庵梦忆·金山竞渡》：“金山上人团簇，隔江望之，蚁附蜂屯，蠢蠢欲动。”这个意义现在已经很少使用。一是指敌人或坏人准备进行活动。语本《左传·昭公二十四年》：“今王室实蠢蠢焉，吾小国惧矣。”杜预注：“蠢蠢，动扰貌。”宋·王质《论庙谋疏》：“越千里以伐人，而强晋蠢蠢然又有欲动之势，形孤而心摇，必不能久矣。”例如晚清·黄远庸《政界内形记》二：“自借款不成之消息传布后，不特土匪蠢蠢欲动，而废官任意造谣，穷兵日日思乱，若内务部不以精神整理，则北京危矣。”姚雪垠《李自成》二卷二章：“商洛山中，曾被李闯王义军破过的和尚未破的地主山寨，都在暗中串联，蠢蠢欲动。”秦牧《北京一户多姓人家的故事》：“作为前线后方的麻城，警卫力量较薄弱的时候，四乡的反革命分子就蠢蠢欲动了。”

现在通常使用的“蠢蠢欲动”，毫无疑问是一条贬义成语。《现代汉语词典》在这个词条下只收录后一个义项，释为“指敌人准备进行攻击或坏人策划破坏活动”，可见其感情色彩非常鲜明。但是现在有些人把这条成语当成中性成语使用，不管什么人只要准备进行某种活动，都说“蠢蠢欲动”，就不恰当了。例如：

(1) 因为与原公司经纪约满，“跳槽”最近是关于周迅、陈坤最热的话题，而产后复出的赵薇也蠢蠢欲动。(《华商报》2010 年 7 月 26 日)

(2) 即使对大部分人来说，超长假期计划的可行度不算太高，但也足以使每个人精神为之一振，蠢蠢欲动地开始制订自己的“黄金周”出行计划。(《南宁日报》2010 年 9 月 15 日)

(3) 教师节马上就要到了，一众学生又开始密谋送礼，而家长更是提早蠢蠢欲动“送礼买放心”。(《信息时报》2010 年 9 月 9 日)

(4) 在汶川地震发生后，七千万党员蠢蠢欲动，急切寻求表达党员爱心、履行党员义务的方式和途径。(中国共产党新闻网 2010 年 5 月 13 日)

(5) 如果没有“道德”约束，全球几十亿人蠢蠢欲动，买票不排队、开车不看红绿灯、碰撞了人还强辞夺理、入厕不冲马桶、垃圾乱扔……。(中国共产党新闻网 2010 年 9 月 6 日)

如果说例(1)贬斥的还仅仅是赵薇一个人，那么从例(2)开始“打击面”便越来越大：从筹划“黄金周”出行的游客、准备教师节送礼的家长，到中国共产党七千万党员、全世界几十亿人民，都在蠢蠢欲动，越来越说不过去了。

成语的感情色彩是长期流传下来、早已约定俗成的，使用者只能严格遵守而不能擅自改变，否则只能造成误用。这一点不可不察。

2010 年 10 月 3 日

# “蹉跎岁月”不是苦难的岁月

“蹉跎岁月”意思是虚度光阴。语见唐·罗隐《魏博罗令公附卷有回》:“蹉跎岁月心仍切,迢递江山梦未通。”例如明·张凤翼《灌园记·君后授衣》:“倘我不能报复而死,埋没了龙泉豹韬,枉蹉跎岁月一死鸿毛。”梁启超《论支那独立之实力与日本东方政策》:“必至蹉跎岁月,误尽时机。”傅雷《傅雷家书·1954 年 8 月 11 日》:“你现在更能够定下心神,发奋为学;不至于像我当年蹉跎岁月,到如今后悔无及。”叶文玲《不寻常的曲谱》:“当许多人蹉跎岁月、虚掷光阴时,姚从工却夺得了支配时间的主动权,他利用分分秒秒,一步步地向……现代结构化学挺进!”

有些人没有读懂这条成语,把“蹉跎岁月”误解成“苦难的岁月”或“坎坷的岁月”。请看例句:

(1) 知青题材的影视剧无疑能满足很多年轻人对那段特殊年代的探知欲望,让他们了解父辈们的这段蹉跎岁月很有必要。(中国共产党新闻网 2010 年 3 月 26 日)

(2) 1958 年,他被打成“右派”,从此陷入了长达 20 年“苦其心志、劳其筋骨、饿其体肤”的蹉跎岁月。(人民网 2010 年 2 月 2 日)

(3) 这张“全家福”留下了我们在蹉跎岁月里弥足珍贵的情意和难以忘怀的回忆。(《西安日报》2010 年 2 月 24 日)

(4) 聂〔卫平〕的棋艺境界，与他当年在北大荒那段风高雪恶的蹉跎岁月有关。(《解放军报》2009 年 6 月 16 日)

(5) 两岸关系经历过漫长的蹉跎岁月，经济、文化、社会等方面要解决的问题很多。(《人民日报》海外版 2008 年 6 月 13 日)

弄懂这条成语的关键在于"蹉跎"。"蹉跎"的意思是失足。《楚辞·王褒〈九怀·株昭〉》:"骥垂两耳兮，中坂蹉跎。"洪兴祖《补注》:"蹉跎，失足。"引申为失时，虚度光阴。如三国·魏·阮籍《咏怀》之五:"娱乐未终极，白日忽蹉跎。"又如唐·李颀《送魏万之京》:"莫见长安行乐处，空令岁月易蹉跎。"这个意义一直保留到现代汉语中。"蹉跎"带上宾语"岁月"，意思还是虚度光阴，是一个动词性词组。把成语"蹉跎岁月"理解为名词性词组"苦难的岁月"或"坎坷的岁月"，是没有根据的，也是错误的。

1982 年我国第一部反映上山下乡知识青年生活的电视连续剧《蹉跎岁月》，就是把"蹉跎岁月"当成"苦难的岁月"用的。这部电视剧影响很大，很可能对这条成语的误用起了推波助澜的作用。

2010 年 4 月 20 日

# “殚精竭虑”不用于贬义

“殚精竭虑”意思是用尽精力，费尽心思（殚、竭：竭尽）。语见《清史稿·陈奂传》：“奂尝言大毛公诂训传言简意赅，遂殚精竭虑，专攻《毛传》。”例如鲁迅《花边文学·商贾的批评》：“着眼在经济上，当然可以说是进了一步。但这‘殚精竭虑用苦工夫去认真创作’出来的学说，和我们只有常识的见解是很不一致的。”周祖谟《〈音学五书〉前言》：“足见此书确是一部殚精竭虑的著作，自有其价值在。”姚雪垠《李自成》三卷六章：“一年来殚精竭虑，惟愿早奏肤功，以纾皇上宵旰之忧。”也作“殚精竭思”“殚精竭诚”“殚精竭力”，都是褒义成语，不用于贬义。有人忽略了它的感情色彩，不管干什么事，只要用尽心思，就说“殚精竭虑”，这是不妥当的。例如：

(1) 针对画家的骗术有不少“专业发明”，更有诸多“量身定做”，殚精竭虑，千奇百怪。(《扬子晚报》2009 年 12 月 6 日)

(2) 有人费尽心思，以求一夜暴富；有商家殚精竭虑，只为钻空子，好让自己赚得更多。(新华每日电讯 2009 年 11 月 27 日)

(3) 他们在为自己几个工作人员的奖金、补贴殚精竭虑的时候，早已把自己是谁，自己是干什么的忘得一干二净。(人民网 2009 年 2 月 11 日)

(4) 当中国的父母为是否应该给孩子的小学老师送礼而殚精竭虑之时……你是不是觉得，本来理应简单的生活，被聪明而深刻的人弄得过于复杂了？（《解放日报》2009 年 11 月 21 日）

骗子费尽心思去骗人，某些商家费尽心思去钻空子，肯定都是坏事，某些基层文化主管部门只关心自己的奖金，而忘记了自己的使命，也是错误的，显然都不宜使用“殚精竭虑”。应改用“挖空心思”“费尽心机”之类的贬义成语。费尽心思考虑如何给老师送礼，虽说事出无奈，但也不应肯定，可以改用“绞尽脑汁”“煞费苦心”之类的中性成语。

有那么一些成语，意思相近而感情色彩不同，应该根据表达的需要适当选用。这是使用具有感情色彩的成语时，普遍要注意的问题。

2010 年 1 月 18 日

# “当仁不让”是积极去做合乎正义的事

“当仁不让”语出《论语·卫灵公》：“当仁，不让于师。”意思是面临关乎仁义的大事，即使是老师也不用同他谦让。后以“当仁不让”四字成文，指遇到应该做的事情，积极主动承担，不推辞不退让。例如《后汉书·曹褒传》：“夫人臣依义显君，竭忠彰主，行之美也。当仁不让，吾何辞哉！”孙中山《和平统一之通电》：“各派首领不乏明达，见义勇为，当仁不让，其间大有其人在也。”叶圣陶《一篇宣言》：“记不清是谁建议道：‘就请王永沂先生把这一串意思写下来吧，他是国文教师，笔下来得。’王先生当仁不让，回来就起草了那篇宣言。”王西彦《春回地暖》：“堂客们也就当仁不让，果然一个个都站在斗争的最前列。”

理解和运用这条成语要抓住两点：一是“当仁”，即面对的是合乎正义的事情，也就是好的、应该做的事情。所以这是一条褒义成语，同“义不容辞”意思相近，绝不能用于不好的、不应该做的事情。二是“不让”，即不推辞不退让，积极主动去承担应该承担的任务，而不是被动地无奈地接受某种结果。只有同时做到这两点，才能说“当仁不让”。有人恰恰忽略了这两点，以致造成误用。例如：

(1) 2009 年全国……地产业 10 个关键词有三个与土地直接相关：拍卖土地收入暴增、溢价成交“地王”频现、国企抢

地当仁不让。(人民网 2009 年 12 月 22 日)

(2) 蒋雯丽在《金婚》中用当仁不让的吵架和哭闹来表现文丽对婚姻生活的不适应和对丈夫的不满,以至于她和张国立的吵架戏成了《金婚》中最大的看点。(《北京娱乐信报》2009 年 10 月 28 日)

(3) 数据显示,全球 40%的恶意软件是针对中国网民和用户——中国已经当仁不让地成为世界网络安全最大的"受害国"。(《环球时报》2010 年 3 月 31 日)

(4)据媒体报道,龙井山园不要说每年的"期末大考"次次垫底,甚至每个季度的"单元测验"它也是当仁不让的最后一名。(《浙江工人日报》2010 年 3 月 30 日)

(5) 这两天吉隆坡的几场暴雨,确实把东道主搞得灰头土脸……连〔马来西亚体育部〕部长说不会出问题的地方都出问题了,记者席上面的天花板当仁不让地漏起水来。(《羊城晚报》2010 年 5 月 13 日)

国企抢地纯属不正当的行为,政府已经采取措施加以制止,同丈夫吵架也不是解决问题的正确方法,都不属于"当仁"的范畴;成为世界网络安全最大的受害国,在评比中沦为最后一名,比赛场馆的天花板漏雨,都是人们不希望看到的事情,更不是人们积极主动争取的结果,不仅不是"当仁",连"不让"也谈不上了。显然,这些地方都不能使用"当仁不让"。

2010 年 7 月 5 日

# 不要随意扩大"荡气回肠"的使用范围

"荡气回肠",意思是人受到感动之后,气为之舒,肠为之转。形容文辞、音乐等生动感人之极。语见三国·魏·曹丕《大墙上蒿行》:"女娥长歌,声协宫商;感心动耳,荡气回肠。"例如清·翁方纲《石洲诗话》卷二:"微婉顿挫,使人荡气回肠者,李义山(即李商隐)也。"马识途《夜谭十记》:"这虽然算不得是一篇震古烁今的妙文,总算得是一件荡气回肠的小品吧。"也作"回肠荡气"。如张贤亮《河的子孙》一〇章:"惊涛的怒鸣,回流的轻唱,波澜的吟哦,凫鸟的哀号,组成一支雄壮而又回肠荡气的交响曲。"

"荡气"就是使心情激荡,容易理解。"回肠"就是使肠子旋转,形容焦虑、忧愁或受到感动,思绪辗转于内心,久久不散。如唐·唐彦谦《春阴》诗:"一寸回肠百虑侵,旅愁危涕两争禁。"唐·韩愈《刘生》诗:"妖歌慢舞烂不收,倒心回肠为青眸。""荡气""回肠"连用,通常只形容文辞、音乐等感人至深,扩大一点也可以形容一段历史、一个故事、一部电影……感人肺腑,动人心弦。曹丕用来形容歌声,并且同"感心动耳"连用,认真体味一下,会加深对这条成语的理解。遗憾的是,现在有些人无限扩大"荡气回肠"的使用范围,几乎想怎么用就怎么用,这就很不妥当了。请看最近从媒体上摘录的一些例子:

（1）伟大的中国共产党走过了90年，这是波澜壮阔、荡气回肠的90年，更是艰苦卓绝、发奋图强的90年。（人民网2011年6月27日）

（2）历经28年艰苦卓绝、坚忍不屈、荡气回肠的武装斗争，带领亿万中华儿女实现了中国新民主主义革命的成功和中华民族的彻底独立解放。（中国共产党新闻网2011年6月30日）

（3）在中原大地上，领略着一望无际的麦田和雄伟的山川大河，让人感到心胸开阔，荡气回肠。（《河南日报》2011年6月24日）

（4）广东队终于在客场完成了荡气回肠的逆转，涉险过关，取得一场宝贵的胜利。（《深圳特区报》2011年4月18日）

前两例，“荡气回肠”与“波澜壮阔”“艰苦卓绝”等连用，形容革命斗争，同感人肺腑、动人心弦之意相去甚远，显然不妥。例(1)改为“气吞山河”，例(2)改为“百折不回”之类，或者更符合原意。例(3)形容心情舒畅，说“心旷神怡”或“精神振奋”之类庶几近之，说“荡气回肠”就不沾边了。例(4)也不能说“荡气回肠”，可以改为“惊心动魄”。

（5）不要说吃肉了，就是喝一口肉汤，那也是荡气回肠，终生难忘。（《新疆都市报》2011年4月25日）

（6）龙井茶味道极好……你轻抿一口，会被那清淳（按，“淳”应作“醇”）的草香镇住，你会惊讶茶的嫩叶竟如此让人荡气回肠。（《人民日报》2011年6月17日）

（7）迪拜机场的免税店，看了简直是“荡气回肠”，恢弘壮

观，让人大有血拼之欲望。（《海口晚报》2011 年 7 月 6 日）

（8）时而飞流直下，时而荡气回肠，时而气势磅礴，时而妙趣横生，置身雅鲁河漂流，可尽情领略搏浪飞舟的激越、高歌挥桨的豪放……惊险乐趣，尽享其中，令人心旷神怡。（人民网 2011 年 7 月 13 日）

喝汤、品茶何以会“荡气回肠”，令人费解。最后两例用“荡气回肠”想表达什么意思，实在捉摸不透，看来已经近于滥用了。

2011 年 8 月 6 日

# “灯火阑珊”是灯火辉煌吗？

近年来经常看到有人用“灯火阑珊”形容灯火通明、光辉灿烂。仅从2011年前两个月的媒体中就可以找到一大把例子，使用频率之高于此可见。酌举数则如下：

(1) 海湾里绵延几公里的广场、公园灯火阑珊，人声鼎沸，悠扬的歌声此伏彼起。（《北方新报》2011年2月25日）

(2) 灯会上灯火阑珊，游人如织，充满民俗特色的工艺品和各种小吃、美食，令游客们享受着赏灯之外的另一番情趣。（《宁夏日报》2011年2月10日）

(3) 整个宋夹城春节灯会，将形成一个灯的世界、灯的海洋，扬州城也会灯火通明，金碧辉煌……届时，火树银花，灯火阑珊，煞是好看。（《人民日报》海外版2011年1月13日）

(4) 哈市夜晚灯火阑珊、流光溢彩，各种造型别致的彩灯令美丽的冰城成为一座不夜城。（《黑龙江晨报》2011年1月7日）

“灯火阑珊”语出宋·辛弃疾《青玉案·元夕》词：“众里寻他千百度，蓦然回首，那人却在，灯火阑珊处。”这几句是说：“我”走遍灯火辉煌的街市，穿过熙熙攘攘的人群，一遍又一遍地寻找自己的意中人，正在焦急之际，猛然回头，发现“那人”却在灯火稀疏暗淡的僻静之处。这样就把“那人”所处的环境与元夕灯会的热闹情景，把“那人”的孤寂与游人的热烈形成了鲜明的对比，从而凸现“那人”自甘寂寞、不肯随波逐流的品格。“阑珊”是叠韵联绵词，义项很多，但都含有衰败、消沉、零落、将尽的意思。用来形容星火灯光，就是稀疏、暗淡。如唐·曹唐《小游仙诗》之十一：“南斗阑珊北斗稀，茅君夜著紫霞衣。”清·纳兰性德《台城路·上元》词：“阑珊火树鱼龙舞，望中宝钗楼远，靺鞨馀红，琉璃剩碧。”“灯火阑珊”就是灯火稀疏暗淡，与灯火辉煌意思恰恰相反。《青玉案》一词中确有描写灯火辉煌的字句，但那是开篇的“东风夜放花千树，更吹落、星如雨”，而不是结尾的“灯火阑珊”。把这句话理解错了，仅仅是一首词没有读懂，问题还不大，而把它当作成语在媒体中频繁使用，就要闹笑话了。

其实“灯火辉煌”就是一个很通俗很好用的词语。例如明·冯梦龙《古今小说·木绵庵郑虎臣报冤》：“一日，理宗皇帝游苑，登凤皇山。至夜，望见西湖内灯火辉煌，一片光明……”王蒙《青春万岁》二十七：“天安门前灯火辉煌，人山人海。”“灯火辉煌”用在上述诸例中都很合适。何必放着这样一个可以信手拈来的词语不用，偏偏要滥用一个自己尚未弄懂、无法驾驭的典故呢？

2011年2月20日

# "鼎力相助"是敬辞

吉林市化工原料桶被洪水冲入松花江后，黑龙江省委、省政府于2010年8月2日向吉林省委、省政府发出慰问信，信中说："黑吉两省人民同饮一江水，一直以来都是好邻居、好伙伴。一方有难，八方支援。我省决定予以全力支援，如有需要我省将全力以赴，鼎力相助。"这里使用成语"鼎力相助"是否妥当？让我们先考察一下这条成语。

"鼎力相助"就是大力相助，是请求别人帮助自己时的客套话。例如王火《战争和人》（三）卷三："翘老感慨得对，我今天来，是为了冯村的事来烦请翘老鼎力相助的。"熊召政《张居正》二卷二十四回："感谢李太后与皇上对下臣的信任，也感谢冯公公……鼎力相助。"

理解这条成语的关键在于"鼎力"。"鼎"本义是古代炊具，多用为宗庙的礼器，相传夏禹铸九鼎，历商至周，都作为传国的重器，因此象征王位和政权。又引申为大。"鼎力"就是大力，敬辞，用于表示请求或感谢别人替自己做什么，如"鼎力维持""鼎力周旋""鼎力协助"等。"鼎力相助"通常用于请求或感谢对方帮助自己，也可以用来叙述一个人帮助另一个人，唯独不能用来表示自己帮助别人。黑龙江表示自己愿意帮助吉林，而不是请求吉林帮助自己，自然不能用"鼎力相助"，这样说实在有失礼貌。由于不懂得“鼎力相助”是敬辞而造成的误用在媒体中时有所见，例如：

（1）我们深感自身使命的崇高和伟大……我们将永远不遗余力，鼎力相助。（搜狐网 2010 年 9 月 26 日）

（2）你能说服我，我就鼎力相助；若说不服，那就暂时搁置。（中国共产党新闻网 2010 年 1 月 27 日）

（3）去年“5·12”大地震时，台湾人民给予大陆地震灾区大力支持，现在台湾有难了，我们也应鼎力相助。（人民网 2009 年 8 月 17 日）

（4）如果在座的有谁想搞养殖业，也可以来找我，只要能够帮忙的，我一定鼎力相助，毫无保留地提供技术上的支持！（人民网 2009 年 1 月 7 日）

以上诸例毫无例外都是用来表示自己帮助别人。这种情况，可以说“尽力”“竭力”“大力”……，绝不能说“鼎力”相助。汉语中谦辞和敬辞的区别是很严格的，不能随意混用。好多部电视剧都出现过用谦辞“家父”代替敬辞“令尊”尊称对方父亲的情况，类似的误用还是少出一点为好。

2010 年 10 月 7 日

# “鼎足而立”的是三方

“鼎足而立”，像鼎的三只脚一样，三者各立一方。比喻三方并立对峙。语出《汉书·蒯通传》：“方今为足下计，莫若两利而俱存之，参（同‘叁’）分天下，鼎足而立，其势莫敢先动。”这是谋士蒯通游说齐王韩信的话，劝他不要帮助汉刘邦，也不要帮助楚项羽，而是三分天下，形成汉、楚、齐鼎足而立的局面。例如《三国演义》八十六回：“若〔蜀吴〕二国连合，共为唇齿，进则可以兼吞天下，退则可以〔与魏〕鼎足而立。”赵家璧《编辑忆旧》：“这部百万余言的长篇巨著，同托尔斯泰的《战争与和平》，果戈理的《死魂灵》，有人称之为旧俄文学宝库中鼎足而立的不朽之作。”徐迟《黄山记》：“三个主峰，高风峻骨，鼎足而立，撑起青天。”“鼎足而立”也作“鼎足而三”或“鼎足三分”。

鼎是古代炊器，也是祭器，多为圆腹三足两耳（也有方形四足两耳的）。《说文·鼎部》：“鼎，三足两耳，和五味之宝器也。”古人常用“鼎”或“鼎足”比喻并立的三方，“鼎立”就是三方并立对峙，“鼎足而三”和“鼎足三分”更明确指出对立的就是三方。所以“鼎足而立”只能比喻三方对峙，不能多也不能少。有人不懂得这一点，只要并立对峙，不管几个方面，都说“鼎足而立”，以致造成误用。这种情况在媒体中屡见不鲜。请看例句：

（1）此前，国航西南分公司一直与川航鼎足而立，二者基本保持着相差无几的市场份额。（《中国经营报》2009 年 10

月 26 日）

（2）从“三来一补”加工制造业的起步，到特色鲜明的高新技术产业、金融产业、物流产业、文化产业等四大支柱产业的鼎足而立，深圳等特区迈出的新步伐踏实稳健，令人欣喜。（《光明日报》2010 年 9 月 8 日）

（3）乱世春秋群雄逐鹿，五国争霸鼎足而立，战火连天，期待真正的英雄出现。（人民网 2011 年 4 月 7 日）

（4）孟家开的瑞蚨祥，开业于光绪二十一年……最早在附近鲜鱼口里的布巷子里经营布匹，后鼎足而立为全北京的八大祥之一。（《人民日报》2011 年 2 月 5 日）

（5）与莆田鞋服城鼎足而立的，还有莆田高新技术产业开发区、秀屿国家级木材加工贸易示范区、莆田工艺美术城、荔园工业园区、华林工业园区、城厢天喔食品城、上塘银饰珠宝城……这些产业集聚区的崛起，贯穿着莆田“以港兴市、工业强市”的主旋律。（《福建日报》2008 年 12 月 12 日）

（6）从 2002 年的第一家五星级影城高调启航，到今天 14 家五星级影城鼎足而立，深圳电影市场的飞速扩张见证了国内影院建设的多厅化浪潮。（《南方日报》2009 年 5 月 15 日）

例(1)“鼎足而立”的“二者”是两方，少了一方；例(2)的“四大支柱产业”是四方，多了一方。例(3)的“五国争霸”是五方，例(4)的“北京的八大祥”无疑是八方，例(5)已经列举的就有八方，后面加了省略号，可见还不止此数。“鼎足”的数目一路飙升，到了例(6)的“14 家五星级影城”，竟然高达十四方，这就不仅是误用，简直是滥用了。

2011 年 5 月 3 日

# “豆蔻年华”与性别、年龄

中央电视台节目《幸运52》某期，主持人出了一道题：“请问‘豆蔻年华’是指多大年纪的少男少女？”给出的答案是：“十三四岁的少男少女。”这个题目和答案对不对呢？让我们先考察一下这条成语。

“豆蔻年华”语本唐·杜牧《赠别》诗：“娉娉袅袅十三余，豆蔻梢头二月初。”意思是十三四岁的少女，娉娉袅袅，正像农历二月初的豆蔻，含苞待放。豆蔻是一种多年生草本植物，春末夏初开淡黄色花，种子有浓郁的香味，古典诗文中常用来比喻少女。由此可见，央视的题目和答案都是错误的。其实媒体中像央视这样连性别都搞错了的例子并不罕见。例如：

(1) 豆蔻年华的知识青年们……把自己的青春奉献给了所在的乡村和农场。(《吉林日报》2009年10月13日)

(2) 台湾高中有一门必修课，内容就是古代的“四书”……正值豆蔻年华的少年，坐在教室里摇头晃脑地背诵孔孟之道。(《环球日报》2007年3月6日)

(3) 一对豆蔻年华的姐弟，原本应该正在学校接受教育，却因为从小患上了一种奇怪的“软体病”而与学校无缘。(《信息日报》2008年5月13日)

上山下乡知识青年有男有女，例(1)所说的那些知青也不例外，该文所附照片可证；台湾的高中生毫无疑问更是男女都有；既然是“一对姐弟”，当然包括男女两性。以上三例显然都不能使用“豆蔻年华”。

更多的情况则是性别倒没错，年龄却相差太远。杜牧的诗是他落魄扬州期间写给一位雏妓的，诗中为“豆蔻年华”规定了明确的年龄，即“十三余”。作为成语，固然不必拘泥于十三四，但绝不能相差太大。北京 13 岁少女被巴士公司售票员掐死一案宣判后，2007 年 11 月 28 日《人民日报》发表评论说：“对于一个时值豆蔻年华却遭到野蛮暴力倏忽而逝的生命而言，任何温情的话语、任何高额的赔偿，都已失去意义。”这里的“豆蔻年华”用得非常准确。可惜的是年龄相差太远的例子却屡见不鲜：

(4) 她们个个豆蔻年华，却担负着首脑机关“耳目”和“神经”的重任……她们的平均年龄只有 20 岁。(《青年时报》2009 年 11 月 6 日)

(5) 豆蔻年华，斑斓如云，她们超越梦想一起飞，把青春绽放在了万里苍穹上。她们年龄最大的 24 岁，最小的 21 岁。(《解放军报》2009 年 10 月 2 日)

(6) 和朱丹一样是浙江卫视领袖型女主播梁薇，28 岁的豆蔻年华……在上海出差期间突然猝死。(《上海青年报》2009 年 9 月 11 日)

武警浙江省总队通信站的话务女兵平均年龄 20 岁，参加国庆阅兵的中国首批歼击机女飞行员年龄在 21～24 岁之间，用“豆蔻年华”来形容已属误用；而女主播梁薇已经 28 岁，还说“豆蔻年华”，便令人啼笑皆非了。

可见使用成语一定要准确理解它的含义，切实弄清它的适用对象和范围，才不致张冠李戴，甚至闹出笑话。

2009年12月1日

# “多如牛毛”不用于褒义

《北史·文苑传序》:“及明皇御历,文雅大盛,学者如牛毛,成者如麟角。”后以“多如牛毛”四字成文,形容人或事物非常多。例如清·宋景濂《清啸后稿序》:“奈何习之者多如牛毛,而专之者少如麟角也。”谢觉哉《“部长”与“抄写”》:“文件多如牛毛,领导干部不可能都看,哪能管得上‘抄写’。”姚雪垠《李自成》二卷二十八:“老百姓痛恨官府催粮催捐,苛捐杂派多如牛毛,逼得老百姓活不下去。”理由《子爵号》:“谭一楠深知这里的特务多如牛毛,止不住心在怦怦乱跳。”

需要注意的是,“多如牛毛”只用于形容人们所厌恶的对象,或者平凡的、不值得珍惜的对象,而不用于形容人们喜爱或珍惜的对象。有人忽略了这条成语的感情色彩,把它用于褒义,就不妥当了。例如:

(1) 中国文艺人才辈出,才华横溢的年轻一代多如牛毛,春晚应该给新人平等的展示才能的机会。(人民网 2010 年 11 月 23 日)

(2) 古今中外赞美读书学习的名人名言乃至整篇的文章,多如牛毛,不胜枚举。(《云南日报》2010 年 7 月 5 日)

(3) 建国 61 年了,养着多如牛毛的专家学者,除了李政道、杨振宁等少数几个加入外国国籍的华侨拿到诺贝尔奖外,居然没有一个真正的中国人有资格获得诺贝尔奖,这是不是

最大的讽刺？（人民网 2010 年 10 月 5 日）

既是“文艺人才”，而又“才华横溢”，应该让他们“展示才能”，当然不是令人厌恶或不值得珍惜的对象，怎么好说“多如牛毛”呢？既是“赞美读书学习”之作，又是“名人名言”，用“不胜枚举”形容意思已经完足，何必画蛇添足，再用一个并不贴切的“多如牛毛”呢？至于我国的“专家学者”（何况其中还包括作者所推崇的李政道、杨振宁等大师），本无可非议，不能“获得诺贝尔奖”原因是多方面的，用“多如牛毛”形容他们，显然也不妥当。

以上诸例的“多如牛毛”都可以改为“不可胜数”或“数不胜数”。这两条成语没有特定的感情色彩，什么对象都可以用。例如唐·白居易《与元九书》：“唐兴二百年，其间诗人，不可胜数。”袁鹰《寻寻觅觅》：“抒写封建社会里如意或不如意的爱情的诗词，林林总总，不可胜数。”郁达夫《方岩记静》：“类似这样的奇迹灵异，还数不胜数，所以一年四季，方岩香火不绝，而犹以春秋为盛。”

2010 年 12 月 24 日

# “耳濡目染”不等于耳闻、目睹

“耳濡目染”意思是耳朵听得多了，眼睛看得多了，不知不觉中受到了影响。“濡”“染”都是沾染上的意思。原作“目擩耳染”，语出唐·韩愈《清河郡公房公墓碣铭》：“目擩（擩，同‘濡’）耳染，不学以能。”后多作“耳濡目染”。例如宋·吕祖谦《东莱博议》卷一：“鲁自周公伯禽以来，风化浃洽，其民耳濡目染，身安体习。”孙中山《上李鸿章书》：“文之先人躬耕数代，文于树艺牧畜诸端，耳濡目染，洞悉奥窔。”鲁迅《坟·写在〈坟〉后面》：“曾经看过许多旧书，是的确的，为了教书，至今也还在看。因此耳濡目染，影响到所做的白话上，常不免流露出它的字句、体格来。”秦牧《漫谈〈雏凤凌空〉的传奇故事》：“一个将帅门第中的烧火丫头，由于胸有大志，在那样的具体环境中，耳濡目染和勤学苦练，掌握了韬略武功……”

这条成语包括三个义素：一是“耳”，即耳朵听到；二是“目”，即眼睛看到；三是“濡”“染”，即受到影响。这三个义素缺一不可，第三个义素尤为重要。有些人由于没有准确把握这条成语的含义，误以为只要是见到的或听到的，不管是否从中受到熏陶、影响，都可以拿来使用。辅导高考的语文老师常常给学生举这样一个例子：“记者赶到李婉芬生前所在的北京人民艺术剧院，耳濡目染了许多平凡而又动人的故事，了解到这位平民艺术家的许多东西。”记者是在李婉芬死后才去采访的，对她的事迹只能“耳闻”，不可能“目睹”，更不可能在同她长期接触中受到影响，怎么能说“耳濡目染”呢？这个例子很典型。其实类似的例子在媒体中并不罕见。例如：

(1) 仅就《神话》上映前的宣传攻势而言，已经达到了中国人耳濡目染的程度。(《东方早报》2005 年 9 月 21 日)

(2)《在与世隔绝的日子里》呈现了一部人物群像，从耳濡目染的才旦卓玛，到默默无闻的新兵，从铮铮铁骨的豪情男儿，到不让须眉的巾帼英雄……(人民网 2007 年 1 月 24 日)

(3) 一损俱损的“裙带风”，在反腐败斗争中历来被称为“拔出萝卜带出泥”的现象，对老百姓来说，是早已耳濡目染的，也是深恶痛绝的。(人民网 2007 年 5 月 23 日)

(4) 将自己耳濡目染的一些文物市场内幕、文物圈的世态人情，都写进了这部作品里。(《新闻晚报》2007 年 7 月 10 日)

例(1)，人们只听到宣传，还没有看到影片，更不可能受到熏陶、感染，怎么能说“耳濡目染”呢？充其量只能说“尽人皆知”或“家喻户晓”。例(2)，既然把才旦卓玛同“默默无闻”的新兵对举，显然意在说明她是名人，这与“濡染”了不相涉，应改为“鼎鼎大名”“赫赫有名”之类。例(3)，老百姓既然对裙带风深恶痛绝，怎么可能又深受其影响呢？应该改为“司空见惯”。例(4)，“市场内幕”是作者熟悉的一种情况，可以听到和看到，但与是否影响了作者无关，改为“耳闻目睹”才顺理成章。

以上四个例子都是误用，尽管错得各不相同，但有一个共同特点，就是只看到“耳”和“目”，置“濡”“染”二字于不顾，便以为掌握了整条成语的含义。如此断章取义，造成误用就在所难免了。

2008 年 1 月 9 日

# “耳熟能详”不等于熟悉

“耳熟能详”语本宋·欧阳修《泷冈阡表》：“其平居教他子弟，常用此语，吾耳熟焉，故能详也。”这是欧阳修的母亲引述欧阳修先父的一段话之后说的话：他平时教导别人的子弟，也常用这些话，我听熟了，所以能详尽地复述出来。后遂以“耳熟能详”四字成文，表示听的次数多了，内容很熟悉，以致能详尽地复述出来。例如张恨水《写作生涯回忆》：“我幼稚万分，偶用几个典，也无非‘填海补天’等耳熟能详的字句。”李劼人《大波》三部九章：“大家耳熟能详的诗人杜甫，曾在这里陪严武泛过舟，还做过一首五言律诗。”袁鹰《远行》：“吴承恩在射阳簃里创作了不朽的《西游记》，淮安人妇孺皆知，耳熟能详。”陈凡《一个记者的经历》：“当时最后的班机事件，就是哄动四方的孔家的‘载狗不载人’事件，年老一辈的人，想仍然耳熟能详。”

理解这条成语要抓住两点：一是“耳熟”，耳朵听熟了；二是“能详”，能详细说出来。前举书证中，欧阳修母亲引述的先父的遗训，张恨水所用的“填海补天”之类的典故，李劼人提到的诗人杜甫的大名，以及吴承恩在射阳簃创作《西游记》、孔祥熙家二小姐“载狗不载人”这样的往事，都是可以经常听到又能详细说出的，同时具备上述两个条件，使用“耳熟能详”非常贴切。现在有些人没有把握住这两点，错误地把“耳熟能详”

等同于“熟悉”，只要是熟悉，不管能不能听、能不能复述，都说“耳熟能详”，把这条成语用得似是而非。例如：

(1) 滚滚延河水，巍巍宝塔山，延安的形象早已耳熟能详。(人民网 2011 年 6 月 30 日)

(2) “圈地”与“打击圈地”，在敏感的“高房价时代”早就耳熟能详，开发商一直在圈地，政府部门一直也在打击圈地。(《广州日报》2011 年 6 月 27 日)

(3) “连坐治庸”……不再是以往人们耳熟能详的加强教育、强化监督管理等大而化之的老办法。(人民网 2011 年 6 月 17 日)

(4) 香蕉润肠通便的功效是大家耳熟能详的了，坚持每天吃一两根香蕉，有助于排出体内毒素，收缩腰腹，焕发由内而外的健康美丽。(搜狐网 2011 年 6 月 29 日)

(5) 我们中国有很多耳熟能详的传统美德。(人民网 2011 年 6 月 17 日)

(6) 每个护林员的管护范围在图上一一标明……使护林员对自身职责、任务……耳熟能详。(人民网 2011 年 6 月 2 日)

以“延河水”“宝塔山”为主要特征的“延安形象”，是不能用耳朵听的，只能看在眼里记在心上，因此不能说“耳熟能详”，可以改为“深入人心”。“圈地与打击圈地”的斗争，“大而化之的老办法”，都是人们常常见到的客观现实，而不是听得多了可以复述的传闻、故事，最好改为“司空见惯”。“润肠通便的功效”句，“大家耳熟能详”可以改为“尽人皆知”。我国的“传统美德”可以说“家喻户晓”。至于“在图上一一标明”，无疑是让人看而不是让人听的，当然更不能说"耳熟能详"了，应该改为"一目了然"。

这条成语的使用频率很高，其中用得似是而非的为数不少，仅 2011 年 6 月一个月，就能找到那么多误用的例子，这种现象应该引起我们足够的重视。

2011 年 7 月 20 日

# 只有尊长才能“耳提面命”

“耳提面命”语本《诗·大雅·抑》：“匪面命之，言提其耳。”意思是不但当面教训他，还揪着他的耳朵叮嘱。后以“耳提面命”四字成文，形容教诲殷切，要求严格。例如元·刘壎《隐居通义·骈俪二》：“耳提面命，颇有得于父师。”清·李汝珍《镜花缘》八十四回：“果蒙不弃，收录门墙之下，不消耳提面命，不过略为跟着历练历练，只怕还要‘青出于蓝’哩。”徐志摩《沙扬娜拉一首》：“也许是受泰戈尔耳提面命之故吧，《沙扬娜拉》这组诗无论在情趣和文体上，都明显受泰翁田园小诗的影响。”梁实秋《雅舍小品·教育你的父母》：“代沟之说，有相当的道理。不过这条沟如何沟通，只好潜移默化，子女对父母未便耳提面命。”

“耳提面命”既然是形容教诲殷切的，其施事者当然只能是尊长，而不能是其他人。前引书证分别用于“父师”“老师”和“泰翁”，而梁实秋更从反面指出“子女对父母未便耳提面命”，便是证明。但是有些人并没有弄清这条成语的确切含义和使用范围，以致造成误用。例如：

(1) 近日孟广美加入赵宝刚导演的新剧《婚姻保卫战》的拍摄，经纪人耳提面命的交代千万别……到处奔波，要乖乖留京待命。（新浪网 2009 年 11 月 13 日）

(2) 大陆游客在出发前以及抵达台湾之后，两地的领队

导游都会再三耳提面命〔不要在景点随意刻字〕。（人民网2009年6月2日）

(3) 身为火箭新队长之一，巴蒂尔需要……向队友耳提面命指出问题所在。（人民网2009年11月14日）

(4) 不管曾有多少人耳提面命地说，最好不要早上锻炼……浅眠的老年人终是难以……执行。（《生命时报》2007年7月13日）

无论是经纪人对雇主，导游对游客，还是球队的队长对队友，都没有资格和权力"耳提面命"。至于那些"浅眠的老年人"，他们的父母师长恐怕多已过世，现在对他们"耳提面命"的人中，想必不乏后生晚辈，用梁实秋先生的话说，这些人都是"未便耳提面命"的。

另外，"耳提面命"既然形容教诲殷切，毫无疑问是褒义成语，但是有人却把它用于贬义，显然也是错误的。例如：

(5) 他（按，指林庚教授）从不对学生耳提面命，疾言厉色。（《中国青年报》2006年10月18日）

(6) 要摒弃以"教育者"自居，高高在上、发号施令、指手画脚、板着面孔教训人的方式，少一点耳提面命，多一点娓娓谈心，少一点居高临下的灌输，多一点平等交流。（人民网2006年6月14日）

(7) 一个大男人，一个中年人，被人这么耳提面命地骂，感觉真是屈辱。（《广州日报》2006年4月29日）

把"耳提面命"同"疾言厉色""板着面孔教训人"相提并论，纯属对这条成语的误解。至于把它理解为揪着耳朵骂人，更令人啼笑皆非了。

2009年12月4日

# “翻云覆雨”的种种误用

“翻云覆雨”意思是手心向上时兴云，手心向下时作雨。比喻反复无常或玩弄权术，含贬义。语本唐·杜甫《贫交行》：“翻手作云覆手雨，纷纷轻薄何须数。君不见管鲍贫时交，此道今人弃如土。”后以“翻云覆雨”四字成文。例如元·乔吉《扬州梦》四折：“你不合打凤牢笼，翻云覆雨，陷人坑阱。”茅盾《论“宽容”之道》：“对于翻云覆雨，毫无操守，而偏偏俨然自居的丑角，也决不宽容。”秦牧《画地为牢与广阔天地》：“生活上的穷奢极侈，糜烂腐败，作风上的两面三刀，翻云覆雨，理论上的唯心主义和形而上学，就是他们的马脚和破绽的一部分。”唐弢《“天讨”》：“以江亢虎投机手段的巧妙，诚不愧为翻云覆雨的能手。”

很多人没有准确理解“翻云覆雨”的含义和感情色彩，以为既然能够兴云作雨，想必神通广大，气势宏伟，于是把它同“呼风唤雨”（原指神仙道士能施展法术呼唤风雨，现比喻能够支配自然或左右局面）或“叱咤风云”（怒喝一声可以使风云兴起或变色，形容声势或威力极大）混为一谈，以致造成误用。例如：

（1）1992年，退役军人张国庆在深圳创办君安证券，此后，君安在中国股市翻云覆雨长达五年。其咄咄逼人的态势在上世纪九十年代中期达到高峰。（新华网2010年11月30日）

（2）昔日翻云覆雨的美国华尔街在危机面前变得脆弱不堪，欧美等老牌资本主义国家自身难保，G20由此被推向世界

舞台中央。(中国新闻网 2010 年 6 月 27 日)

(3) 在今年的外援市场上,马布里和戴维斯是名头最响和战力最强的外援,在 NBA 都能排上号的两人,在 CBA 的赛场上,绝对能够翻云覆雨。(《现代快报》2010 年 12 月 16 日)

这几例是说君安证券公司、华尔街老板和马布里、戴维斯,威力强大,足以左右局势,而不是说他们反复无常、玩弄权术,显然都不能使用"翻云覆雨"。可以酌情改用"呼风唤雨"或"叱咤风云"。

也有人以为既然可以兴云作雨,想必也可以掀起风浪,推动波澜,于是把它同"兴风作浪"(掀起风浪,比喻挑起事端或进行破坏)、"推波助澜"(推动水波,助长大浪,比喻促使或助长事物发展)混为一谈,以致造成误用。例如:

(4) 国际炒家在亚洲金融风暴中恣意妄为,翻云覆雨,搅得亚洲多个国家和地区乃至世界不得安宁。(人民网 2011 年 4 月 6 日)

(5)《经济信息联播》报道,在猪肉市场上曾有不少资金进出,翻云覆雨,最终导致猪肉价格暴涨暴跌。(人民网 2011 年 6 月 22 日)

(6) 在涨价的中草药产业链的两端,上游的药农和下游的中药制药企业……都不是这次涨价的主要受益者,恰恰是说不清道不明的渠道中间商在其中起到了翻云覆雨的作用。(《新闻晚报》2011 年 6 月 13 日)

例(4)(5)应改为"兴风作浪",例(6)则应改为"推波助澜"。

此外,还有一些不同类型的误用。例如:

(7) 中国当代文学已有了 60 年的历史,而 60 年来,我们对

文学现象和文学作品的评价在不断地翻云覆雨，这也与我们的评价标准不断跟着形势修改有关。（《辽宁日报》2010年1月7日）

(8) 书中所描述人物关系错综复杂，历史事件犬牙交错，是非对错翻云覆雨。（人民网2011年6月22日）

(9) 任你翻云覆雨，难逃法网恢恢。宁波市中级法院经过审理，最终查明：……许迈永……收受、索取他人财物共计折合人民币1.45亿元……造成特别恶劣的社会影响。（新华网2011年5月14日）

例(7)是说由于紧跟形势，对文学作品的评价不断变化，可以改用"变来变去"。例(8)是说是非对错很难辨别，可以改用"扑朔迷离"。至于例(9)的"翻云覆雨"想表达什么意思，实在领会不透，无法代为修改了。

使用成语之前，必须准确理解它的含义，不能不求甚解，望文生义，否则只能用错。

2011年7月24日

# “反戈一击”不等于反击

“反戈一击”语本《尚书·武成》：“前徒倒戈，攻于后以北。”（前徒：指前军；北：败逃。）蔡沈《集传》：“纣之前徒倒戈，反攻其在后之众以走，自相屠戮……盖纣众离心离德，特劫于势而未敢动耳，一旦因武王吊伐之师，始乘机投隙，奋其怨怒，反戈相戮。”“倒戈”就是在战争中投降敌方，调转武器反过来打自己人。“反戈”同“倒戈”意思相近。《三国演义》十七回：“〔韩暹览书毕，曰〕吾与杨将军反戈击之，但看火起为号，温侯以兵相应可也。”后多作“反戈一击”，比喻调转头来，反对自己原来所属的或拥护的一方。例如鲁迅《坟·写在〈坟〉后面》：“又因为从旧垒中来，情形看得较为分明，反戈一击，易致强敌的死命。”秦牧《一个叛教僧侣的叹息》：“这位曾经被教会囚禁了十年的科学家，向旧垒‘反戈一击’，是很值得我们重视的。”蒋子龙《收审记》三：“表面上她作出一副公正而客观的样子，没有跳上台去对丈夫及公婆反戈一击，私下里也没有对我们表示什么同情，好像资本家就该受到这样的对待。”

理解和运用这条成语一定要注意，“反戈一击”的对象必须是自己原来所属的或拥护的一方，只有背叛了原来的营垒倒向敌对的一方，才有可能回过头来反戈一击。它同“反击”恰好相反，反击的对象是攻击过自己的敌对的一方，而不是自己的一方。现在有人没有弄清这一点，把“反戈一击”同“反击”混为一谈，以致造成误用。这种例子屡见不鲜：

(1)〔河南省固始县委常委、组织部长周辉〕坦承“〔当选的〕这12名乡长大都是现有官员之后”……然后话锋一转，反戈一击，质问记者和广大网友：“难道官员之后就无权当选了么？”（人民网2009年8月26日）

(2) 那些多次目睹……惨状的医生们，就没有人能站出来，为拯救这些可怜的孩子，向不公平的造物主，向死神反戈一击么？（科学网2010年8月13日）

(3) 足球就是这样，你不进球，别人就会反戈一击。（《济南时报》2010年9月12日）

(4) 对杀中蒋川弃7路马抢攻率先发难，刘殿中有惊无险地化解黑棋攻势后，携（按，应作“挟”）多子之势反戈一击，最后以“车双炮马三兵单相”攻陷对方“车双炮卒双士”。（《羊城晚报》2010年8月21日）

(5) 在一个时期，几乎成了粤菜的天下……就连过去被称为“中国第一大菜系”的川菜也被粤菜打的落花流水。后来川菜反戈一击，才又夺回了自己的位置。（华商网2010年9月8日）

周部长反唇相稽的对象是曾经质问过他的记者和网友，显然不是自己原来所属的一方，而那些目睹病儿惨状的医生当然更不可能是“死神”的同伙，因此使用“反戈一击”都是错误的。“你不进球，别人就会反戈一击”，“别人”只能是对方的球员。刘殿中搏杀的对象是蒋川，川菜竞争的对象是粤菜，也都是攻击过自己甚至把自己“打得落花流水”的对方。这几例都应该说“反击”，而不能说“反戈一击”。这种误用显然都是不求甚解、望文生义的结果。

顺便说一下,“反戈一击”是有感情色彩的,通常用于背叛了反动的、错误的或落后的一方,投向革命的、正确的或先进的一方,然后调转头来,反对原来所属的那一方。这一点在前举书证中均有所体现。现在许多体育记者习惯于把从一个队转会到另一个队的球员同旧主交锋一概称之为“反戈一击”,实在是很大的误解。运动员转会是市场机制下的正常现象,既不是弃暗投明,也不是投敌变节,在哪个队就为哪个队效力是天经地义的,根本谈不上“反戈一击”。因此以下诸例的用法也是错误的:

(6)〔北京〕国安在比赛中曾一度掀起进攻狂潮,不过在李玮峰领衔的后防线面前难以找到破门良机,李玮峰的反戈一击,帮助〔韩国〕水原三星赢得了一场久违的胜利。(新华网 2010 年 5 月 12 日)

(7) 1998 年起加盟吉林男篮直至 2009 年夏天才转会〔浙江〕的王博……本赛季首度回到长春反戈一击。(新华网 2010 年 1 月 25 日)

(8)〔上海〕申花队中的津门小将冯仁亮……在刚开场时就上演了反戈一击,成为险胜〔天津〕泰达的绝对功臣。(《城市快报》2010 年 8 月 19 日)

2010 年 10 月 11 日

# “方兴未艾”是褒义成语

“方兴未艾”的意思是正在兴起，一时不会终止(艾:停止)。形容事物正处在兴旺发达或蓬勃发展的阶段。语见宋·陆佃《陶山集·太学案问》:“大学之道，方兴未艾也，士之来学者，盖已千数。”例如梁启超《近世文明初祖二大家之学说》:“而学术则如旭日升天，方兴未艾。”冰心《十亿人民的心愿》:“我们的友谊，源远流长;我们的事业，方兴未艾。”姚雪垠《李自成·前言》:“他所运用的是非常腐败的政权机器和军事机器，而面对的是方兴未艾的农民武装革命……。”“方兴未艾”也作“方昌未艾”“方盛未艾”。“兴”“昌”“盛”都是兴旺、昌盛的意思。显然这是一条色彩鲜明的褒义成语，不能用于贬义。有人没有注意到它的感情色彩，不管什么事物正在发生、发展，都拿来使用，以致造成误用。请看例句:

(1) 新流感方兴未艾，出现了第一个死亡病例，震撼全岛。(《人民日报》海外版 2009 年 8 月 4 日)

(2) 我们也见惯了这种强制性的政府行为，比如而今方兴未艾的强制性拆迁。但这实在 是一个过时的要不得的做法。(《检察日报》2009 年 5 月 21 日)

(3) “论文生意”方兴未艾，源头在于“唯论文是从”的评价体系。(《羊城晚报》2009 年 6 月 10 日)

(4) 进入 2009 年，金融海啸方兴未艾，我国也难以独善其

身。(《今晚报》2009年1月21日)

新流感蔓延不是好事情,强制性拆迁也是“要不得的做法”,买卖论文显系不正之风,而席卷全球的金融危机更是一场严重的灾难,显然都不能使用褒义成语“方兴未艾”。

2009年10月3日

# “分庭抗礼”用于双方

2010年12月30日《解放日报》有一篇文章说:“当整个业界形成一种创新文化,势必会形成多家公司分庭抗礼的局面。”所谓“多家”,至少是三家,两家绝不能叫“多家”。“分庭抗礼”能比喻“多家”平起平坐、互相对立吗?

古时宾主相见,双方分别站在庭院的两侧,行对等的宾主之礼,以示彼此地位相当,互相尊重,这就叫“分庭抗礼”(庭:庭院;抗:对等)。《庄子·渔父》:“万乘之主,千乘之君,见夫子未尝不分庭伉(伉:通“抗”)礼。”说的就是当时大国的君主对孔子都非常尊重,见了孔子没有不行宾主之礼的。后来用“分庭抗礼”比喻双方地位、力量、水平相当,平起平坐或互相对立。例如清·褚人获《隋唐演义》五十七回:“公主乃金枝玉叶,妾乃裙布愚顽,既蒙宽宥,已出望外,岂敢与公主分庭抗礼?”邹韬奋《萍踪寄语》二十:“所以该报销数竟在两百万份以上,巍峨的报馆和优良的设备,竟与老资格的‘纽约时报’分庭抗礼。”老舍《正红旗下》:“姑母居然敢和这位连神佛都敢骂的老太太分庭抗礼,针锋相对地争辩,实在令人不能不暗伸大指!”

“分庭抗礼”本指宾主双方以平等的礼节相见,由这个意义衍生的比喻义当然只能适用于双方,而不能适用于多方。正如鼎有三足,“鼎足”只能比喻三方而不能比喻双方。弄清了这一点,再来看本文开头所引的“多家公司分庭抗礼”,其为误用便一目了然了。究其原因，就是不了解这条成语的出处和本义，误以为只要是旗鼓相当，势均力敌，不管它是几方，都可以说“分庭抗礼”。类似的误用，在媒体中并不罕见。请看例句：

(1) 王雪红创办的威盛电子与英特尔、AMD 分庭抗礼，三分全球芯片市场。(《国际金融报》2011 年 5 月 30 日)

(2) 运动员出身的李宁已将门店开到美国洛杉矶，和耐克、阿迪达斯等 世界巨头分庭抗礼。(《 人民日报》2011 年 4 月 25 日)

(3) 目前国产品牌电视市场主要是创维、康佳、海信、TCL 和长虹五家分庭抗礼。(人民网 2011 年 5 月 19 日)

(4) 本赛季，可以和湖人分庭抗礼的球队达到了 5 支。其中包括凯尔特人、魔术、马刺等等。(《扬子晚报》2011 年 2 月 10 日)

例(1)说的是三家，例(2)至少是三家，例(3)是五家，例(4)是六家，总之都是“多家”，都不能使用“分庭抗礼”。例(1)可以改用“鼎足而立”，与后文“三分全球芯片市场”意思正好吻合。后三例，如果只强调势均力敌、平起平坐，可以改用“并驾齐驱”(几匹牲口并排拉着一辆车，一齐快跑，比喻不相上下，齐头并进，适用范围比较宽，几家都可以用)；如果强调互相对立，恐怕只好说“相抗衡”了。

2011 年 6 月 2 日

# “粉墨登场”不等于登台、出台

“粉墨登场”意思是化装后登台表演。语见清·梁绍壬《两般秋雨盦随笔·京师梨园》:“其间粉墨登场,丹青变相,铜琶铁板,大江东高调凌云。”例如老舍《正红旗下》一:“戏曲和曲艺成为满人生活中不可缺少的东西,他们不但爱去听,而且喜欢自己粉墨登场。”后来也比喻坏人登上政治舞台,含贬义。例如田汉《长沙会战与〈胜利进行曲〉》:“〔日本〕想克期侵夺长沙、衡阳、西安等处,威胁重庆,迫我订城下之盟,然后使汉奸汪精卫粉墨登场。”老舍《四世同堂》七:“及至北平攻陷,这些地痞流氓自然没有粉墨登场的资格与本领,而日本也并未准备下多少官吏来马上发号施令。”

这条成语的比喻义常常被误解误用。理解这个意义的关键在“粉墨”二字。粉和墨本是两种化妆用品,这里用如动词,傅粉施墨,即化装。演员登台演出,需要把自己装扮成剧中的人物;坏人登上政治舞台,也需要把自己乔装成好人。从这一共同点出发,“粉墨登场”便引申出坏人乔装打扮登上政治舞台的比喻义。决定这条成语的使用范围和感情色彩的正是“粉墨”二字。“登台”一词也是由走上舞台引申为走上政治舞台的,如“新领导班子登台亮相”。但是“登台”前面没有“粉墨”二字,不比喻坏人上台,不含贬义。现在有人忽略了二者的区别,只看到“登场”,没看到“粉墨”,错误地把它同“登台”

混为一谈。例如：

(1) 1991 年，已把女足锤炼成亚洲霸主的商瑞华踌躇满志，他率中国女足第一次征战世界杯，后因成绩不佳辞职，马元安粉墨登场。（人民网 2010 年 5 月 31 日）

(2) 五四运动是一个历史大舞台，那个年代大师频出，政界学界人物粉墨登场。（《中华读书报》2009 年 6 月 5 日）

(3) “五四”不仅仅是德先生、赛先生、费小姐的粉墨登场，“五四”也不仅仅是一曲简单的爱国主义赞歌。（中国新闻网 2009 年 4 月 22 日）。

马元安是中国女足的元老，曾经给女足带来辉煌，他接任女足主教练，丝毫没有可以贬斥、讥讽之处，为什么说“粉墨登场”呢？“五四”期间走在运动前列的“政界学界人物”，包括蔡元培、陈独秀、李大钊、胡适诸先生，怎么能说他们登上历史舞台是“粉墨登场”呢？德先生（民主）、赛先生（科学）和费小姐（自由），都是先进的理念，说他们“粉墨登场”，究竟是对“五四”的歌颂还是讽刺呢？以上诸例的“粉墨登场”显然都是误用。

还有人把“粉墨登场”同“出台”混为一谈，也是错误的。“出台”的比喻义也是由演员出场表演引申而来的，但它比喻政策、措施等公布或实施，不用于人，也不含贬义，如“体制改革方案正式出台”。二者有明显的区别，不能混用。以下两例的“粉墨登场”都应该改为“出台”。

(4) 分析人士认为，在这个敏感的时期，征地拆迁补偿问题被提及，是国家释放出的更为严厉新楼市政策即将粉墨登场的信号。（《中国商报》2010 年 8 月 3 日）

(5) 在万众翘首期盼中，国务院机构改革尘埃落定，大部制粉墨登场；改革后，除国务院办公厅外，国务院组成部门〔精简为〕27 个。（中国共产党新闻网 2010 年 3 月 5 日）

2010 年 9 月 19 日

# 球门告急能说“风声鹤唳”吗？

许多体育记者为使报道更加生动，常常使用成语，这本来是好事，但使用不当，以致弄巧成拙的情况却屡见不鲜。“风声鹤唳”的误用就是一例。先看例句：

（1）在对手次数也不少的防守反击中，杨程把守的龙门也曾是风声鹤唳，险象环生。（《齐鲁晚报》2011 年 4 月 21 日）

（2）比赛一开始，他们便向日本球门发动猛攻，日本队门前风声鹤唳，门将川岛永嗣忙得不亦乐乎。（《华西都市报》2011 年 1 月 22 日）

（3）进攻中，中国女足的冲击也相当彪悍，令日本女足后防线风声鹤唳。（《京华时报》2010 年 11 月 21 日）

（4）前 20 分钟内，日本队高举进攻大旗，几乎全队都压过半场，一时间巴拉圭队门前风声鹤唳。（《湖北日报》2010 年 6 月 30 日）

《晋书·谢玄传》记载：前秦苻坚领兵进攻东晋，在淝水被谢玄打得大败，“弃甲宵遁，闻风声鹤唳，皆以为王师已至”。仅仅听到刮风和野鹤鸣叫的声音，便误认为晋军已经追上来，说明前秦的军队已成惊弓之鸟，心理防线彻底崩溃。所以后来就用“风声鹤唳”形容疑虑恐惧，自相惊扰。例如《红楼梦》一〇二回：“贾珍方好，贾蓉等相继而病。如此接连数月，闹的两府俱怕。从此风声鹤唳，草木皆妖。”欧阳山《三家巷》一〇八：“除这些以外，还有更不吉祥的谣传，说日本人将在某月、某日、某个地点登陆……这一切风声鹤唳，弄得广州市更加人心惶惶，不知如何是好。”张贤亮《河的子孙》六章：“这帮人一来就疑神疑鬼，风声鹤唳，好像到处都有‘马小辫’拿着匕首躲在门后头，贫下中农家也不敢住，全挤在独眼郝三留下的两间破土坯房里。”

必须看到，这条成语形容的是疑虑恐惧、自相惊扰的心理状态，而不是面对强敌、难于招架的客观形势。只有在还没有见到敌军就惊恐万状的情况下，才能说“风声鹤唳”；及至敌军已到面前，双方正在交手，便不能再说“风声鹤唳”了。前举体育记者的用例，说的都是足球比赛中一方球员向对方球门频频发起攻击，使对方穷于应付。这种情况，说球门告急、险象环生则可，说“风声鹤唳”就不符合实际了。

2011年5月7日

# “风雨如晦”比喻社会黑暗

“风雨如晦”语出《诗·郑风·风雨》：“风雨如晦，鸡鸣不已。”意思是风雨交加，天色昏暗，如同黑夜。比喻社会黑暗，环境险恶。《汉语大词典》释为“比喻社会黑暗混乱”。例如清·顾炎武《广宋遗民录序》：“古之人学焉而有所得，未尝不求同志之人，而况当沧海横流、风雨如晦之日乎？”何遂《辛亥革命亲历纪实》：“当轮船缓缓地开出吴淞口外，我回首遥望苦难深重的祖国，依然是风雨如晦。”冰心《新春寄语》：“我们祖国的几千年岁月，并不都是在霁月光风中度过的，它也经过外忧内患、风雨如晦的困难艰苦的日子。”

理解和运用这条成语的关键在“如晦”二字。“晦”的本义是农历每月的最后一天，《说文》：“晦，月尽也。”引申指黑夜。“如晦”就是像黑夜一样。“风雨如晦”同“风雨如磐”一样，都只能比喻社会黑暗。因此使用这两条成语都必须注意时代背景，切不可乱用。现在有人只看到了“风雨”，忽略了“如晦”，把它同比喻经历了重重困难和挫折，可以适用于任何时代的成语“风风雨雨”混为一谈，以致造成误用。例如：

(1) 风雨如晦、创业为舟，回首创业历程，江亚萍感触颇深。……一个巧合是，就在江亚萍创业的前一年，即 1993 年她光荣地加入了中国共产党。(人民网 2007 年 9 月 19 日)

(2) 十三年筑路征程风雨如晦，丁伟用他炽盛的热情、高

超的技术和忠诚的奉献……向人们展示了日照公路人甘于平凡、甘于奉献的高尚情操。(新华网 2009 年 12 月 2 日)

(3) 中国首批歼击机女飞行员……这个称谓是“80 后”的同龄人眼中非比寻常的酷与炫。然而,有谁知道,在这条风雨如晦的登天路上,人前的汗,人后的泪,那是怎样的一份艰辛与顽强!(《解放军报》2009 年 10 月 14 日)

(4) 风雨如晦,鸡鸣不已。从两年前的风雨中起步,省农信社在改革之路上跋涉前行,步履坚定,从不停歇。(人民网 2009 年 8 月 10 日)

(5) 60 年风雨如晦,60 年走向辉煌!今天,屹立于世界民族之林的中华人民共和国,综合国力取得了举世瞩目的伟大成就,外交事业更是日新月异地发展。(新华网 2009 年 10 月 9 日)

江亚萍创业是从 1994 年开始的,丁伟筑路距今只有 13 年,首批歼击机女飞行员的训练是近几年的事,湖南省农业信用社着手改革也不过两三年。他们都处于建国以来最好的历史时期,怎么能说“社会黑暗,环境险恶”呢?至于例(5)的“60 年风雨如晦,60 年走向辉煌”,则涵盖了新中国成立后的全部历史。说 60 年始终“如晦”,严重违背历史事实;而且既然“如晦”就不可能“辉煌”,自相矛盾,文不成义。

2009 年 12 月 8 日

# “风雨如磐”不同于“风风雨雨”

“风雨如磐”意思是风雨像磐石那样压在头上，形容风雨极大，比喻黑暗势力的重重压迫。例如鲁迅《集外集拾遗·自题小像》：“灵台无计逃神矢，风雨如磐暗故园。”2007 年 10 月 28 日《江西日报》社论《井冈山精神永放光芒》：“80 年前，在风雨如磐、血雨腥风的岁月中，在中国革命万分危急的关头，毛泽东同志……在井冈山创建了第一个农村革命根据地。”文怀沙老先生 2008 年年底接受记者采访时说，他“在风雨兼程中已走过了三个 30 年”，第一个 30 年是“风雨如磐”，第二个 30 年是“换了人间”，第三个 30 年是“而今迈步从头越”（见 2008 年 12 月 26 日《人民日报》）。

使用这条成语必须注意时代背景，切不可乱用。但是报刊上误用的例子却时有所见：

（1）中国共产党走过了八十三年的光辉历程……八十三年风雨如磐，八十三年岁月如歌。（《企业党建》2004 年第 4 期）

（2）《风雨如磐九十秋——美国史研究专家黄绍湘的故事》（《中国社会科学院院报》2005 年 5 月 10 日）

（3）弹指十年，风雨如磐……经过周永殿 10 年来的努力，昔日荒山变得郁郁葱葱。（《郑州晚报》2008 年 9 月 3 日）

中国共产党的八十三年，黄绍湘先生的九十秋，都跨越了新旧中国两个时代，而现年53岁的农民周永殿则是新中国成立后才出生的，他开山造林更是最近10年的事。解放以后的几十年，虽然有泥泞也有雨雪，并非一帆风顺，但绝不能说一直处于黑暗势力的重重压迫之下。这样使用“风雨如磐”显然都是极其错误的。

所以造成误用，是因为这些作者只看到了“风雨”，而忽略了“如磐”，把它同“风风雨雨”混为一谈了。“风风雨雨”可以比喻经历了重重困难和曲折，适用于任何时代，而“风雨如磐”只能比喻黑暗势力。二者的字面义、比喻义和感情色彩都有明显的区别，不容混淆。2009年刚刚出版的季羡林先生的全彩图文自传，就取名《风风雨雨一百年》，季老用词准确、贴切，值得我们学习。

当然，也有只看到“如磐”而不管“风雨”的。例如新华网2008年8月27日刊载的一篇文章说：“只有掌握了主导权，才会有市场的主动权，我们的粮食市场才会风雨如磐，我们的国家才会长治久安。”把“风雨如磐”同“安如磐石”混为一谈，错得更没有道理了。好在这种误用并不多见，毋庸赘言。

2009年3月14日

# “凤毛麟角”不能比喻坏人坏事

“凤毛麟角”，凤凰的毛和麒麟的角，比喻罕见而珍贵的人才或事物。语见明·何良俊《四友斋丛说·文》：“康对山之文，天下慕向之，如凤毛麟角。”例如郭沫若《痛失人师》：“有学问知识的人比较容易找，而有人格修养的人实在是如凤毛麟角。”姚雪垠《李自成》一卷二十九章：“像这样不受贿的官儿，如今是凤毛麟角了。”萧乾《在康耐尔校园里》：“可惜这种个人捐款在我们国家里还只是凤毛麟角，还没蔚成风气。”

凤凰和麒麟是古代传说中罕见而珍贵的动物，能比作凤毛和麟角的当然只能是罕见而珍贵的人或事物，所以毫无疑问，这是一条感情色彩鲜明的褒义成语。遗憾的是有些人没有把握住这一点，不管什么人或事物，只要稀少，便说“凤毛麟角”，以致造成误用。例如：

（1）诚然，“彭宇案”的确上演了多种尴尬的版本。但是，讹人的老人毕竟是凤毛麟角，不会讹人的老人却遍地都是。（《珠海特区报》2010年12月31日）

（2）以往高端阶层……敢嫖娼的也总是凤毛麟角、千不抽一。（人民网2010年9月3日）

（3）在冷水江市，“官员子弟”被安排到机关的，曹博文不是第一个，也绝非最后一个。过去被媒体曝光的，仅是凤毛麟角。（《重庆晨报》2010年12月27日）

(4) 江苏三友在六年当中用13份虚假公告欺骗投资者，堪称是国内股市二十年当中造假之最……像这种让虚假信息潜伏很深的上市公司也并非凤毛麟角。(《新财经》2010年12月8日)

“讹人的老人”，“敢嫖娼”的“高端阶层”，被媒体曝光的“官员子弟”以及“欺骗投资者”的“上市公司”，尽管为数不多，但都不属于好人好事，比作“凤毛麟角”显然是对成语的误用。

2011年1月13日

# “奉为圭臬”的“圭臬”指什么？

“奉为圭臬”是指把某些言论、学说等当作必须遵照执行的准则，或把某些人或事物当作学习的典范。语见清·钱泳《履园丛话·书学·总论》：“三公者，余俱尝亲炙（亲受教育熏陶），奉为圭臬，何敢妄生议论。”例如鲁迅《坟·人之历史》：“适应之说，迄今日学人犹奉为圭臬。”吴小如《京剧老生流派综论》：“就拿余氏生平所录的十八张半唱片而论，不论内行外行，无不奉为圭臬。”

理解这条成语的关键是要弄懂什么叫“圭臬”。圭臬是古代测量日影的长度以定方向、节气和时刻的仪器，由圭和臬两部分组成，圭是平放在石座上的尺，臬是直立在圭上南北两端的标杆。圭臬比喻准则或典范。只有能作为准则、典范的人或事物，才能被奉为圭臬。前举书证中，钱泳指的是被他尊为“三公”的刘文清、梁山舟、王梦楼三位老先生。鲁迅指的是法国科学家兰麻克的学说。吴小如指的是余派老生创始人余叔岩的经典唱段。这些都是足以作为准则或典范的，所以才被后人奉为圭臬。有人没有弄清这一点，把不能作为准则或典范的事物也比作圭臬，以致造成误用。例如：

（1）我们提倡弘扬“国学”，复兴文明，并不是要搞什么文化“回归”，倒退复古，也不是要求国人都“一窝蜂”地钻进故纸堆里，将“国学”奉为圭臬。（《解放日报》2007 年 9 月 13

日）

(2)“节能减排，拒绝理由”已经成为全省节能减排工作中最为响亮的口号，对于长期以来许多地方领导干部特别是基层领导干部将GDP奉为圭臬的惯性执政理念是一次重大洗礼。(《河北日报》2010年7月6日)

(3) 作为一个商业单位，ALEXA的数据在国外也仅仅是作为一个参考……但在中国，ALEXA的排名却长期被行业奉为圭臬。(中国网2007年9月21日)

(4) 从三聚氰胺事件后，国内奶源颇受公众质疑，进口奶粉被奉为圭臬，垄断了高端奶粉市场。(《河南商报》2010年8月12日)

“国学”是对我国传统学术文化(包括哲学、史学、文学、语言学、考古学、中医学等)的统称，既不是人们言论、行动的准则，也不是人们学习的典范，不能称之为“圭臬”。“GDP”是反映一个国家或地区经济实力的重要数据，“ALEXA”是一家网站发布的世界排名信息，可以作为评价一个单位的参考，都不是准则或典范。只能说某些地区片面追求GDP，某些商业单位过分迷信ALEXA的排名，把它们摆在了不恰当的位置，而不能说把它们“奉为圭臬”。至于进口奶粉，仅仅是在国内奶源受到质疑的情况下，一度受到某些人的青睐，更谈不上“奉为圭臬”了。

2010年9月22日

# “附庸风雅”是贬义成语

“附庸风雅”指缺乏文化修养的人为抬高身价而结交文人雅士，从事文化活动（附庸：攀附，追随。风雅：本指《诗经》中的《国风》和《大雅》《小雅》，后泛指与诗文有关的文化活动）。语见清·梁绍壬《两般秋雨盦随笔·陈眉公》：“铅山蒋苕生太史《临川梦》院本内有《隐奸》一出，刻意诋毁眉公，出场诗云：‘装点山林大架子，附庸风雅小名家。’”例如茅盾《北京话旧》：“他们真正喜欢的是一些老主顾——前清遗老，也贩卖古书的古董商人，附庸风雅的暴发户，等等。”郭沫若《洪波曲》十六章：“为了附庸风雅，不得不矫揉造作一番，骗骗自己而已。”陈忠实《白鹿原》二章：“嘉轩每次来都禁不住想，那些字画条幅挂满墙壁的文人学士，其实多数可能都是附庸风雅的草包。”

显而易见，这是一条感情色彩鲜明的贬义成语。遗憾的是有些人却把它用于褒义。请看例句：

（1）天津男人懂得幽默，生活不但休闲，而且附庸风雅，古玩书画都有所涉猎，学术气氛是全国最浓的城市之一。（《环球时报》2009 年 8 月 12 日）

（2）对于懂得附庸风雅的李翰祥而言，《倩女幽魂》自然极尽追求艺术感和人文价值……力求打造出一个亦真亦幻的人鬼世界……实属用心良苦。（新浪网 2010 年 6 月 23 日）

（3）他们努力学习吟诗作画，拼命附庸风雅。文化史上

由此多出很多才华横溢的诗人、学者和画家。(《南方都市报》2011 年 5 月 13 日)

(4) 2011 年 6 月，由彭德先生发起，终南雅集再度启动，数位从事中国当代艺术研究的批评家附庸风雅，会于长安，暂别俗尘，纵情于山水声色。(艺术国际 2011 年 7 月 2 日)

例(1)既然肯定天津是学术气氛最浓的城市之一，天津的男人喜欢涉猎古玩书画，又说他们这样做是附庸风雅，岂不自相矛盾？平心而论，涉猎古玩书画的人当中肯定有附庸风雅的，但是说他们都附庸风雅，显然不符合实际。例(2)意在肯定《倩女幽魂》拍得好，却用"懂得附庸风雅"形容它的导演李翰祥，显然也是很不得体的。例(3)是说古代两淮盐商的后人中，有不少当了大官，成了学者，他们当年发愤读书、吟诗作画，决不能一概斥之为"附庸风雅"。至于几位"当代艺术研究的批评家"雅集长安，确是雅人雅事，但绝非"附庸风雅"。以上诸例都犯了贬词褒用的错误。

2011 年 7 月 27 日

# “改头换面”的含义和感情色彩

“改头换面”原为佛教用语，指众生在轮回中形变而神不变。语出唐·寒山《诗三百三首》之二一三：“蚁巡环未息，六道乱纷纷。改头换面孔，不离旧时人。”后以“改头换面”四字成文，用来比喻只改变形式，而不改变内容、实质，多用于贬义。例如宋·刘克庄《题翀甫侄四友除授制》：“譬如广场卷子，虽略改头换面，大体雷同，文章家之大病也。”清·李渔《闲情偶寄·词曲上·音律》：“予平生最恶弋阳、四平等剧，见则趋而避之，但闻其搬演《西厢》，则乐观恐后。何也？以其腔调虽恶而曲文未改，仍是完全不破之《西厢》，非改头换面、折手跛足之《西厢》也。”叶圣陶《得失》：“他觉得这很容易，无非把现成的几部词典翻来翻去，改头换面，抄写一遍罢了。”

“改头换面”与“脱胎换骨”含义不同，它不是经过彻底改造，产生实质性的变化，而是只改形式，不变内容。与“面目一新”感情色彩不同，它不是褒义成语，而是多用于贬义。同“改头换面”含义和感情色彩相近的是“换汤不换药”，只不过“改头换面”侧重于表面上的“换”，而“换汤不换药”侧重于实质上的“不换”。有些人没有准确把握这条成语的含义和感情色彩，只要看到人或事物发生了变化，不管是表面上的变化，还是实质上的变化，不管意在贬斥，还是意在褒扬，一概使用“改头换面”，以致造成误用。例如：

(1) 三次临危受命先后让三座村庄改头换面的老支书，就是这样一位一边与死神抗争一边时刻牵挂着村庄建设的基层干部。(《人民日报》2010 年 9 月 2 日)

(2) 在惠山区矢志推进区域教育高位均衡发展的过程中，许多薄弱学校改头换面、焕然一新，不论是校园环境、教育教学配套设施还是师资配备和管理水平，都得到了明显提升，从而大大缩小了与中心学校之间的差距。(《人民日报》海外版 2010 年 9 月 3 日)

(3) 本剧(按，指吉剧《白沙滩》)……艺术的表现了以村主任巧杏为首的一班人，带领群众治理风沙、改造盐碱地，克服重重阻碍，使白沙滩改头换面的艰辛历程。(中国吉林网 2010 年 9 月 26 日)

(4) 此次国字号备战组织管理及服务团队规格空前，说明新时期国家足球形象的重树将以国字号彻底改头换面为开端，利用举国体制优势完善国字号建设，成为足管中心工作的重中之重。(《北京青年报》2010 年 9 月 17 日)

(5) 高校从泛行政化变为去行政化，简直是改头换面，几乎与脱胎换骨相当，更不免触碰既得利益。(《羊城晚报》2010 年 3 月 5 日)

安徽无为县蜀山镇新安村老支书王坤友让三座村庄彻底改变面貌；吉林白城市通过“治理风沙、改造盐碱地”，使白沙滩面目一新；江苏无锡市惠山区加强薄弱学校建设，“大大缩小了与中心学校的差距”：这些都是实实在在的变化，不是哗众取宠的表面文章，显然不能说“改头换面”。足管中心决心重树国家足球形象，至少主观上是想进行大刀阔斧的改革，而不是虚晃一招、敷衍了事;高校去行政化更是一场深刻而艰巨的变革,当然也都不能说“改头换面”。再说,既然是“改头换面”,就不可能彻底,“彻底改头换面”是讲不通的,说“改头换面几乎与脱胎换骨相当”,更是近于荒谬。

2010年9月25日

# 亲身感受不能说“感同身受”

“感同身受”原意是内心十分感激，如同亲身受到恩惠一样（身：亲身）。常用于替人向帮助者表示谢意。语见晚清·藤谷古香《轰天雷》二回：“再者北山在京，万事求二兄代为照顾，感同身受。”现在多指虽未亲身经历，但感受就同亲身经历过一样。例如鲁迅《南腔北调集·偶成》：“主人及其帮闲者，多是智识者，他能推测，知道酷刑施之于敌时，能够给予怎样的痛苦……奴才们却一定是愚人，他不能‘推己及人’，更不能推想一下，就‘感同身受’。”袁鹰《歌声飘过高墙》：“你们的痛苦和哀愁，我们感同身受；你们的遭遇和斗争，也是同我们息息相关的啊！”2010 年 4 月 27 日《四川日报》通讯《玉树的四川力量》：“四川与青海山水相依，四川人民与玉树人民血脉相连。玉树灾区同胞遭受的巨痛，经过‘5·12’特大地震的四川人民感同身受。”

理解和使用这条成语的关键在“同”字。所谓“同身受”（如同身受一样），就意味着并没有“身受”。因此凡属亲身感受，都不能说“感同身受”。现在有人没有搞清这一点，以致造成误用。例如：

（1）1934 年 1 月，遭到“左”倾路线残酷打击的瞿秋白到达中央苏区时，毛泽东也正遭受排斥、打击，两人对党内的“左”倾错误感同身受。（《光明日报》2010 年 2 月 26 日）

（2）中印两国都遭遇贸易保护主义，两国在这个问题上感同身受。（人民网 2010 年 5 月 19 日）

（3）有居民反映，世博园区建设进入最高峰的时候，周边居民平均每 28 秒就会听到土方车、搅拌车驶过的轰鸣。怕扬尘不敢开窗、出行时处处修路，世博会筹办期间的“阵痛”，周边居民比谁都感同身受。（人民网 2010 年 2 月 20 日）

（4）不否认过度群租可能导致的一系列问题，比如治安漏洞、消防隐患、人际冲突等，这些问题其实并非只有政府知道，群租者更感同身受。（《新京报》2010 年 5 月 7 日）

（5）大蒜、绿豆等农产品展开“涨价竞赛”，老百姓感同身受。（《法制日报》2010 年 5 月 24 日）

瞿秋白和毛泽东都曾经直接受到“左”倾路线的打击，中国和印度都吃过贸易保护主义的大亏，说“深有同感”是可以的，说“感同身受”就没有道理了。世博园区施工扰民，周边居民深受其苦，“群租者”对“过度群租”的后果有切身体会，大蒜、绿豆涨价的直接受害者就是老百姓，这些都是他们的亲身感受，怎么能说“感同身受”呢？

2010 年 6 月 2 日

# 物价飞涨能说“高歌猛进”吗？

2011年6月17日《钱江晚报》报道：“部分食品价格依然高歌猛进，所调查的16种食品中有9种价格涨幅比上月扩大，其中肉禽及其制品同比上涨33.3%，成为食品类中涨幅最大的类别。”物价飞涨能不能用“高歌猛进”来形容？我们先来考察一下这条成语。

“高歌猛进”是由“高歌”和“猛进”两个短语组成的。“高歌”是放声歌唱，“猛进”是勇猛前进。一边放声歌唱，一边勇猛前进，可见它形容的不仅是不怕困难、勇猛前进的行动，而且体现了前进过程中高涨的情绪、昂扬的斗志。显然这是一条感情色彩鲜明的褒义成语。例如艾青《光的赞歌》：“光给我们送来了新时代的黎明，我们的人民从四面八方高歌猛进。”郭沫若《衷心的祝愿》：“我们文艺工作者，一定要牢记毛主席、周总理的遗愿，努力为实现我国新时期的总任务而高歌猛进。”郑自来《浩气贯天地，千秋尚凛然》：“少奇同志的革命精神鼓舞着我们在新长征路上高歌猛进。”认真体味一下这几条典范用例，就可以知道这条成语应该怎样使用了。

如何抑制通货膨胀，是摆在政府面前的一道难题。面对一路飙升、居高不下的物价，老百姓忧心忡忡，不堪其苦，除了某些投机商以外，谁还能够放声歌唱呢？用“高歌猛进”形容物价飞涨，如果不是有意挖苦，那就是对成语的误用了。遗憾的是类似的误用在媒体中并不罕见，应该引起高度重视。请看例句：

（1）综合今年前4个月的经济数据来看，CPI一路高歌猛进。（人民网2011年6月15日）

（2）今年浙江省……民间“高利贷”利息一路高歌猛进。据温州市人民银行监测，一季度温州民间借贷综合利率单季上涨11.91%，比2010年第四季度涨幅高8个百分点。（《人民日报》2011年6月7日）

（3）从2005年到2011年，中央几乎每年都要就调控房地产市场、防止房价过快上涨出台若干政策措施，但每次政策出台后，住房价格都只是短时间有所抑制，很快就重拾升势，一路高歌猛进，越涨越快。（《中国经济时报》2011年5月31日）

2011年6月5日

# “各有千秋”含褒义

“各有千秋”，意思是各有各的长期存在的价值，即各有所长，各有特色。“千秋”就是千年，形容岁月长久，这里指长期存在的价值。语见清·赵翼《吴榖人祭酒枉过草堂邀稚存味辛同集》诗之四：“名流各有千秋在，肯与前人作替人？”例如清·冯桂芬《江山风月图跋》：“图诗具在，实可各有千秋。”郭沫若《荀子的批判》：“荀文的浑厚，韩文的峻峭，单拿文章来讲，实在是各有千秋。”茅盾《〈诗论〉管窥》：“中国是抒情诗与叙事诗一向同样地发展，各有千秋的呵！”老舍《四世同堂》四十：“你们祁家兄弟是各有千秋！”（按，这是冠晓荷奉承祁家兄弟的话。）

有长期流传价值的，当然只能是优点、成就之类的正面的东西，所以“各有千秋”毫无疑问是一条感情色彩鲜明的褒义成语。现在有人忽略了这一点，只要彼此各有不同，不管是好是坏，还是有好有坏，统统都说成“各有千秋”，显然不妥。例如：

（1）中共〔一大的〕十三位代表各有千秋……有的为革命献身，成为人民英雄；有的脱党、叛党，成为人民的敌人；也有的看到了新中国的建立。（中国共产党新闻网 2011 年 7 月 11 日）

（2）世人对三人的评价也各有千秋：鲁迅身披民族魂，被推上圣坛，被万人景仰；而周作人则因为附逆，身败名裂，遭千夫所指；周建人一生谨慎，先抑后扬，看似无功无咎，终得颐享天年。（中国共产党新闻网2011年1月14日）

(3) 许多贪官落马后在法庭上……或居功自傲，或装疯卖傻，或鸣冤叫屈，或死不悔改，虽各有千秋，但都表现出对法律的蔑视，缺少的是对犯罪的忏悔。（人民网2011年5月23日）

(4) 对于网友的质疑，各单位的回答也是各有千秋，先是有“岗位太累，没人来”一说，随后又有“优先解决领导子女政策”一说，到如今“解决父母子女分居问题”一说，真是欲推责任，何患无辞？（《西安晚报》2011年1月11日）

前两例彼此不同之处有正面的也有负面的，后两例完全是负面的，显然都不能使用褒义成语“各有千秋”。

2011年7月31日

# “功败垂成”不用于坏事

《晋书·谢安传论》有一段话：“方欲西平巩洛，北定幽燕，庙算有遗，良图不果，降龄何促，功败垂成。”说的是谢玄在淝水大败前秦王苻坚，并收复大片领土，正要扩大战果，东晋皇帝却听信谗言将他召回，致使统一北方大业功败垂成，对此史家深表惋惜。后因以“功败垂成”表示事情在将要成功的时候遭到失败（功：成效，这里指表现成效的事情；垂：将近；成：成功）。例如晚清·吴趼人《二十年目睹之怪现状》六十一回：“将在外，君命有所不受，况且十二道金牌，他未必不知道是假的，何必就班师回去，以致功败垂成。”蔡廷锴《蔡廷锴自传·重游南洋，爱妻逝世》：“……以致新政无法推行，功败垂成，至为可惜。”陈国凯《代价》：“那时研究所的工作早已瘫痪，他苦心经营了多年的重大科研项目‘新一号’无法进行，功败垂成。”

从“功败垂成”的出处和古今典范用例不难看出，这条成语具有鲜明的感情色彩，即对事情的失败感到惋惜。只有那些有意义、有价值，令人寄予厚望的事（如前举书证中的统一北方、抗金卫国、推行新政之类）遭到失败，才令人惋惜。错事、坏事没有成功，绝不能说“功败垂成”。有人没有把握住这一点，以致造成误用。例如：

(1)〔在话剧《最后一个情圣》中〕徐峥扮演的忽然梦想一

次婚外情的中年男人，面对三个风格迥异的女人，虽然百般努力，却最终功败垂成。（《成都商报》2005 年 12 月 31 日）

（2）〔海南省文昌市原市委书记大贪官谢明中〕欲壑难填，功败垂成千古恨。（《检察日报》2008 年 8 月 21 日）

（3）凭借一张简简单单的契税票，一套价值 130 万的房产能发挥出令人惊叹的六七倍的杠杆效应，一个功败垂成的骗贷游戏背后，暴露出的是一条膨胀的信贷资金曲线流向股市投机的路线图。（《中国房地产报》2009 年 6 月 22 日）

（4）2001 年 4 月至 5 月期间，〔西班牙恐怖组织〕"埃塔"曾经 3 次在不同场合密谋击落时任西班牙首相的何塞·玛利亚·阿斯纳尔的专机，然而皆功败垂成。（《扬子晚报》2010 年 1 月 20 日）

婚外恋的失败，不值得遗憾；贪污分子东窗事发，只能大快人心；骗贷、暗杀未能得逞，更不会令人惋惜。以上诸例中的"功败垂成"显然均属误用。

2010 年 3 月 14 日

# 做事没成功叫“功亏一篑”吗？

“功亏一篑”语出《尚书·旅獒》：“为山九仞，功亏一篑。”这是周朝大臣劝谏周武王的话，希望武王勤奋谨慎，建功立业，切不可玩物丧志。譬如堆积一座九仞高的土山，最后只差一筐土也不能算完成。后遂用“功亏一篑”比喻做一件大事，只差最后一点点人力物力而未能完成，含惋惜意。例如明·张岱《募修岳鄂王祠墓疏》：“然往往锐意兴造而力辍半途者有之，猛思合嵿（嵿 dīng：山顶）而功亏一篑者有之。”咏簪《武昌两日记》：“党人多被迫逃散，革命大业，几功亏一篑。”碧野《南旧玉》：“这时，只要小钢轮在玉器上碰出一下不寻常的微小的响声，他们都会惊心动魄，出一身冷汗！他们怕的是功亏一篑，良玉成了废品。”

“功亏一篑”同“功败垂成”意思相近。从意义上看，两条成语都是说，事情在最后阶段再努一把力就可以大功告成的情况下未能完成。事情刚刚起步或半途便遭到失败，都不能说“功亏一篑”。从感情色彩上看，两条成语都对事情的失败深表惋惜，而只有被认为是有意义、有价值，令人寄予厚望的事情遭到失败，才令人惋惜，否则也不能说“功亏一篑”。有些人没有把握住这两点，不管是好事还是坏事，也不管在什么阶段，只要没有办成，便说“功亏一篑”，这就不对了。例如：

（1）当我们确定“十二五”开局之年的经济工作主题、明晰经济工作主线、确定经济工作抓手的时候，一定要慎重"开始"，万不可仅仅因为在"开始"上功亏一篑，导致全局失利。（中国共产党新闻网 2010 年 12 月 13 日）

（2）上世纪五六十年代，中国人孜孜以求"超英赶美"，但总功亏一篑。（人民网 2011 年 2 月 17 日）

好的开始往往是成功的一半，"慎始"是对的，但是开局不好还有机会补救，并不一定"导致全局失利"，这时就说"功亏一篑"，为时尚早。上世纪五六十年代提出的"超英赶美"，完全是不切实际的口号，喊了一阵便销声匿迹了，连成功的影子都没有看到，便说"功亏一篑"，更没有道理了。

（3）李月通过婚庆行业朋友得知孙强就要结婚，便设下"试菜"陷阱，没想到还是功亏一篑。目前，以李月、范宇为首的涉案人员均已被刑事拘留。（北方网 2010 年 9 月 27 日）

（4）2011 年，山东华冠二度冲刺上市却又功亏一篑，原因是再次被举报财务造假。（《第一财经日报》2011 年 5 月 25 日）

（5）这伙汽车大盗并非每次都能成功。根据警方提供的监控录像，记者看到了一次近乎成功但最终功亏一篑的偷盗。（东南网 2011 年 5 月 18 日）

李月设陷阱害人未能得逞，最终被刑事拘留，是罪有应得；山东华冠因财务造假，两次冲刺上市都没有蒙混过关，股民应当额手称庆；汽车大盗偷窃未成终于失手，除了大盗自己，谁也不会为之惋惜：这三例显然也都不能使用"功亏一篑"。

2011 年 6 月 9 日

# “刮目相看”与“另眼相看”

《三国志·吴书·吕蒙传》裴松之注引《江表传》记载：三国时东吴大将吕蒙听从孙权的劝告，发愤读书，笃志不倦。鲁肃发现他进步很大，今非昔比，拍着他的肩膀说：“吾谓大弟但有武略耳，至于今者，学识英博，非复吴下阿蒙。”吕蒙回答说：“士别三日，即更刮目相待。”后遂用“刮目相待”指对进步显著的人或事物，要去掉过去的看法，改用新的眼光看待（刮目：擦亮眼睛，指去掉过去的看法）。常与“士别三日”连用。例如宋·陈亮《与吴益恭安抚书》：“三四年来，伯恭规模宏阔，非复往时之比，钦夫、元晦已愿在下风矣，未可以寻常论也。君举亦甚别，皆应刮目相待。”后多作“刮目相看”。如晚清·壮者《扫迷帚》二回：“表弟，我与你数年不见，方冀你学识大进，刮目相看，却原来尘腐依然。”丁玲《韦护》：“士别三日，当刮目相看，你现在是一个有名的作家了。”秦牧《中华猕猴桃的旅行》：“不久，和一位研究水果的学者交谈，他告诉我的事情，使我对猕猴桃不禁刮目相看。”

使用这条成语的前提是“士别三日”。即第一，看人者同被看者过去已有接触，已有看法；第二，后来被看者有了明显的进步，再次相见，看人者不得不改变原有的看法。可惜很多人没有把握住这两点，以致用得似是而非。这种例子在媒体中并不罕见：

(1) 2006 年,17 岁的王丹婷抱着试一试的态度,参加了中央戏剧学院的预考……几场生动的表演下来,在场的评委老师都对她刮目相看。(山西新闻网 2010 年 10 月 25 日)

(2) 72 号女嘉宾倪小姐现场演唱了一曲《前门情思大碗茶》,功底不凡,让全场嘉宾刮目相看。(《武汉晚报》2010 年 10 月 26 日)

(3) 中医的神奇让塞国(塞内加尔)人民刮目相看,不少患者还从千里之遥的塞国南部卡萨芒斯地区赶来。(《福建日报》2010 年 10 月 26 日)

(4) 见过她的人都说她长得很漂亮……她的打扮、风度都使人刮目相看。(《重庆晚报》2010 年 9 月 27 日)

(5) 除了游泳,科迪的短跑天赋也让人刮目相看。(人民网 2010 年 10 月 4 日)

"在场的评委"同考生王丹婷、"全场嘉宾"同 72 号嘉宾倪小姐素不相识,塞内加尔人民也从来没有接触过中医,都不存在过去的看法,根本谈不上改用新眼光看待。一个人的长相和风度不会轻易发生变化,天赋更是与生俱来,即使早就见过,后来再见也无须改变看法,何况初次相见?因此以上诸例都不能使用"刮目相看"。如果改用"另眼相看",可能更符合作者的原意。

"另眼相看"的意思是用另外一种眼光来看待,指看待人或事物采用不同于一般的眼光,格外重视或加以歧视。如清·李汝珍《镜花缘》五十六回:"此等读书人,若不另眼相看,何以鼓励人才?"鲁迅《两地书·序言》:"一个人如果一生没有遇到横祸,大家决不另眼相看,但若坐过监牢,到过战场,则即使他是一个万分平凡的人，人们也总看得特别一点。”它同“刮目相看”的区别在于：“刮目相看”强调的是看法上的改变，“另眼相看”强调的是看待上的特殊。前举诸例，说的都是用不同于一般的眼光而不是用新的眼光看待，表示要格外重视而不是改变看法，因此改用“另眼相看”比较合适。

2010年11月1日

# “管窥蠡测”不等于窥见、推测

“管窥蠡测”意思是从竹管的小孔里看天，用瓢测量海水，所见到和所量到的只是整体中很小的一部分（窥：从孔隙察看；蠡 lí：瓢）。比喻眼光狭窄，见识短浅，了解片面。含贬义，通常用于贬低或否定别人，也用于自谦。语本汉·东方朔《答客难》：“语曰‘以莞（莞，同‘管’）窥天，以蠡测海，以莛（莛 tíng：某些草本植物的茎）撞钟’，岂能通其条贯，考其文理，发其音声哉！”后多以“管窥蠡测”四字成文。例如清·曹雪芹《红楼梦》三十六回：“我昨儿晚上的话，竟说错了，怪不得老爷说我是管窥蠡测。”清·袁枚《随园诗话》卷十四：“凡人全集，各有精神，必通观之，方可定去取，倘捃摭一二，并非其人应选之诗，管窥蠡测，一病也。”梁启超《西学书目表序》：“管窥蠡测，知其孤陋。”吴小如《〈俞平伯序跋集〉序言》：“如只举荦荦大端，又恐挂一漏万，有管窥蠡测之嫌；如只说几句笼统不着边际的话，则不仅不为平伯师所喜，且游谈无根也对不起读者。”

有些人既没有理解这条成语的确切含义，也不清楚它的感情色彩，只看到“窥”和“测”，便断章取义，认为是“窥见”“推测”的同义词，以致造成种种误用。例如：

（1）上海外国语大学中国文学研究所所长陈福康所著、叶圣陶亲笔题写书名的《郑振铎传》（修订本）近日由上海外语教育出版社出版……作者运用他的笔,达到了通过一个人,可以管窥蠡测一个时代、一个世界的目的。(《文汇报》2009 年 9 月 8 日)

(2)《北京诱惑》就是一部管窥蠡测名利场生存潜规则的长篇小说,这也正是这部作品能够长时间火爆之所在。(人民网 2011 年 3 月 16 日)

(3) 有这么一位有心人,细心搜罗了不少直接间接反映记者生活乃至新闻业生态的电影,集结成一册小书,取名《电影撞新闻》……以此管窥蠡测,我们大可了解作为重要的现代社会意识形态表现的新闻业与电影业,彼此之间又是怎样看待对方的。(《新京报》2009 年 9 月 26 日)

(4) 在来信来访中有的问题虽然信访量不大,但却带有普遍性、典型性,还有的信访反映的虽是个别现象、偶发事件,但"管窥蠡测"从中可推断出某一类或某一层次的问题。(《人民权力报》2010 年 4 月 2 日)

例(1)是说通过郑振铎可以窥见"一个时代、一个世界",例(2)是说通过《北京诱惑》可以窥见"名利场生存潜规则",例(3)是说通过《电影撞新闻》可以推知新闻业与电影业彼此是怎样看待的,例(4)是说通过人民来信来访可以推断某些带有普遍性的问题:表示的都是从已经观察到的部分可以窥见、推知全貌,而不是批评人家眼光狭窄、见识短浅。在这里使用"管窥蠡测",不仅意思不沾边,感情色彩也不对头,显系误用。

其实表示这个意思,只消使用"窥见""推断"或"透视"就可以了。如果一定要使用成语,可以用"窥豹一斑""管中窥豹",也可以用"尝鼎一脔"。例如宋·李光《与胡邦衡书》:

“《三经新解》未能遍读，然尝鼎一脔，窥豹一斑，亦足见其大略矣。”鲁迅《华盖集续编·有趣的消息》：“陶孟和教授要发表一部著作，内容如何，只有百年后的我们的曾孙或玄孙们知道罢了，但幸而在《现代评论周刊》上提前发表了几节，所以我们竟还能‘管中窥豹’似的，略见这一部新书的大概。”吴丕绩《〈六朝文絜笺注〉前言》：“这本选集，对希望欣赏六朝文的读者而言，可以尝鼎一脔，也可以作为研究的初步阶段。”这几条成语用在(3)(4)两例中都是可以的。

2011年4月2日

# “广开言路”是领导者的行为

“广开言路”语本《后汉书·来历传》：“朝廷广开言事之路，故且一切假贷（假贷：宽宥）。”后以“广开言路”四字成文，指尽量给下属和群众创造发表意见的条件。例如宋·包拯《论台官言事》：“伏自陛下临御以来，将三十载，遵守先训，广开言路，虚怀以待，犯颜必容。”晚清·李伯元《官场现形记》三十六回：“现在朝廷广开言路，昨儿新下上谕，内务府人员可以保送御史。”柯灵《终止暴行》：“学生关心国事，谁都知道是进步现象；而促进民主政治，首先非广开言路、发扬民意不可。”戎笙《谈〈蔡文姬〉中曹操形象的真实性》：“这个故事部分出自虚构，但曹操能广开言路，倾听下属意见，并勇于改正错误，却是事实。”

理解和运用这条成语的关键，在于弄清“广开言路”是谁的行为。先说“言路”。“言路”就是人臣向朝廷进言的途径，现在也指向政府或领导提出批评或建议的途径。所以“广开言路”就是广泛开辟进言的途径，给下属和群众创造发表意见的条件。既然如此，“广开言路”当然只能是领导者的行为，绝不可能是下属和群众的行为。前举书证中，“广开言路”的施事者，分别是陛下、朝廷、政府和曹操，毫无例外都属于领导者的范畴，足以证明这一点。现在有些人没有准确理解这条成语的含义，没有弄清“广开言路”是谁的行为，把它同“献计献

策""建言献策"等群众的行为混为一谈,以致造成误用。请看例句:

(1) 座谈会上,与会代表结合海原县的实际和自己的思考,广开言路,畅所欲言,积极为海原法院实现新的发展献计献策,共提出建设性意见建议 27 条。(新华网 2010 年 9 月 3 日)

(2) 从大会发言到小组讨论,委员们广开言路,积极建言献策,提出的一个个真知灼见,为"十二五"规划的科学编制再次提供了广泛的智力支持。(《甘肃日报》2010 年 7 月 5 日)

(3)〔郫县县委、县政府〕组织专家教授,广开言路,献计献策,为县委、县政府科学决策发挥参谋作用。(《成都日报》2010 年 9 月 10 日)

(4) 我们邀请部分文学网站(频道)的负责人、网络文学作者、编辑和读者代表,还邀请了一些作家和评论家,请大家广开言路,从不同的角度和层面来研讨网络文学,发表对网络文学的看法和意见,建言献策。(中国作家网 2010 年 5 月 27 日)

以上诸例,"广开言路"的施事者,分别是"与会代表""委员们""专家教授"和"大家",毫无例外都属于群众的范畴,而且把"广开言路"同"畅所欲言""献计献策""建言献策"相提并论,把领导者的行为和群众的行为放在同一个施事者之下,显系误用。修改的办法很简单:或者把"广开言路"改为"群策群力"(大家想办法,大家出力气),这样施事者就一致了;或者干脆删掉"广开言路",原意丝毫不受影响,句子也立刻通顺了。

2010 年 10 月 15 日

# “鬼斧神工”不能形容天然景物

“鬼斧神工”语本《庄子·达生》:“梓庆削木为鐻(鐻 jù:一种像钟的乐器),鐻成,见者惊犹鬼神。”成玄英疏:“雕削巧妙,不类人工,见者惊疑,谓鬼神所作也。”后用“鬼斧神工”形容建筑、雕塑等制作技艺高超,构思巧妙,非人工所能达到。例如清·夏敬渠《野叟曝言》七十八回:“以鬼斧神工之技,成天造地设之文。”孙中山《建国方略》之一:“而其工程之大,成立之速,真所谓鬼斧神工不可思议者也。”秦牧《艺海拾贝·酷肖》:“这个小故事我想不是无稽的,因为世间的确有许多‘功参造化’、‘鬼斧神工’的巧匠。”

目前这条只能形容人工巧妙的成语却常常被用来形容天然景物。例如:

(1) 鬼斧神工的自然山水,美轮美奂的特色歌舞,气势恢弘的壮丽场景,给游客带来了赏心悦目的别样享受。(《新华日报》2009 年 7 月 10 日)

(2) 大自然的鬼斧神工将西藏的山脉、河流、湖泊、草原雕琢成为世上独一无二的景观。(《中国民族报》2009 年 5 月 22 日)

(3) 在流水侵蚀、溶蚀、重力崩塌的综合作用下,赤壁丹崖、方山、石峰、石柱……等鬼斧神工的地貌造型展现在人们

眼前。(《人民日报》海外版 2009 年 4 月 28 日 )

(4) 惊叹于大自然的形象万千,叹服于天工开物的鬼斧神工,沉醉于神州大地的美景风光。(新华网 2009 年 4 月 3 日)

所以误用,是因为没有弄清这条成语的含义。所谓“鬼斧”“神工”,与“天造地设”“天地造化”“天工”“天成”等等,表达的实际上是同一个意思,都指天然形成,非人工所为。这里的天地、鬼神、造化,都是相对于人而言的,都是超人的。说人的技艺似鬼神所作,无疑是赞美,而说大自然的美景非人工所为,就不知所云了。如果说美丽奇绝的自然景物是鬼神所造,那么略逊一筹的自然景物又是谁造的呢?显然是说不通的。

“鬼斧神工”同“巧夺天工”是近义成语,都容易用错。“巧夺天工”是从正面说技艺胜过天造地设(夺:胜过),“鬼斧神工”则是从反面说技艺非人工所为,两条成语从不同的角度表达了同一个意思,都只能用来赞美人的技艺,而不能形容天然景物。

2009 年 8 月 10 日

# “裹足不前”与“停滞不前”

“裹足不前”，语本秦·李斯《谏逐客书》：“今乃弃黔首以资敌国，却宾客以业诸侯，使天下之士，退而不敢西向，裹足不入秦，此所谓‘藉寇兵而赍盗粮’者也。”这段话是说：秦国想驱逐客卿(来自其他诸侯国而在秦国做官的人)，就等于抛弃百姓来帮助敌国，排斥宾客去为诸侯建功立业，使得天下的贤士退缩而不敢向西，裹足而不敢入秦，这正是所谓“借武器给敌寇，送粮食给盗贼”。后以“裹足不前”四字成文，意思是脚好像被缠住似的不再往前走，指由于顾虑或害怕而止步不前。例如明·罗贯中《三国演义》十六回：“今玄德素有英雄之名，以困穷来投，若杀之，是害贤也。天下智谋之士，闻而自疑，将裹足不前，主公谁与定天下乎？”陶铸《革命的坚定性》：“当他们遇到困难时便唉声叹气，裹足不前。”杨沫《青春之歌》二部二十九章：“我们不能做有名无实的党员，不能总在困难面前裹足不前。”

理解和使用这条成语要注意两点：第一，止步是因为有顾虑而不敢前进；第二，这完全是人的行为。只有人因为有顾虑而不敢前进，才能说“裹足不前”。现在有些人把某些事物由于种种客观原因不能发展，停止前进，也说成“裹足不前”，显然是错误的。这种误用在媒体中屡见不鲜。例如：

(1) 巴勒斯坦是最希望谈判早日恢复并取得进展的一

方，但目前看来，巴方对裹足不前的谈判正失去信心，并预做了谈判失败后的应对之策。(《人民日报》2010 年 12 月 16 日)

(2) 由于我国低空空域受军方管制，飞行管理体系严格，加之通用航空器制造落后、机场建设落后、飞行员短缺、运营配套服务落后等问题，我国通用航空业一直裹足不前。(《中国证券报》2011 年 5 月 20 日)

(3) 中国足球当前的普及性太差，基础的硬件设施太少。这些，绝对是造成中国足球当前裹足不前困境的重要原因。(中国网 2011 年 4 月 8 日)

(4) 如果我们的语言学研究还裹足不前……必将受到国际语言学界的有力挑战。(人民网 2010 年 10 月 28 日)

(5) 沪深两市周三延续着之前的振荡整理走势，沪指再度受阻于 2900 一线裹足不前。(《信息时报》2011 年 5 月 12 日)

无论是巴以谈判毫无进展，通用航空业发展缓慢，中国足球陷入困境，还是语言学研究长期滞后，沪指上涨一再受阻，都不是某个人的行为，原因也都与人有无顾虑无关，显然都不能使用“裹足不前”。

其实，能够准确表达上述意思的词语很多，完全可以自由选用。如果喜欢使用成语，可以选择“停滞不前”。“停滞不前”表示因为受到某种阻碍而停顿下来，不能继续发展前进。停顿的原因同主观上有无顾虑无关，多用于事物，也可以用于人。例如梁启超《生计学学说沿革小史》：“凡百学问，莫不发源于上古，而或则逐渐发达，或则停滞不前。彼停滞焉者,必有为之阻力者也。”老舍《谈简练》:“我们的文学是日益发展的,不会停滞不前。”曾卓《和大学生谈诗》:“一个写诗的人,到了一定的阶段就可能停滞不前,要有所突破就很困难。”前面所举的五个例句都可以使用这条成语。

2011年6月13日

# “过江之鲫”的感情色彩

西晋末中原沦陷，司马睿偏安江左建立东晋王朝，北方士族纷纷南渡。这些过江投靠东晋王朝的士人被称为“过江名士”。当时有人讽刺说：“过江名士鲫鱼多。”后人多以名士鲫鱼之典入诗。如明·袁宏道《初至绍兴》：“闻说山阴县，今来始一过。船方革履小，士比鲫鱼多。”柳亚子《丹青引》：“过江名士多于鲫，唯君杰出群流中。”后以“过江之鲫”四字成文，用来形容人或事物多而纷乱，形容人时多指赶时髦的人很多。例如茅盾《如是我见我闻·“拉拉车”》：“现在川陕道上，‘拉拉车’多如‘过江之鲫’。”徐懋庸《“商业竞卖”与“名士才情”》：“上海到底是一个复杂的地方，‘商业竞卖’的海派文人，固多如过江之鲫，而‘名士才情’的京派文人也不是没有。”吴小如《关于“博导”》：“在欧美各大学中，只要是教授就有资格指导博士生，并无‘博导’与非‘博导’之分。不过彼方之教授是‘物以稀为贵’，并不像我们这里的所谓教授多得车载斗量，甚至逾于过江之鲫。”李国文《痛苦》：“这年头电视剧如过江之鲫，像他俩以儿童为主题的这部片子，还算能看下去，不至于把电视机关掉还骂街的。”

从“过江之鲫”的出处和后人的典范用例来看，这条成语多含贬义，用来形容人时贬抑色彩更加明显。近年来有些人疏于体察，常把它用于褒义，显然不妥。例如：

(1) 临川才子犹如过江之鲫从历史上涌出，据说，仅列入《四库全书》存目的论著，临川籍人氏著述就有近800卷之多。(《中国信息报》2010年6月30日)

(2) 从第一届奥运会至今，奖牌得主可谓多如过江之鲫。(新华网2008年8月20日)

(3) 中共中的千里马不断涌现……人才如过江之鲫。(人民网2009年11月18日)

(4) 上世纪80年代，著名的美学家朱光潜老先生应教育部的邀请，挂牌招收研究生，慕名而来的如过江之鲫，几轮笔试淘汰，所剩无几，却也个个都属精英。(《广州日报》2009年9月14日)

无论是历史上的临川才子，历届奥运会的奖牌得主，还是“中共中的千里马”，都是各方面的佼佼者，值得学习，令人羡慕，怎么能讥为“过江之鲫”呢？慕名而来师从朱光潜先生并非赶时髦，而且其中不乏精英，比作“过江之鲫”也不妥当。

某些成语具有一定的感情色彩，这是约定俗成的，使用者不能随意改变，否则只能造成误用。

2010年8月2日

# “过犹不及”不等于过头

“过犹不及”语出《论语·先进》：“子贡问：‘师与商也孰贤？’子曰：‘师也过，商也不及。’曰：‘然则师愈（胜过）与？’子曰：‘过犹不及。’”（过：过度；犹：像；不及：不够。）后来就用“过犹不及”指事情做过了头，就像做得不够一样，都是不好的。例如韩愈《改葬服议》：“俭之与奢，则俭固愈于奢矣，虽然，未若合礼为懿也，过犹不及，其此类之谓乎。”朱自清《诵读教学》：“前者歪曲了白话文，后者也歪曲了白话文，所谓过犹不及。”秦牧《潇洒自然之美》：“任何事情，过犹不及，过度了，就产生反作用。”廖沫沙《漫谈文学语言》：“……过犹不及，两者都不对。”

“过犹不及”既不是只指“过”，也不是只指“不及”，而是在比较了二者之后得出的结论，指出做事过了头的后果。这条成语也常常被误用，例如：

（1）张国立说：“我强烈反对韩剧、日剧，一切国外的剧。”……张国立的观点有点过犹不及。（《京华时报》2007 年 9 月 29 日）

（2）人无完人，希望文体明星同样是道德楷模，本身就是过犹不及。（人民网 2008 年 12 月 25 日）

（3）新闻媒体经历了由“过于保守”到“过犹不及”的跳跃阶段，由一种极端发展到另一种极端。（人民网 2007 年 6 月

12 日）

（4）电视“面对面”中，场的营造也受到度的制约，“火候稍欠”或者“过犹不及”，都会影响到场的营造。（《新闻与写作》2007 年第 11 期）

例（1）是说张国立的观点有些过头、有些偏颇，例（2）是说要求文体明星都是道德楷模显然有些过分、不切实际，都只相当于“过犹不及”中的一个“过”字，当然不能说“过犹不及”。例（3）误把“过犹不及”当作同“过于保守”相对立的另一极端（大约是“过于激进”吧），只有“由一种极端发展到另一种极端”这种做法才叫“过犹不及”。同样，例（4）的“过犹不及”也不能代替同“火候稍欠”相对立的另一种倾向（“过火”之类）。之所以误用，都是因为使用者只看到一个“过”字而没有看到后面的“犹不及”。

（5）今年上半年，昔日国产手机巨头夏新的净亏高达4.04亿元……夏新今年的处境用“水深火热”来形容可谓过犹不及。（《通信信息报》2008 年 10 月 31 日）

（6）在上世纪五六十年代，作家在中国的地位是很高的，作家不但有钱，而且受到很多人的崇拜，那种崇拜比对现在的影视明星过犹不及。（《现代教育报》2002 年 3 月 22 日）

显而易见，例（5）的“过犹不及”应该改为“并不为过”，例（6）的“过犹不及”应该改为“有过之而无不及”。诸如此类的误用，错得就更没有道理了。

2009 年 1 月 8 日

# “邯郸学步”不等于<br>“亦步亦趋”“生搬硬套”

《庄子·秋水》记载:“且子独不闻夫寿陵余子之学行于邯郸与?未得国能,又失其故行矣,直匍匐而归耳!”《汉书·叙传上》也记载:“昔有学步于邯郸者,曾未得其仿佛,又复失其故步,遂匍匐而归耳!”它们说的是燕国寿陵的一位年轻人,羡慕赵国人走路姿势好看,专门跑到邯郸去学习,结果不但没有学会,反而连自己原来怎样走路也忘记了,只好爬着回去。后来人们用“邯郸学步”比喻模仿别人不成,反而把自己原有的技能、长处丢掉了。例如宋·姜夔《送项平府倅池阳》:“论文要得文中天,邯郸学步终不然。”王西彦《第一块基石》:“鲁迅表示自己要改变这种类似‘邯郸学步’的‘正爬着’的状态,‘再学下去,站起来’。”(按,鲁迅的话见《集外集拾遗·英译本〈短篇小说选集〉自序》,“正爬着”指当时正处于“写新的不能,写旧的又不愿”的状态。)“邯郸学步”也作“学步邯郸”。如《周书·赵文深传》:“及平江陵之后,王褒入关,贵游等翕然并学褒书。文深之书,遂被遐弃。文深……亦攻习褒书,然竟无所成,转被讥议,谓之学步邯郸焉。”也单说“邯郸步”或“学步”。宋·欧阳修《镇阳读书》:“不能虽欲止,恍若失其方。却欲寻旧学,旧学已榛荒。有类邯郸步,两失皆茫茫。”南朝·宋·鲍昭《侍郎报满辞阁疏》:“释担受书,废耕学文,画虎既败,学步无成。”

笔者之所以不厌其烦列举那么多书证，是想通过前人的典范用例，说明“邯郸学步”强调的不是盲目模仿别人的行为，而是这种行为的恶果，即不但没有学成，反而把自己原有的技能、长处丢掉了，正所谓“两失皆茫茫”，画虎不成，“转被讥议”。2011年8月，女排前国手赵蕊蕊撰文批评目前中国女排一味追求欧美的高大化，结果不但没有学到人家的长处，反而丢掉了快速多变的传家宝，这样下去只能沦为一支四不像的球队。她没有用“邯郸学步”这条成语，但她所指的这种状况正是典型的“邯郸学步”。这条成语本来就比较难用，加之有些人又没有弄清它的出处和特定含义，往往把它同“亦步亦趋”“生搬硬套”“不结合实际”“没有创造性”之类的词语混为一谈，以致造成误用。例如：

(1) 亦步亦趋、邯郸学步，永远只能是被排挤的追随者。(《中国高新技术产业导报》2010年10月28日)

(2) 踩着别人的脚印“邯郸学步”，就不可能摆脱先粗放再集约、先污染后治理的老路，后发展地区更不可能实现跨越发展。(《广西日报》2010年8月22日)

(3) “洋为中用”的要义在于结合国情，结合实际……并不是照搬照抄，并不是邯郸学步或“克隆”。(东方网2010年10月13日)

(4) 按照科学发展观的要求，在推进自治州工业发展上，我们……不能邯郸学步，一定要结合本州实际……坚持走好、走准、走快自己的工业发展路子。(《青海日报》2010年11月1日)

（5）今天，文物学几成“显学”，很多平民百姓开始关注收藏以及这个领域的走向。在此背后，是这个市场的从无到有、从蹒跚学步到邯郸学步，但这个在迂回曲折中不断前行的过程本身是符合客观规律的。（《解放日报》2010 年 11 月 18 日）

前两例的“邯郸学步”，或与“亦步亦趋”连用，或被“踩着别人的脚印”修饰，显然是同“亦步亦趋”混为一谈了。中间两例或同“照搬照抄”连用，或与“结合实际”对举，肯定也是同“生搬硬套”混为一谈。最后一例，把“从蹒跚学步到邯郸学步”看成是“符合客观规律”的“不断前行的过程”，“邯郸学步”竟然成了应该肯定的行为，贬义成语一变而为褒义成语，错得更加离谱了。

准确理解成语的含义，是正确使用成语的前提，而多研读体味一些古今典范用例，又是加深理解的有效方法。对于源于古代典故、含义不能一望而知的成语来说，尤其如此。

2011 年 9 月 6 日

# “汗牛充栋”用于书籍之类

“汗牛充栋”语本唐·柳宗元《唐故给事中皇太子侍读陆文通先生墓表》:“其为书,处则充栋宇,出则汗牛马。”意思是,书籍收藏时可堆到屋顶,运输时可使牛马累得出汗。后以“汗牛充栋”四字成文,形容著作或藏书极多。例如宋·陆游《冬夜读书有感》:“汗牛充栋成何事,堪笑迂儒错用功。”明·华阳散人《鸳鸯针》三卷一回:“论他家的藏书,却也汗牛充栋;论他家的花卉,又是金谷平泉。”邹韬奋《患难余生记》三章:“生活书店所出版的书籍更是汗牛充栋,不可胜数。”

这条成语使用范围很窄,只能用于书籍、文件之类,不能用于其他可以收藏、运输的东西,更不能用于无法收藏、运输的抽象事物。目前这条成语的使用范围被无限扩大,几乎成了数量极多的同义语。例如:

(1) 目前市场上不合格的假冒伪劣手机电池汗牛充栋。(人民网 2009 年 2 月 9 日)

(2) 毛泽东遍览《二十四史》,历史人物汗牛充栋,能以“古今少见”的“政治纲领”而博得他激赏的,确实凤毛麟角。(中国共产党新闻网 2008 年 6 月 23 日)

(3) 如果买来的官可以高枕无忧,那出钱买官者不是越来越多、及至汗牛充栋了吗?(《南方日报》2008 年 4 月 22 日)

(4) 当今的教学方法与学习方法可谓汗牛充栋。(《中国教育报》2005 年 12 月 22 日)

(5) 这些年来,对职务犯罪的预防,从国家到地方无不高度重视,出台的措施可谓汗牛充栋。(《南方日报》2007 年 12 月 5 日)

例(1)把只能用于书籍、文件之类的成语用于一般的物件("电池"),已属误用,例(2)(3)又扩大为人("历史人物"和"买官者"),例(4)(5)更进一步扩大为无法收藏、运输的抽象事物("方法"和"措施"),错得越发离谱了。

例(1)例(3)可以改用"多如牛毛",这条成语既可用于人,也可用于事物,而且多用于形容人们所厌恶的对象,放在这里正好合适。例(2)可以改为"车载斗量",这条成语含有认为不足为奇之意,与下文的"凤毛麟角"对举,非常恰当。最后两例可以换成"不可胜数"或"不胜枚举"。

有些成语只能用于一定的范围、一定的对象,不能随意扩大或转移,否则就要出错,不可不察。

2009 年 3 月 4 日

# “浩如烟海”形容文献资料多

“浩如烟海”语出宋·司马光《进〈资治通鉴〉表》：“遍阅旧史，旁采小说，简牍盈积，浩如烟海。”意思是浩大繁多，犹如烟波浩渺的大海，形容文献、资料等极其丰富。例如《清史稿·戴敦元传》：“书籍浩如烟海，人生岂能尽阅。”赵家璧《编辑忆旧》：“五四以来，从国外翻译引进的文学作品真是浩如烟海。”秦牧《艺海拾贝·惠能和尚的偈语》：“在浩如烟海的弹词唱本中被流传下来，是偶然的吗？”

这条成语的使用范围是约定俗成的，但是现在有人把它不恰当地扩大了。例如：

(1) 在浩如烟海的参展新车中挑选 8 款新车是件让人头痛的事。(《广州日报》2008 年 11 月 17 日)

(2) 南京浩如烟海的名人故居就是这个古老城市不可多得的一张名片。(《江南日报》2009 年 3 月 5 日)

(3) 曾写过“龙”的书法家浩如烟海，但能从甲骨文到简体字写出 1001 种“龙”的，孟繁水说“前无古人”。(《人民日报》海外版 2009 年 5 月 26 日)

(4) 有了较强的新闻敏感，记者才能在纷繁复杂、浩如烟海的事实中……及时发现和捕捉具有新闻价值的事实。(人民网 2008 年 8 月 11 日)

(5) 这几年真是仁者见仁智者见智，各路英雄豪杰发表

的观点也是浩如烟海。（人民网 2009 年 4 月 22 日）

以上诸例，无论是具体的物（“新车”“故居”）和人（“书法家”），还是抽象的概念（“事实”“观点”），都超出了这条成语的使用范围。其实形容数量繁多的成语很多，选择的余地很大，如果例（1）改用“形形色色”，例（2）改用“星罗棋布”，例（3）改用“数不胜数”，例（4）改用“林林总总”，例（5）改用“不胜枚举”，都能豁然贯通，为什么非要死抱住一个并不恰当的“浩如烟海”不放呢？

至于下面两例，大约是把“浩如烟海”同“烟波浩渺”混为一谈，错得更没有道理了：

（6）界江如画，边关如铁。浩如烟海的北疆界江上，一群新型水兵驾舟踏浪，又开始了他们新的征程。（《解放军报》2009 年 8 月 12 日）

（7）听美丽的“产芝传说”，赏浩如烟海、碧波荡漾的莱西湖。（人民网 2009 年 5 月 4 日）

2009 年 9 月 30 日

# “虎视眈眈”是贬义成语

“虎视眈眈”意思是像老虎扑食那样贪婪而凶狠地注视着（眈眈：注视的样子），形容心怀贪欲，伺机攫取。语出《周易·颐》：“虎视眈眈，其欲逐逐。”（逐逐：急于得利的样子。）例如明·凌濛初《二刻拍案惊奇》卷四：“我一生止存此骨血，那边大房做官的，虎视眈眈，须要小心抵对他，不可落他圈套之内。”清·曹雪芹《红楼梦》四十五回：“〔黛玉叹道〕你看这里这些人，因见老太太多疼了宝玉和凤姐姐两个，他们尚虎视眈眈，背地里言三语四的，何况于我？”许姬传《戊戌变法侧记》：“当甲午之战败于日本，赔款割地，列强胁割，虎视眈眈，朝野有志之士，主张变法维新。”

从“虎视眈眈”的出处和古今典范用例可以看出，这是一条感情色彩鲜明的贬义成语。现在有人忽略了这一点，不管是什么人只要他密切注视并争取得到什么，就说“虎视眈眈”，以致造成误用。例如：

（1）男单现在仍是由王皓领军，但是马琳、马龙两人虎视眈眈，后面还有小将张继科、许昕紧追不舍。（《河北青年报》2010年11月11日）

（2）和去年相比，今年的贺岁档更是猛片云集。这一次，朱延平的对手换成了陈凯歌（《赵氏孤儿》）和姜文（《让子弹飞》），后面还跟着一个虎视眈眈的冯小刚（《非诚勿扰2》）。

(《都市快报》2010 年 11 月 23 日)

(3) 除雄鹰俱乐部外,浙江广厦也一直对阿尔斯通虎视眈眈,奇货可居的“街球王”最终花落谁家,目前来看还是个未知数。(《青岛日报》2010 年 10 月 13 日)

中国乒乓球队人才济济,谁都想争取代表祖国参加世界大赛,这是可喜的现象;果真能有几部像样子的影片展开角逐,使市场繁荣、观众受益,无疑是件好事;几个俱乐部争夺一位大牌运动员,更是正常现象。在公平的竞争中,对于自己的对手尚且应该尊重,作为媒体更没有理由对任何一方加以贬损,因此把贬义成语“虎视眈眈”加在马琳、马龙、冯小刚和浙江广厦身上,显然是不恰当的。

2011 年 1 月 3 日

# “涣然冰释”比喻疑虑、误会消除

“涣然冰释”，语本《老子》十五章：“涣兮若冰之将释。”后以“涣然、冰释”四字成文，意思是像冰一样很快消融了(涣然：消散的样子；冰释：像冰一样消融)，比喻疑虑、误会等一下子完全消除。例如晋·杜预《〈春秋经传集解〉序》：“若江海之浸，膏泽之润，涣然冰释，怡然理顺，然后为得也。”梁启超《管子传》四章：“经大圣之论定，而后世有疑于管子此举者，可以涣然冰释矣。”吴玉章《回忆“五四”前后我的思想转变》：“这个主张使我多年以来所未能解决的疑团，涣然冰释。”茅盾《我走过的道路》：“个人间的小小嫌隙，在这大时代的压榨之下，都应涣然冰释。”

“涣然冰释”主要比喻疑惑、疑虑的消除，也比喻误会、隔阂的消除，但不能用来比喻个人烦恼、苦闷、紧张等不良情绪的消除。有人不恰当地扩大了它的使用范围，以致造成误用。例如：

(1) 意外生存下来的小灯始终无法摆脱这场心灵的余震，直到在心理医生的疏导帮助下她重回唐山，小灯内心的苦痛才涣然冰释。(《东方早报》2009年8月17日)

(2) 他(按，指弘一大师李叔同)想到在世期的种种坎坷不平和人间百态，不觉悲从中来；但又想到自己能以慧剑斩断纷杂无绪的种种情思，一切烦恼涣然冰释而欣悦无比。(光明

网 2009 年 1 月 10 日)

(3) 她那亲切的话语,和善的笑脸,使我们拘谨的态度涣然冰释。(《济南日报》2009 年 11 月 20 日)

无论是“内心的苦痛”“烦恼”,还是“拘谨的态度”,都属于个人心理上的问题,不在“涣然冰释”的使用范围之内。如果一定要使用成语,可以换成“烟消云散”(也作“烟消雾散”)。这条成语既可比喻某种事物消失,也可以比喻各种情绪消除。如叶圣陶《城中》:“好好的计划,往往给经费问题打得烟消云散。”柳青《创业史》一部十六章:“生宝紧张的心情,被县委副书记这一番笑谈,一下子冲得烟消云散了。”巴金《海的梦》后篇一:“在流了这么多的眼泪以后,这许多日子来的阴郁的思想都烟消雾散了。”“烟消云散”放在上述三例中正好合适。

也有人用“涣然冰释”比喻事物的崩溃,更超出这条成语的使用范围了。例如:

(4) 于明在接受记者采访时说:“我们将把投资于各省广电网络的股权全部转让出去,现在正在谈,谈成一家转让一家。”如此看来,许振东苦心经营数年已经初具规模的广电帝国,于今就要涣然冰释了。(新华网 2003 年 6 月 9 日)

“广电帝国”的崩溃,绝对不能说“涣然冰释”,可以改用“冰消瓦解”。“冰消瓦解”的使用范围比较宽,既可比喻事物彻底崩溃,也可比喻事物完全消失。如庐隐《何处是归程》:“不久政局又发生了大变,国会解散……我们妇女同盟会也就冰消瓦解。”邓友梅《烟壶》三:“载漪不仅没当上皇帝的老子,连端王的爵位也丢了,被发配新疆,终身禁锢,虎神营也就冰消瓦解了。”这条成语用于例(4) 正好合适。

至于有人说“去年春天来得早，春节刚过，北海公园就涣然冰释，让喜欢滑冰的人大失所望”，这种望文生义的误解误用，只能传为笑柄，不值一提了。

2010 年 1 月 22 日

# "绘声绘色"不能形容表演艺术

"绘声绘色"语见清·朱庭珍《筱园诗话》卷一:"必使山情水性,因绘声绘色而曲得其真;务期天巧地灵,借人工人籁而毕传其妙。"意思是摹写声音描绘色彩,形容叙述、描写极其生动逼真。例如老舍《鼓书艺人》:"来报告的人,详详细细把情况告诉了他,连房间是什么样子,秀莲怎样收拾布置,张文的那帮子朋友如何难缠,都绘声绘色告诉了他。"范文澜《中国近代史》上册附录:"每次战胜,总是……绘声绘色的写出屠场惨景……向皇帝报功请赏。"魏巍《东方》十章:"接着把自己的指挥以及抓俘虏的情况讲得绘声绘色,使团长、政委和团里的参谋们不时地发出一阵一阵的哄笑。"

这条成语只能用于人们的口头讲述或文字描写,形容它再现了人们看不见的情景和听不见的声音,使人产生身临其境之感;而不能用来形容戏剧、舞蹈等表演艺术,因为它们已经通过演员的表演直观地把故事情节和人物形象展现在观众面前,已经有"声"有"色",不需要借助第三者的口和手来绘其声、绘其色了。

(1) 本片展现了这一家人平常的市井生活……绘声绘色地勾画出一幅城乡市井生活的精彩画卷。(人民网 2009 年 7 月 20 日)

(2)江苏阜宁县铁军广场上人头攒动,台上演员绘声绘色

的表演不时赢得台下观众的阵阵掌声。（中国共产党新闻网2009年10月29日）

（3）部队官兵还身着古代士兵的服装，绘声绘色地再现了海战中英雄官兵们英勇无畏、视死如归的历史画面。（《南方日报》2009年3月4日）

（4）集体舞《博克雄风》绘声绘色地表现出蒙古族摔跤手强壮的体魄和勇猛的精神。（人民网2008年9月13日）

以上诸例说的都是电影、戏曲、舞蹈等表演艺术，而不是口头讲述或文字描写，因此都不能使用“绘声绘色”。如果一定要使用成语，可以改用“有声有色”。“有声有色”同“绘声绘色”意思相近，但使用范围较广，既可以用于叙述、描写，也可以用于表演。例如毛泽东《中国革命战争的战略问题》：“军事家凭着这个舞台，却可以导演出许多有声有色威武雄壮的活剧来。”

2009年12月12日

# “火中取栗”不是为自己谋利

17世纪法国寓言诗人拉·封登在寓言《猴子与猫》中说，猴子让猫偷取炉火中烤着的栗子，栗子取出后，被猴子吃了，猫不但没有吃着，反而把爪子上的毛烧掉了。后来就用“火中取栗”比喻受人利用去干冒险的事，自己吃了苦头，却得不到一点好处。例如郭沫若《郑成功》：“我们目前自顾不暇，郑成功不来就是天主保佑了，我们还好去惹他么。我们不能为人火中取栗。”徐铸成《旧闻杂谈·王国维与梁启超》：“段祺瑞只是一时利用进步党的所谓‘人才内阁’作为他的垫脚石，而任公(按，即梁启超)成了他的‘猫脚爪’，火中取栗后，就被抛弃了。”任光椿《戊戌喋血记》：“可是，你们现在却走到反面去了，让载漪、刚毅、慈禧太后那样的人利用，为他们火中取栗。”

这条成语不难理解，也不难运用，但要把握两点：一、“取栗”者是受人利用，替别人铤而走险，而不是为自己谋取利益；二、自己徒然受苦，却一无所得，而不是自己已经或将要捞到好处。有些人恰恰忽略了这两点，误以为只要是冒着危险(“火中”)为自己谋取利益(“取栗”)就叫“火中取栗”，以致造成误用。例如：

(1) 腐败官员一个接一个地被抓，可为什么仍然有那么多官员赴汤蹈火、前赴后继地火中取栗呢？(人民网2009年7月28日)

(2) 民进党一方面可以由两岸矛盾中火中取栗,一方面更希望遏止大陆透过救灾,加强两岸民间感情进一步深化交流的势头。(人民网 2009 年 8 月 28 日)

(3) 房地产企业乘机混水摸鱼,火中取栗,以至今日,面对各地一路飙升的虚高房价,宏观调控赖以生效的基础数据依然空缺。(中国共产党新闻网 2009 年 9 月 9 日)

(4) 从开盘就爆炒的股价,令多数投资者望而生畏,据本报调查,扬州股民昨天鲜有火中取栗者。(《扬州晚报》2009 年 10 月 31 日)

无论是腐败官员、台湾民进党、房地产开发商,还是普通股民,他们的所作所为毫无例外都是在为自己谋取利益,而不是为他人做嫁衣;一旦成功,他们都将获得利益,而不会让别人得利,自己一无所得。因此肯定都不能使用“火中取栗”。而且,除了贪官要冒着“被抓”的危险,股民要承受赔钱的风险,台湾民进党利用两岸矛盾和房地产开发商混水摸鱼的行径也未必有什么危险。因此,如果例(2)例(3)的“火中取栗”改为“坐收渔利”,可能更符合作者的原意。

望文生义是理解成语的大忌,使用者不可不慎。

2009 年 12 月 16 日

# “祸起萧墙”比喻祸乱起于内部

2010年12月6日《广州日报》有一篇文章说，12月5日贵州省凯里市联讯网吧发生爆炸，初步查明系网吧隔壁一出租屋内存放的危险化学品爆炸所引发，“网吧爆炸事件‘祸起萧墙’再次证明一个铁律——人祸酿成的悲剧完全可能被改写。”隔壁出租屋存放的危险品爆炸殃及网吧，能否说“祸起萧墙”？让我们先来考察一下这条成语。

春秋末年，鲁国的季孙氏要出兵攻打鲁国的附庸国颛臾，借口是颛臾离季孙的采邑费地很近，将来会给子孙造成威胁。孔子听到这件事以后十分反感，说：“吾恐季孙之忧，不在颛臾，而在萧墙之内也。”（见《论语·季氏》）萧墙，古代宫室内作为屏障的矮墙。萧墙之内指鲁国国君。当时季孙把持鲁国朝政，同鲁君矛盾很深，季孙担心一旦鲁君使用武力收拾自己，颛臾会凭借有利的地理位置帮助鲁君，于是想抢先下手消灭颛臾。所以孔子一针见血地指出，季孙之忧，不在颛臾，而在鲁君。后来遂用“萧墙”借指内部，用“祸起萧墙”比喻祸乱发生在家里或内部。例如汉·蔡邕《刘镇南碑》：“俄而汉室大乱，祸起萧墙。”清·李汝珍《镜花缘》六十八回：“无如族人甚众，良莠不齐，每每心怀异志，祸起萧墙。”王禾芬《团结就是力量》：“残暴的入侵者并不可怕，内部的凝聚力足以抵抗；祸起萧墙，引狼入室，才是最可怕的。”童煦《中国后妃列传》：“朱温晚年暴虐残酷，老臣宿将凡被疑者，都加杀害，结果祸起萧墙，竟为其子朱友圭所弑。”

联讯网吧爆炸之祸明明起于隔壁，不是“萧墙之内”而是院墙之外，不是内部而是外部，怎么能说“祸起萧墙”呢？显然使用者并没有弄懂什么叫“萧墙”，“萧墙之内”指什么，只要祸起，不管起自哪里，都说“祸起萧墙”。

类似的误用在媒体中并不罕见。例如2010年11月24日《楚天都市报》的一篇文章说：鄂州市副县级干部邵海被反腐部门主动查出有贪污问题，“邵海的腐败案件祸起萧墙……比较起以往大多数官员腐败案线索来源于‘网友曝’、‘案中案’、知情者举报或‘情妇起义’等外部发端，反腐部门的主动出击是值得肯定的。”反腐部门就是监督贪官的，是贪官的对立面，被反腐部门查出问题，怎么能说是“祸起萧墙”呢？其实“情妇起义”倒是货真价实的“祸起萧墙”，反而被作者归为“外部发端”，连墙内墙外都分不清了。

此外，还有人把“祸起萧墙”同“飞来横祸”混为一谈。例如2011年6月13日四川新闻网报道：一位环卫女工在打扫街道时，不幸被一辆汽车撞伤，肇事司机逃逸。标题是《祸起萧墙 63岁女环卫工凌晨被撞》。被不知哪里来的汽车撞伤，怎么能说“祸起萧墙”呢？又如2010年6月10日云南网报道：“云南省昭通市永善县大兴村的李清发，在一乡村公路上埋设一根自来水管……水管的上端碰上大兴电站10千伏的高压电，李清发不幸被高压电击中，经送医院抢救无效死亡。”这段话的小标题是《祸起萧墙》。干活时不慎被高压电击中，当然也不能说“祸起萧墙”。其实这两个人都是突然遭到意外的灾祸，这种情况应该说“飞来横祸”或“飞灾横祸”。例如明·凌濛初《二刻拍案惊奇》卷十五：“谁想遭此一场飞来横祸，若非提控出力，性命难保。”郑振铎《黄昏的观前街》：“算不定会有什么飞灾横祸光临到你身上。”这条成语用于这两例正好合适。

2011年7月16日

# “吉光片羽”与“一鳞半爪”

汉·刘歆《西京杂记》卷一记载：“武帝时，西域献吉光裘，入水不濡，上时服此裘以听朝。”《艺文类聚》六十七引《海内十洲记·凤麟洲》也记载：“吉光毛裘，黄色，盖神马之类也。裘入水数日不沉，入火不焦。”晋·葛洪《抱朴子·对俗》也说：“腾黄之马，吉光之兽，皆寿三千岁。”这些记载告诉我们，吉光是古代传说中的神兽，能活三千年，用它的毛皮制成裘衣，入水不沉，入火不焦，汉武帝时西域就曾进献过一件吉光裘。后来人们就用“吉光片羽”（神兽吉光身上的一小块毛皮）比喻残存的极其珍贵的诗文字画或文物。例如清·顾栋高《春秋大事表·长历拾遗表》：“唐初孔氏颖达犹存，今已不可得见，独其吉光片羽流传于断楮（楮：构树，古人用构树皮造纸，故用作纸的代称）残墨之间，学者得因是以考见当时之日月，诚不可不宝爱而珍惜之也。”梁启超《饮冰室诗话》九八：“有自南昌以谭壮飞（按，即谭嗣同）遗诗一章见寄者，盖戊戌入都留别友人之作云。吉光片羽，愿与来者共宝之。”朱光潜《艺文杂谈·谈书牍》：“魏、晋以前，著录的书牍多为吉光片羽，言简意赅而风味隽永。”魏金枝《编余丛谈》：“多少宏篇巨著，都在历史的灰尘中淹没了，而某些精湛的片言只语，反而如吉光片羽般永久留传下来。”

笔者所以列举那么多书证，就是想使读者通过这些典范用例，体会到应该怎样理解和使用这条成语。这些书证告诉我们：第一，“吉光片羽”只能比喻具体的诗文字画或其他文物，而不能比喻思想、精神、风貌之类的抽象事物；第二，这些东西必须是古代或前人遗留下来的，而不是现在才产生、出现的。必须同时具备这两个条件，才能说“吉光片羽”。现在有人没有弄懂这条成语的含义，只看到“片羽”二字，便断章取义，把它曲解为“片断”“部分”“零星”之类，用来形容现在才出现的、抽象的事物，以致造成误用。请看例句：

(1) 水和墨的结合不论在宣纸、画布、录像和摄影，都让我有无穷无尽的想象，幻化成为漂浮的云、层叠的山峦，或者仅是勾起记忆里的吉光片羽。(《大公报》2010 年 12 月 5 日)

(2) 这些见解或许只是一些吉光片羽，甚或因不成体系而带有一些即兴的色彩，却无不有着两刃相交的剀切与直抵内心的透彻。(《广州日报》2008 年 7 月 14 日)

(3) 影片到底如何，我还没看到，只好说说幕后的吉光片羽。( 人民网 2007 年 11 月 5 日)

(4) 一次旅游只能领略〔这座城市的〕吉光片羽。(《厦门商报》2010 年 7 月 21 日)

(5) 虽然选取的只是吉光片羽，冰山一角，但是窥一斑可知全豹 ，足以反映这个群体的全貌。( 人民网 2007 年 9 月 30 日)

例(1)是说“水和墨的结合”可以勾起画家记忆里的一些片断，例(2)是说林谷芳先生的见解可能只是零星的不成体系的东西，例(3)是说作者要谈谈幕后鲜为人知的零星花絮，例(4)是说一次旅游不可能领略厦门的全貌，例(5)是说选取省

(市)委书记亲民活动照片的一部分编辑成册。“吉光片羽”在这里比喻的都是现在出现的而不是古代遗留的,而且除了最后一例都是抽象的事物,想要表达的都是“片断”“部分”“零星”之类的意思,与成语的原意大相径庭,显系误用。

以上诸例中的“吉光片羽”其实都可以改为“一鳞半爪”。“一鳞半爪”比喻事物的一部分或零星片断,无论具体的和抽象的、古代的和现代的事物都可以用。例如清·叶廷琯《鸥陂渔话·莪洲公诗》:“身后著作,年久多散佚,余遍为搜罗,仅得诗三帙……于诸集殆不过一鳞半爪耳。”萧乾《伦敦三日记》:“一个旅行家的印象总是一鳞半爪,十分片面——我心里想。”杨绛《记钱锺书与〈围城〉》:“使我放下稿子大笑的,并不是发现了真人实事,却是看到真人实事的一鳞半爪,经过拼凑点化,创出了从未相识的人,捏造了从未想到的事。”这条成语用于以上诸例正好合适。

2011 年 2 月 16 日

# “集思广益”不是群众的行为

2009 年 12 月 4 日新华网刊登了两条消息，一条是华盛顿 12 月 4 日电：“美国总统奥巴马 3 日在白宫召开了就业和经济增长论坛，邀请各界代表为创造就业集思广益。”一条是北京 12 月 4 日电：“奥巴马表示，召开就业峰会，主要是想集思广益，期望各路英才帮助政府为创造就业支招。”二者报道的是同一件事，而且都使用了成语“集思广益”。不同的是，前者的施事者是“各界代表”，后者的施事者是“奥巴马”。“集思广益”究竟是会议参加者“各界代表”的行为呢，还是会议召集人“奥巴马”的行为呢？这个问题值得探讨。

“集思广益”语本诸葛亮《教与军师长史参军掾属》：“夫参署者，集众思，广忠益也。”（集：集中；思：想法，意见；广：增加，扩大；益：益处，效果；忠益：尽忠报效的益处。）后以“集思广益”四字成文，意思是集中大家的智慧，以便收到更大的效果。例如宋·魏了翁《跋晏元献公帖》：“先朝一政一令必集思广益，孰复而后行之，其审重盖若此。”清·刘鹗《老残游记》三回：“所以兄弟没有别的法子，但凡闻有奇才异能之士，都想请来，也是集思广益的意思。”李劼人《大波》三部八章：“今天这个会议，原本就在集思广益；况且事到而今，还有什么可以顾虑之处？各位先生畅所欲言可也。”

理解和运用这条成语，关键是要弄清“集思广益”是谁的行为。既然是集中群众的智慧，当然只能是某个人或某些人(通常是领导者)的行为，而不是群众的行为。群众可以“各抒己见”“畅所欲言”“献计献策”“出谋划策”……唯独不能“集思广益”。前举书证中，魏了翁例的施事者是“先朝”决定政策的人；刘鹗例的施事者是自称“兄弟”的庄宫保；李劼人例更能说明问题，“集思广益”的是会议的主持者，而“各位先生”可以做的只能是“畅所欲言”。由此可见，上述两则电讯中，说“各界代表”集思广益是错误的，说“奥巴马”集思广益才是正确的，“各界代表”(“各路英才”)只能为政府“支招”。

不理解“集思广益”的确切含义，弄不清“集思广益”是谁的行为，就难免造成误用。这种现象在媒体中屡见不鲜。例如：

(1) 参会的同志都畅所欲言，各抒己见，集思广益，在村里形成了浓厚的民主气氛。(人民网 2009 年 11 月 27 日)

(2) 我们希望大家……提出宝贵的意见和建议，群策群力，集思广益。(中国共产党新闻网 2009 年 11 月 24 日)

(3) 邀请了上海及中央电视台的记者一起座谈，大家集思广益，为上海足球的明天献计献策。(《解放日报》2009 年 12 月 5 日)

(4) 单靠某一部门、某一行业的力量很难完成，需要全社会集思广益。(《光明日报》2009 年 11 月 23 日)

以上诸例，“集思广益”的施事者分别是“参会的同志”“大家”或“全社会”，都属于群众的范畴，显然是错误的。把“集思广益”同“畅所欲言”“各抒己见”“群策群力”“献计献策”相提并论，把多数群众的行为同少数集中者的行为混为一谈，也是错误的。特别是“群策群力”（大家想办法，大家出力气），其中的“群”就是群众，它的施事者同“集思广益”截然相反，二者根本不能放在同一个主语之下。如果例(1)例(2)把“集思广益”删掉，例(3)例(4)把“集思广益”改为“群策群力”之类，就文从字顺了。

2010年2月9日

# “集腋成裘”不用于消极事物

“集腋成裘”意思是狐狸腋下的皮毛虽小，但是聚集起来就能缝制成珍贵的皮袍。比喻积少成多，积小成大。这条成语源于《慎子·知忠》：“狐白之裘，盖非一狐之皮也。”用例很多，如晚清·李伯元《官场现形记》十一回：“果然一齐应允，也有二百的，也有一百的，也有五十的，居然集腋成裘，立刻到捐局里填了部照出来。”又如孙中山《香港兴中会宣言》：“各会友好义急公，自能惟力是视，集腋成裘，以助一臂。”魏明伦《巴山鬼话》：“二十世纪九十年代舞台晨光熹微，吾亦集腋成裘，书名《苦吟成戏》。”

狐白裘是古代名贵的皮衣。《史记·孟尝君列传》：“孟尝君有一狐白裘，直千金。”裴骃集解引韦昭曰：“以狐之白毛皮为裘，谓集狐腋之毛，言美而难得者。”《汉书·匡衡传》“狐白之裘”颜师古注：“狐白，谓狐腋下之皮，其色纯白，集以为裘，轻柔难得，故贵也。”可见集腋而成裘是一件难得而可贵的事，这就赋予了这条成语以鲜明的褒义色彩。有人不了解这一点，不管什么事，只要积少成多就说“集腋成裘”，以致造成误用。请看例句：

(1) 如果我是××，会当机立断退役，因为每比一次，对自己的形象都是一大伤害。每一次的伤害看起来都不大，但

集腋成裘，由量变到质变，到最后就会被人们彻底抛弃，甚至沦为全天下的笑柄。（《深圳晚报》2010 年 5 月 25 日）

（2）虽说这些都是不起眼的小事，但是集腋成裘，聚沙成塔，每个人浪费一点，汇聚起来会是多么巨大的浪费！（《宁夏日报》2007 年 5 月 16 日）

（3）一种错误的言行，在微小或萌芽状态时容易纠正，但也正因为小，往往被忽视，错误容易在“问题不大”中失去警惕，最终“集腋成裘”，由小错变成大错。（《吉林日报》2008 年 7 月 11 日）

（4）在解放思想学习讨论中，广州突然发现很多原本忽视的问题已经“集腋成裘”，成为阻碍发展的桎梏。（《广州日报》2008 年 7 月 8 日）

无论是对形象的伤害、不起眼的浪费，还是错误的言行、被忽视的问题，都是消极事物，显然都不能使用褒义成语“集腋成裘”。如果一定要使用成语，可以改用“积少成多”。这是一条中性成语，可用于消极事物。如宋・欧阳修《再辞侍读学士状》：“在下者既皆习惯，因谓所得为当然，积少成多，有加无损，遂致不胜其弊。”又如张爱玲《论写作》：“也许是至理名言，也许仅仅是无足轻重的一句风趣的插诨，然而积少成多，究竟是我们文化遗产的一项损失。”此外，中性成语“积微成著”（细微的不易被人察觉的事物，经过长期的积累，就会逐渐显著起来），贬义成语“积羽沉舟”（羽毛虽轻，但堆积多了也可以把船压沉，比喻积小患可以致大灾），虽然稍嫌生僻，但是用在适当的语境中（如“积羽沉舟”用于例（1），“积微成著”用于例（4）），还是比较贴切的。

喜欢运用成语的朋友，无妨下工夫多掌握一些成语，这样遣词造句就能得心应手了。

2010年6月6日

# “济济一堂”只能形容人多

“济济一堂”，形容许多人（多指有才能的人）聚集在一起。语见清·归庄《静观楼讲义序》：“今也名贤秀士济济一堂，大义正言洋洋盈耳。”例如徐迟《火中的凤凰》：“宴会上可以看到解放军高级指挥员和战斗英雄，工农模范，革命老干部，各民主党派的知名人士，科学家和文艺家，济济一堂。”周而复《上海的早晨》四部一二：“我们民建分会真是谋臣如雨，猛将如云，济济一堂，各有千秋。”丁玲《伊罗生》：“我果然一下就认出了他……在这济济一堂的学者当中，不就只有他能算上是老朋友吗？”聂绀弩《兔先生的发言》：“……谁敢不出席呢？用新闻语说，就是‘济济一堂，极一时之盛’，而叨陪末座的是我们的兔先生。”

理解这条成语关键在“济济”一词。《尚书·大禹谟》：“禹乃会群后，誓于师曰：济济有众，咸听朕命。”孔安国传：“济济，众盛之貌。”“众盛”就是人多气势大的样子。《现代汉语词典》把这条成语释为“形容许多有才能的人聚集在一起”，实为确诂。由此可见，“济济一堂”主要形容人才很多，扩大一点也可以形容人很多，但是绝不能形容事物很多。不恰当地扩大它的使用范围，就会造成误用。例如：

(1) 各地的奇瓜异果，特色小吃济济一堂，市民大饱口福。（《南宁日报》2010 年 10 月 21 日）

(2) 本届博览会……还邀请到了中国宣纸集团、湖州王一品斋笔庄、上海周虎臣曹素功公司等知名企业,湖笔、宣笔、徽墨、宣纸、歙砚、端砚等文房四宝济济一堂。(中国新闻网 2010 年 10 月 18 日)

(3) 一汽旗下的解放重卡、奔腾中高级轿车、天津一汽和吉林森雅的小型轿车以及微型车、大卡车、商用车济济一堂。(人民网 2010 年 12 月 30 日)

(4) 美罗城地下一层新开了五番街,好多日式小铺子济济一堂。(人民网 2011 年 3 月 21 日)

(5) 无论是市还是各区的人才市场,前来招聘的企业、公司"济济一堂",应聘者寥寥无几。(《大众日报》2010 年 11 月 10 日)

(6) 2007 年,扬州牵头举办"世界运河名城博览会",这是第一次世界四大洲 13 条运河的 40 多个运河城市济济一堂。(《中国民族报》2010 年 7 月 16 日)

前三例"济济一堂"的分别是瓜果小吃、文房四宝、各种汽车,例(4)例(5)扩大为小铺、企业、公司,已属误用,最后一例竟然扩大为"13 条运河""40 多个运河城市",需要多大的厅堂才能容得下呢?实在有些荒唐了。

2011 年 5 月 11 日

# “坚苦卓绝”与“艰苦卓绝”

2000年10月19日人民网上有一段话：“中国人民志愿军……同朝鲜人民军并肩作战，经过两年零九个月……坚苦卓绝的斗争，打败了高度现代化装备的美国军队，取得了战争的伟大胜利。”十年以后的2010年10月26日《人民日报》上也有一段话：“经过艰苦卓绝的战斗，中国人民志愿军和朝鲜人民军沉重打击了帝国主义侵略者，他们不得不于1953年7月27日在停战协定上签字。”两段话讲的都是抗美援朝战争，不同的是前者用了“坚苦卓绝”，后者用了“艰苦卓绝”。到底用哪个对，还是二者都对？让我们先来考察一下这两条成语。

“坚苦卓绝”意思是坚忍刻苦的精神超乎寻常。例如清·朱琦《书欧阳永叔答尹师鲁书后》：“虽使古人坚苦卓绝之行，推彼其心，其视鼎镬，甘之如饴，固不计其人之相赏与否。”鲁迅《华盖集·马上日记之二》：“现在听说又有人要将甘地扛到中国来了，这坚苦卓绝的伟人，只在印度能生，在英国治下的印度能活的伟人，又要在震旦印下他伟大的足迹。”郭沫若《洪波曲·苏联纪行》：“这种坚苦卓绝的典型地下工作精神，令人感奋无似。”冯雪峰《论〈保卫延安〉》：“伟大中国人民的坚苦卓绝的，战胜一切困难的革命英雄主义和大无畏精神，也是这样地发扬出来的。”

“艰苦卓绝”意思是斗争极其艰苦，超乎寻常。例如毛泽东《整顿党的作风》:“党有几十万党员,他们在领导人民,向着敌人作艰苦卓绝的斗争。”杜渐《书海夜航》:“另一部小说叫《夜深沉》则又回复到南非的题材,描写南非地下工作者艰苦卓绝的斗争生活了。”谭士珍《杂交水稻之父——袁隆平》:“九年,比艰苦卓绝的抗日战争还多一年。”

“坚苦卓绝”同“艰苦卓绝”读音完全一样,只有一个字不同,意思却有明显的区别。关键在于其中的“坚苦”和“艰苦”是意义不同的两个词。“坚苦”意思是坚忍刻苦,“艰苦”意思是艰难困苦,分别由它们组成的成语意思当然不可能完全相同。两条成语的区别在于:“坚苦卓绝”用于主观状态,形容人具有坚忍不拔、刻苦耐劳的精神;“艰苦卓绝”用于客观环境,形容斗争或生活艰难困苦。抗美援朝战争是在极其艰苦的条件下进行的,形容这场战争显然应该使用“艰苦卓绝”,而不能使用“坚苦卓绝”。

这两条成语不仅使用者常常分辨不清,有些成语词典也错误地把它们处理成异形成语。而《现代汉语规范词典》《现代汉语学习词典》等则把这两条成语区别得清清楚楚,实为确诂。

因此,以下诸例中的“坚苦卓绝”都应改为“艰苦卓绝”:

(1) 1500 张珍贵图片和 300 多件珍藏品,重点记录了自 1921 年以来山东军民在中国共产党的领导下,坚苦卓绝的革命斗争历程。(《大众日报》2010 年 11 月 8 日)

(2) 在党的领导下,经过几十年坚苦卓绝的奋斗,中国从苦难走向光明。(人民网 2010 年 4 月 2 日)

(3) 1934 年 11 月,红二十五军长征北上,高敬亭奉命重

建红二十八军，在异常困难的条件下，在大别山坚持了三年坚苦卓绝的游击战争。（人民网 2009 年 6 月 25 日）

（4）面对突如其来的自然灾害，党中央、国务院、中央军委一声令下，全军和武警部队数十万大军紧急出动，与人民群众一道，同雨雪冰冻灾害展开了坚苦卓绝的斗争。（《解放军报》2008 年 2 月 28 日）

以下诸例中的“艰苦卓绝”都应改为“坚苦卓绝”：

（5）周恩来的温文尔雅、缜密周到、艰苦卓绝、鞠躬尽瘁的一生也已经彪炳史册。（《学习时报》2011 年 3 月 28 日）

（6）苏兆征同志在工作中，充分表现了无产阶级的艰苦卓绝精神和坚决的政治意识，他的革命精神，是全党的模范，全党要学习苏兆征的革命精神，向前奋斗。（《人民日报》2011 年 2 月 25 日）

（7）在中国共产党近 90 年来的伟大实践中，成千上万的共产党员，以自己的鲜血、生命和汗水，谱写出一曲曲英雄的赞歌，成千上万个党组织以艰苦卓绝的奋斗精神，铸就了辉煌的篇章。（《河北日报》2011 年 1 月 5 日）

（8）即使詹天佑率领数万工人，以艰苦卓绝，百折不挠的精神组织施工，这条铁路最终还是没能完工。（人民网 2010 年 12 月 22 日）

2011 年 4 月 6 日

# “间不容发”不形容空隙小

2007 年高考语文广东卷有一道判断题：“父亲收藏的那些产于不同时代、具有不同造型、来自不同国家的玩具汽车，把小小的书房挤得满满当当，间不容发。”这句话里的成语“间不容发”用得对不对？回答这个问题，首先需要考察一下这条成语。

“间不容发”意思是两者之间距离极小，连一根头发也容不下。比喻距离灾祸只差一点点，情势极其危急。与“千钧一发”意思相近。语出汉·枚乘《上书谏吴王》：“夫以一缕之任(任：通‘纴’，织布帛的纱缕)系千钧之重，上县(县：同‘悬’)无极之高，下垂不测之渊……其出不出，间不容发。”意思是说千钧的重量系在一根细纱上，垂挂在不测的深渊之中，细纱随时可能断掉，重物能不能复出，情势极其危急。例如梁启超《敬告留学生诸君》：“诸君立于世界竞争线集注之国，又处存亡绝续间不容发之时。”蔡廷锴《蔡廷锴自传·我的故乡》：“那时篷船顺流急驶，有如奔马，直奔屹立河中的蛮石，真是间不容发。”朱自清《执政府大屠杀记》：“他说他前后两个人都死了，他躲闪了一下，总算幸免。这种间不容发的生死之际也够人深长思了。”季羡林《牛棚杂忆》20 节：“审讯者硬说，我保留这一张照片是想在国民党反攻大陆成功后邀功请赏的。他们还没有好意思给我戴上‘国民党潜伏特务’的帽子，但已间不容发了。”

这条成语不大好懂，也不容易运用。关键的一点是，它指的是两者之间的距离极近，比喻人与灾祸的距离极近，而不是泛指空隙狭小。2007 年高考语文广东卷是说屋里挤得一点空隙都没有了，再也容不下别的东西，把“间不容发”误解为空隙狭小，显然是对这条成语的误解和误用。出这道高考题，无非是想通过高考这个指挥棒来纠正对这条成语的误用，因为类似的误用并不罕见。例如：

（1）在接近袋口的时候，红球因为强烈的旋转把黑球蹭到了一边，然后从间不容发的空隙中落入了球袋。（中安网 2005 年 3 月 31 日）

（2）有时是收敛得那样谨慎，轻描细染，在不足方寸之间镂绣出间不容发的花纹，画家的修养到了“静如处子，出如脱兔”的境界。（中国文化网 2009 年 12 月 31 日）

（3）对万物的慈爱，对生命的珍爱……对丑恶的仇恨，对污浊的厌烦……这些复杂对立的感情，林林总总，会将这间小屋挤得间不容发。（《城色》2007 年 11 期）

（4）有时两个运动员到达终点的先后几乎“间不容发”，难分难解。（《科技日报》2008 年 8 月 4 日）

（5）在飞速发展的电子行业，研发与生产、市场的紧密衔接程度可以说是间不容发。（《第一财经日报》2007 年 11 月 28 日）

例（1）是说球与球之间的空隙很小，例（2）是说花纹与花纹之间空隙很小，例（3）是说小屋挤得没有一点空隙，例（4）是说两个运动员几乎同时到达终点，谁先谁后难以分辨，例（5）

是说三者衔接非常紧密，几乎没有间隙。这几例毫无例外都是用来形容空隙狭小，其错误与广东卷那道试题相同。

顺便说一下，“间不容发”的“间”是中间的意思，应当读 jiān。有些成语词典标注为 jiàn，甚至还特别提示“不读 jiān”。“间”读 jiàn 指空隙，与这条成语的意思不符，因此是错误的。

2010 年 3 月 18 日

# 不要把"紧锣密鼓"用如"紧张"

什么叫"紧锣密鼓"？旧时戏曲演出开场前，通常要打三通锣鼓，锣鼓点很密，在野台演出时可借以招徕观众，移入剧场后也可以起到催促观众入场、落座、安静下来的作用。这实际上就是演出前的"舆论"准备（与演职员在后台所做的各种准备是性质不同的两码事）。因此后来就用以比喻公开活动前的舆论准备，为配合某人上台或某事出台而制造的气氛、声势。例如梁晓声《一个红卫兵的自白》："我们所进行了和参与了的种种'革命行动'——其实只不过是它大幕拉起前的加演小节目，是为正剧开演营造气氛的一阵紧锣密鼓。"周而复《长江还在奔腾》："王、彭他们正在筹备参政会，紧锣密鼓，准备在抗战一周年前夕开幕。"茹志鹃《我写〈百合花〉的经过》："我写《百合花》的时候，正是'反右派'斗争处于紧锣密鼓之际。"也作"密锣紧鼓"。如郭沫若《天地玄黄·关于非正式五人小组》："在政府未还都以前，也曾密锣紧鼓地酝酿过一番改组的声浪，然而不幸的是就在国府委员的名额分配上，便碰了暗礁。"

"紧锣密鼓"本来是一条使用范围较窄，使用频率不高的成语，但是近年来突然走红，被新闻媒体广泛使用，可惜很多都用错了。随便举几个例子：

（1）工程开工以来，一直是紧锣密鼓，日夜施工……加班

加点，争分夺秒。（《山西日报》2009年10月11日）

（2）随着崇启大桥全面开工，吕四大港开发正紧锣密鼓。（《新华日报》2009年5月8日）

（3）程谢、知府两村投入10万元，垃圾场、公共厕所、下水道修建工程正紧锣密鼓的进行。（中国共产党新闻网2009年11月9日）

（4）中国空军副司令员何为荣透露，国产第四代战斗机正处于紧锣密鼓的研制过程中，即将进行首飞。（新华网2009年11月17日）

（5）尽管国民党动用了各种侦察手段，派出了大量情报人员，但对我军正在紧锣密鼓筹划中的淮海战役却一无所知。（中国共产党新闻网2009年4月27日）

（6）就在他们紧锣密鼓地企图销赃灭迹，谋划着如何逃过此难之际，王俊武被请到海南省纪委。（《检察日报》2009年9月15日）

例（1）例（2）“紧锣密鼓”相当于“紧张进行”。例（3）～（6）相当于“紧张”。这两种用法都同这条成语的意义相去甚远。所以如此，显然是因为既不清楚它的来源，又不理解它的含义，看到一个“紧”字，便把它当成“紧张”的同义语，纯属断章取义。特别是某些人一时误用，然后群起效尤，以致积重难返。这个问题必须引起足够的重视。

有人可能认为这不是误用，而是语义的引申和发展。引申义必然同本义有内在的联系，而“紧张”同舆论准备、制造声势，并没有内在联系，只同成语中的某个字有联系，这不是引申发展，而是断章取义。如果把“紧锣密鼓”的意思引申一下，用来形容北京奥运会的准备工作，还说得过去，因为奥运的舆论准备相当充分，声势造得很大，几乎家喻户晓。而在上述诸例中，两个小村投资10万元修建垃圾场和公共厕所，根本不需要什么舆论准备，制造什么声势，说“紧锣密鼓”实在有些荒唐；军用飞机的研制和淮海战役的筹划都是军事机密，“销赃灭迹”更是见不得人的勾当，绝不可能大张旗鼓，公开宣传，当然更不能说“紧锣密鼓”。再说，使用成语就是因为它言简意赅，可以表达比字面更丰富的内容，如果让“紧锣密鼓”四个字的作用仅仅相当于一个“紧”字，那根本不是什么语义的发展，简直是语义的“萎缩”了。

2010年1月31日

# “噤若寒蝉”形容不敢说话

“噤若寒蝉”，意思是像深秋的蝉，一声不响，形容不敢说话（噤：闭口不作声）。语本《后汉书·杜密传》：“刘胜位为大夫，见礼上宾，而知善不荐，闻恶无言，隐情惜己，自同寒蝉，此罪人也。”后世多作“噤若寒蝉”。例如清·嬴宗季女《六月霜》：“而吾乡士大夫，顾噤若寒蝉，仆窃深以为耻。”茅盾《我走过的道路》：“‘学衡派’在新文学工作者的反击下，也就噤若寒蝉，不久即告彻底垮台了。”杨沫《青春之歌》二部三十八章：“他的话完了，台下有几个人拼命地高声鼓掌，而更多的却噤若寒蝉，面面相觑。”罗广斌、杨益言《红岩》六章：“这种雷厉风行的手段，也许可以收到效果，使工人在暴力下噤若寒蝉。”

理解和使用这条成语要弄懂什么叫“寒蝉”。“寒蝉”是寒天的蝉。蝉善鸣，但是到了深秋季节，不是不想鸣，而是禁不住寒冷的侵袭，已经叫不出声了。因此古人常把遇事不敢讲话比作寒蝉。由此可见，“噤若寒蝉”形容的不是一般的不说话，而是因为害怕而不敢说话。这是它同“默不作声”“闭口不言”“缄口无言”等成语的一个重要区别。有人忽略了这个特点，不管什么原因，只要闭上嘴不说话，就说“噤若寒蝉”，以致用得似是而非。例如：

（1）所向披靡的林丹，已经用他手中的球拍，用最有效的方式，让所有质疑他的人噤若寒蝉！（人民网 2009 年 5 月 27

日）

（2）凡是明星，不管大小，都对结婚这件事噤若寒蝉，能不谈则不谈，迫不得已谈了也是顾左右而言他，甚至有结了婚也隐着瞒着的。（《新京报》2011 年 10 月 11 日）

（3）官员财产公示说了很多年，也试了若干回，事实证明它阻力极大、很难推行，似乎官员对自己的财产，一般都噤若寒蝉。（《楚天都市报》2010 年 4 月 21 日）

林丹用优异的战绩证明了自己，使质疑者无话可说，而不是有话不敢说，应该改为“哑口无言”。某些明星不愿公开某些个人隐私，不是因为害怕而不敢讲，而是不肯讲或不便讲，可以改为“守口如瓶”。某些官员反对公示个人财产，可以改为“讳莫如深”。总之，以上诸例都不宜使用“噤若寒蝉”。

确实出于害怕，但并非因此而不敢说话，当然更不能说“噤若寒蝉”。例如：

（4）“救人有风险，出手须谨慎”日益成为广大公众明哲保身的信条。当有老人摔倒需要他人搀扶时，即使那些想搀扶老人的人也噤若寒蝉，不敢伸出援手。（《北京晨报》2011 年 3 月 11 日）

（5）毕淑敏在《花冠病毒》中虚构了诸多抑制与治愈病毒的技术细节。对此，她特意向读者解释说：“毕竟是虚构的小说，千万不能与现实一一对应，读者不要对来自雪山的矿泉水产生恐惧……不要对病毒噤若寒蝉。”（《京华时报》2012 年 1 月 5 日）

面对摔倒的老人，某些人确实害怕承担风险，但不是因此不敢说话，而是不敢伸出援手，也不能说“噤若寒蝉”，可以改为“裹足不前”或“顾虑重重”。对于病毒，人们确实害怕，但不是因此不敢讲话，而是“谈虎色变”，说“噤若寒蝉”也不恰当。

此外，还有人只看到一个“寒”字，便把“噤若寒蝉”莫明其妙地同寒冷、寒战联系起来，这就近于荒唐了。例如：

(6) 渡过危机，自然需要变“集体不信任”为“信任”，而变为“信任”不会那么轻而易举，需要相关方面拿出实际行动，比如把好奶粉上市关，不要让人们提起来甚至想起来就噤若寒蝉。(《南方日报》2011 年 2 月 18 日)

(7) 记者走进位于东北四环的一个新盘售楼处，偌大的豪华大厅里，除了记者便是 5 位售楼人员，楼市的寒意可见一斑。二手房的市场同样噤若寒蝉。(新华网 2010 年 5 月 3 日)

例(6)应改为“不寒而栗”，例(7)应改为“冷冷清清”。

2011 年 5 月 15 日

# "敬谢不敏"不等于拒绝接受

"敬谢不敏"是以自己没有才能为理由，推辞做某事的客气话（敬谢：恭敬地辞谢；不敏：没有才能）。语见宋·李新《命冯氏二子名说》："冯子顿首，敬谢不敏。"例如清·得硕亭《〈草珠一串〉序》："若曰凡为诗者，必须意深思远，神韵悠然，则敬谢不敏矣。"鲁迅《二心集·做古文和做好人的秘诀》："于满肚气闷中的滑稽之余，仍只好诚惶诚恐，特别脱帽鞠躬，敬谢不敏之至了。"茅盾《锻炼》二二："《团结》的主编这个头衔，受之有愧，只好敬谢不敏了。"吴晗《再谈神仙会和百家争鸣》："这几年有许多杂志报纸要我写这方面的文章，我只好敬谢不敏，不能鸣，更不用说争了。"

鲁迅是对国家主义派分子常燕生别有用心的赞誉的回敬，茅盾、吴晗则是对任《团结》主编和写争鸣文章的婉拒。这些典范用例足以证明，"敬谢不敏"不等于拒绝接受。第一，它是谢绝做某事时的谦辞；第二，谢绝的借口是自己没有才能。凡不符合这两点的，都不能使用这条成语。因此以下诸例的用法都是错误的：

(1) 对于个性奔放……的B型人，以及常提出批评……的AB型人，企业文化较传统的日本公司往往敬谢不敏。(《青年参考》2009年8月15日)

(2) 至于有人说将农行总行改制成汇金式的国家投资公

司，负责对分拆后的各农行注资，笔者敬谢不敏。（《每日经济新闻》2006 年 5 月 23 日）

（3）究竟是什么原因让“主旋律”响彻 2007 年？让观众对待“主旋律”从敬谢不敏到趋之若鹜？（人民网 2008 年 1 月 25 日）

日本某些公司拒不录用某些血型的人，并非因为公司“没有才能”，也无需向求职者自谦。写文章批驳某种论调的“笔者”，既非农行行长，也没有受命领导农行改制，实在没有资格婉言辞谢，说“不敢苟同”就恰如其分了。观众喜不喜欢“主旋律”影视剧，同有没有才能无关，不喜欢看无须自谦，喜欢看也不必自满，显然也不能使用“敬谢不敏”。

顺便说一下，例（3）使用贬义成语“趋之若鹜”也是错误的。观众争相收看“主旋律”并非坏事，无须贬斥或讥讽。

2009 年 11 月 2 日

# 不要滥用“举案齐眉”

“举案齐眉”语出《后汉书·逸民传》：“〔梁鸿〕为人赁舂，每归，妻为具食，不敢于鸿前仰视，举案齐眉。”说的是东汉人梁鸿受雇为人舂米，每次收工回来，他的妻子孟光都为他准备好饭食，把托盘举得同眉毛一样高，以示对丈夫的敬重（案：古代端饭菜用的矮脚托盘）。后遂用“举案齐眉”形容妻子敬重丈夫，泛指夫妻互敬互爱。例如宋·周紫芝《竹坡诗话》：“内子朱，贤而善事其夫，每举案齐眉，则相敬如宾。”明·冯梦龙《醒世恒言》卷三：“况闻你尚未娶亲，若不嫌我烟花贱质，情愿举案齐眉，白头奉侍。”陆文夫《人之窝》：“先请大哥大嫂饮一个交杯，然后我们每人再敬一杯，祝大哥大嫂白头偕老，举案齐眉。”

这条成语只适用于夫妻之间，有人把它用于夫妻以外的人（如父女、婆媳）之间，当然是误用。不过这种误用多少还沾一点边，这里想谈的是我所见到的几种令人匪夷所思的误解误用。

一、有人不了解“案”是什么，误以为不管什么东西只要举得同眉毛一般高，就叫“举案齐眉”。例如：

（1）倘若选个日子海峡两岸，世界华人一起祭祖……大陆十三亿对岸二千万一起举案齐眉，共同纪念一个老祖宗，应该更有意义。（和讯网 2009 年 10 月 2 日）

此例当然不会是说海峡两岸的同胞都是恩爱夫妻，似乎是想说“举‘香’（祭祖时点燃的香）齐眉”，或“举‘香案’（放置香炉的长桌）齐眉”。如果我猜得不错，那就是把“举案齐眉”用成“举×齐眉”了。

二、有人只抓住“齐眉”二字，置“举案”于不顾，误以为不管什么东西只要同眉毛一般高，就叫“举案齐眉”。例如：

（2）最初文件还是被人摆上案头/一摞一摞码起来的高度/依然是他退休前的高度/依然是他的高度/几个孙儿在他的案下钻来钻去/打闹抑或嬉戏，都有他的开怀笑/他们偶尔直起身来/与文件的高度举案齐眉。（魏国松《退休老人邓小平——纪念小平同志百年诞辰》）

诗人似乎是想说邓小平同志的孙儿直起身来，摆在爷爷案头的文件恰好同他们的眉毛一般高。如果我猜得不错，那就是只见“齐眉”不见“举案”了。

三、还有人只抓住一个“齐”字，置其余三字于不顾，误以为只要两个东西一齐，就叫“举案齐眉”。例如：

（3）左边电梯与右边电梯是并列同行、举案齐眉的。（东方网 2009 年 11 月 10 日）

（4）回首 1997 年至 2007 年，这是房地产和家装业举案齐眉，共同发展的十年。（人民网 2008 年 12 月 29 日）

（5）技术创新与制度创新应“举案齐眉”，“两驾马车”合力拉动，才有可能减缓、消除国企技术创新乏力的切肤之痛。（《中国经济时报》2005 年 12 月 15 日）

（6）不论水平、市场价值，CBL 显而易见都无法与 CBA 举案齐眉。（人民网 2004 年 8 月 6 日）

这几例无须猜详即可断定，其中的“举案齐眉”就是“并驾齐驱”“齐头并进”“相提并论”……的意思，即只相当于一个“齐”字。

以上种种用法，纯属望文生义、断章取义。如此滥用成语，应该引起广泛的关注。

2010年1月29日

# “侃侃而谈”不等于“夸夸其谈”“侃大山”

“侃侃而谈”意思是理直气壮、从容不迫地讲话（侃侃：理直气壮、从容不迫的样子）。语见清·夏敬渠《野叟曝言》一二七回：“凡于乔所知浙省时事无一不在他肚里，他就攘其所有，侃侃而谈，将浙江全省的形势时务剀切指陈出来。”例如清·吴炽昌《客窗闲话·某少君》：“少君引经据典，侃侃而谈，众皆悦服。”郑振铎《桂公塘》：“求和的、投降的使臣们不知见了千千万万，只有哀恳的，苦诉的，卑躬屈膝的，却从来不曾见过像这位蛮子（按，指文天祥）般的那么侃侃而谈，旁若无人的气概。”邹韬奋《患难余生记》一章：“他好像把法庭看作救亡运动演讲大会，回答时侃侃而谈，口若悬河。”

仔细玩味一下这几条书证，对“侃侃而谈”应该怎样理解和使用便会了然于心。这条成语也常常被人用错。例如：

(1)现在一些地方台也有地方官发表的新年贺词，但却宏篇大论，侃侃而谈，言之无物，不关乎民生。（中国共产党新闻网 2008 年 1 月 2 日）

(2) 我们学习科学发展观，长篇大论，侃侃而谈，就是不正视前些年暴利发展中的问题……生怕戴上保守、思想不解放的帽子。（易网论坛 2008 年 11 月 24 日）

(3) 上周三下午，我们单位开大会，我早早来到报告厅，找了一个靠后且隐蔽的位子坐下，等领导在台上侃侃而谈的时候，我已昏昏欲睡。（《京华时报》2007 年 12 月 31 日）

例(1)所谓“宏篇大论，侃侃而谈，言之无物，不关乎民生”，是对某些地方官新年贺词的批评，显然不能使用“侃侃而谈”这样的褒义成语，不如改为“夸夸其谈”。“夸夸其谈”形容说话或写文章浮夸、不切实际，与作者要表达的意思比较接近。例(2)的学习会上不切实际的发言，例(3)的令人昏昏欲睡的报告，自然也是夸夸其谈、言之无物了。“侃侃”和“夸夸”在现代汉语中都不单用，只出现在这两条成语中，有些人不熟悉，往往混为一谈。

“侃”在口语中有闲谈、聊天的意思，如“俩人侃了一晚上”，还能组成“侃大山”“侃爷”等词语，因此也有人把“侃侃而谈”同“侃大山”“聊大天”混为一谈。例如：

(4)一次出差在外地打车，同的哥聊起有关婚姻的事……这位的哥侃侃而谈的内容，大多与其婚后生活有关。（《北京青年报》2007 年 12 月 25 日）

(5) 穆斯林老外习惯晚睡晚起，阿拉伯人的侃侃而谈更是有名。他们往往午夜 12 点后才睡，早上 9 时后才起床。（人民网 2007 年 12 月 31 日）

(6) 赵本山、宋丹丹……二人低语侃侃而谈，宋丹丹更不时大笑，不知是不是继续在春晚上携手亮相。（《重庆商报》2008 年 12 月 23 日）

在出租车内同司机闲聊无所谓是否从容不迫，谈论婚后生活也无须理直气壮、义正词严，可见例(4)的“侃侃而谈”实际就是“聊天”。晚上好聊天不肯早睡，正是许多阿拉伯人的生活习惯，例(5)的“侃侃而谈”应改为“好聊天”“侃大山”之类。例(6)赵、宋二人的交头接耳，有说有笑，显然同“侃侃而谈”更不沾边。

可见正确使用成语的前提是正确理解成语的含义，理解错了，必然造成误用。

2009年3月7日

# “慷慨解囊”不用于自己消费

“慷慨解囊”意思是毫不吝啬地解开口袋拿出钱来，形容豪爽大方地帮助别人。例如茅盾《蚀·追求》三：“这几句章秋柳的悲痛的忏悔，正和她慷慨解囊料理史循的事件一样，很使曼青感动。”姚雪垠《李自成》二卷十八章：“弟是寄食江湖的卖挂山人，一时从哪里筹措银子？因此只得不揣冒昧，向大公子求将伯之助，不知公子肯慷慨解囊否？”张爱玲《沉香屑·第一炉香》：“如今姑太太上了年纪，自然与前不同，这次居然前嫌冰释，慷慨解囊，资助侄女儿读书，那是再好也没有的事。”

这条成语不难理解也不难使用，关键是要弄懂“解囊”一词。“解囊”，《现代汉语词典》释为“解开口袋，指拿出财物来（帮助人）”。例如鲁迅《且介亭杂文二集·六论“文人相轻”——二卖》：“劝人解囊赈灾的文章，并不少见，而文中自述年纪曰：‘余年九十六岁矣’者，却只有马相伯先生。”由“解囊”组成的词语，如“解囊相助”“慷慨解囊”等也都指在经济上帮助别人。而为自己消费，再慷慨大方也不能说“慷慨解囊”。有些人恰恰是忽略了这一点，误以为只要花钱大方就叫“慷慨解囊”，以致造成误用。例如：

（1）尽管二者在根本上是极其一致的，但具体的满足方式和途径却又有着很大区别。前者（按，指文化商品）更多的是靠消费者慷慨解囊向市场购买，而后者更多的是通过公共

文化建设来实现。(新华网 2010 年 4 月 26 日)

(2) 不知道这个速度(按,指 360 公里/小时)下开敞篷车是什么滋味,光凭这个诱惑力,就足够让国内那些"不求最好,但求最贵"的富豪们慷慨解囊了。(东北新闻网 2010 年 4 月 26 日)

(3) 面对 2010 年中国春节,日本各个行业都卯足了劲……以吸引中国游客慷慨解囊。(新华网 2010 年 2 月 21 日)

(4) 春节期间冰城开业的洗车经营场所不多,洗车的价格也比平时翻了一番,但是不少爱车族还是慷慨解囊给自己的坐骑"净身"。(新华网 2010 年 2 月 20 日)

(5) 2 月 14 日西方的情人节,也是商家、餐饮店、花店准备赚一笔、情侣们慷慨解囊之时。(《东南早报》2010 年 2 月 15 日)

以上诸例,"慷慨解囊"毫无例外都用于自己消费而不是帮助别人,显系误用。

2010 年 6 月 10 日

# “空谷足音”用于比喻

“空谷足音”语本《庄子·徐无鬼》：“夫逃虚空者……闻人足音跫然而喜矣。”意思是逃亡到空寂的山谷中的人，因为许久没有见过人了，听到人的脚步声就非常高兴（跫 qióng 然：形容脚步声）。后来就用“空谷足音”比喻极为难得的音信、言论或事物。例如宋·黄榦《复李随甫书》：“朋友凌凋，每兴索居之叹，反复来求，真所谓空谷足音也。”清·李渔《闲情偶寄·词曲下·宾白》：“见其土著之民人人衣褐，无论丝罗罕觏，即见一二衣布者，亦类空谷足音。”瞿秋白《俄罗斯名家短篇小说集·序》：“在中国这样黑暗悲惨的社会里，人人都想在生活的现状里开辟一条新道路，听着俄国社会崩溃的声浪，真是空谷足音，不由得不心动。”茅盾《我走过的道路》：“近来国内很有些人乱谈什么艺术，然而了解艺术的人，实在很少。对于郭君此篇，我不能不佩服为‘空谷足音’。”

需要注意的是，这条成语从一开始形成，用的就是它的比喻义，而不是字面义。以上书证足以说明这一点。可是现在有些人偏偏不用其比喻义而用其字面义，用来形容山谷中的脚步声或别的什么动人的声音。例如：

（1）整条徽杭古道处于崇山峻岭之中，两边是岩石耸立，南北夹持，中间溪水潺潺，走在石板路上，空谷足音……正是古道的精华所在。（《新京报》2010 年 4 月 15 日）

(2) 群峰笋立，山势绵延，虽未有想象中的高危峥嵘，但于静寂中尽情体味空谷足音的韵味却依然是我所喜欢的。(《浙江日报》2009 年 1 月 26 日)

(3) 黄昏过后/夜空里升起了几颗新星/我听那歌声/由远而近/带来了军港的寂静/沙漠的盛情/响彻在这万人的会场/犹如空谷足音 (《北京晚报》2010 年 8 月 23 日)

(4) 这是一曲雄壮高亢的乐章，演绎着一个热爱和平的民族走向国际舞台的空谷足音。这是一幅气势恢弘的画卷，描绘着一个致力发展的民族贡献人类社会的华美风采。这是一部撼人心魄的史诗，赞颂着一个倡导合作的民族促进世界和谐的锦绣篇章。(《人民日报》2009 年 9 月 26 日)

(5) 北京 2008 年残奥会，将让全世界都感受到中华大地涌动的人道主义关怀和人文奥运精神，让全世界都聆听到中国社会文明进步的空谷足音。(《人民日报》2008 年 9 月 9 日)

以上诸例中的"空谷足音"，或具体指空谷中的脚步声，或抽象为前进的脚步声，用的都不是这条成语的比喻义。要知道，有些成语既可以用其字面义也可以用其比喻义。如"百发百中"，既可以表示每次发射都能命中目标，也可比喻做事有充分把握绝不落空。而有些成语则只用其比喻义而不用其字面义。如"粗枝大叶"的字面义是枝茎粗壮、叶子阔大，但是作为成语只能用来比喻简略概括或办事粗糙马虎，而不能说"这种树粗枝大叶"。"空谷足音"就属于这种情况，使用者不可不察。

顺便说一下，"空谷足音"比喻的既然是难得的音信或言论，当然是褒义的，不能用来形容不好的声音。下面举一个误用的例子：

（6）由于发动伊拉克战争而忽略或间接放弃共和党传统的遏制原则，对传统敌国及新兴大国的防范不足，即使在这方面偶尔听见切尼、赖斯的几句鼓噪声，那也只是空谷足音。（华夏经纬网 2006 年 12 月 12 日）

既然斥之为“鼓噪声”，即使“偶尔听见”，说“空谷足音”显然也属于褒词贬用。

2010 年 10 月 19 日

# 新闻报道慎用“空前绝后”

“空前绝后”，意思是以前不曾有过，以后也不会再有。形容超越古今，无与伦比。这条成语具有较强的夸张成分和感情色彩，通常用于对人或事物的赞叹。语见宋·朱象贤《闻见偶录·男服从军》：“古之木兰，以女为男，代父从军，十二年而归，同行者莫知其为女子，诗歌美之，典籍传之，以其事空前绝后也。”花木兰代父从军本来就是民间故事，当兵十二年而莫知其为女子，这种事不仅今后不会发生，即使在古代可能性也很小，说“美之”为“空前绝后”，是非常贴切的。例如清·陈廷机《聊斋志异·序》：“而蒲聊斋之志异独无〔续作〕，非不欲续也，亦以空前绝后之作，使唐人见之，自当把臂入林，后来作者，宜其搁笔耳。”《聊斋志异》是一部杰出的文言小说，赞为“空前绝后”也是当之无愧的。

说“空前”易，说“绝后”难。除非确有把握，最好不要轻言“空前绝后”。目前在广告和具有广告性的文字中，“空前绝后”的使用频率很高，这种东西本来就不可尽信，无须同它计较。但是在以客观报道为己任的新闻写作中，把那些空前而未必绝后的事情也说成“空前绝后”，就有失严肃了。请看例句：

(1) 湖人队……在1971-72赛季创造了空前绝后的33连胜。(网易2010年8月11日)

(2)〔我国在广州亚运会上〕创下了单届世界综合性运动会夺冠新纪录，而且这一纪录还大有再刷新的余地，甚至有望冲击200枚的空前绝后高度。(《人民日报》海外版2010年11月28日)

(3)负责筹备工作的俄总统事务局局长科任日前表示，此次纪念活动将空前绝后，因为往年全国的阅兵活动都是错时举行，今年则在莫斯科时间当天上午10时同时开始。(人民网2010年2月27日)

(4)“成也萧何，败亦萧何”，其实奥巴马的幸与不幸，都与两年前这场空前绝后的金融危机紧密相连。(《时代周报》2010年11月4日)

(5)2000年给人类基因组排列顺序取得了空前绝后的成就，但是在几年后随着基因组不断增加，真正令人激动的部分在研究整个基因组的过程中出现。(人民网2008年9月19日)

湖人队一个赛季33连胜，确实是空前的，但谁能保证这个纪录不会被打破呢？一个国家在一届世界综合性运动会上夺取200枚金牌，肯定是空前的“高度”，但谁能规定这就是不可逾越的绝后的“高度”呢？俄罗斯把阅兵活动改为全国同时举行，如果效果好，以后为什么不能援例办理呢？世界经济的发展变化是很难预料的，谁敢断言这次席卷全球的金融危机今后再也不会发生？最后一例是报道科研成果的，科学是不断发展的，可以肯定科研成果永远不会“绝后”。因此以上诸例中的“空前绝后”都是经不起推敲的，比较稳妥的办法是改为“空前未有”或“前所未有”。

如果一定要用这条成语，在没有绝对把握的情况下最好把话说得委婉一些，千万不要言之凿凿，煞有介事。《母国政短篇小说选·后记》："那十年间，所见、所闻、所感、所思、所要急切倾诉给别人的，在我的生命史上，恐怕要空前绝后了。"盛如《表演艺术精益求精》："梅兰芳在京剧表演艺术上的造诣，虽不敢说是空前绝后的，但可以说是空前的。"如此造句，就可以立于不败之地了。

2011年1月7日

# “苦心孤诣”不用于坏人坏事

“苦心孤诣”，意思是尽心竭力钻研或经营，达到别人所达不到的境地。语见清·李重华《贞一斋诗说》八五：“孟东野、贾浪仙卓荦偏才，俱以苦心孤诣得之。”例如叶圣陶《欢迎》：“这都是本邑几位前辈先生的苦心孤诣，才成就了这桩善举。”何香凝《我的回忆》：“孙先生和仲恺之所以这样苦心孤诣地创办黄埔，就是深知军阀的不可靠。”也指为了达到目的、解决问题而煞费苦心。例如鲁迅《华盖集·牺牲谟》：“正如‘禹入裸国亦裸而游’一样，要改良社会，不得不然，别人那里会懂得我们的苦心孤诣。”郭沫若《蔡文姬》三幕：“曹丞相苦心孤诣地赎取我回来，应该是天大的喜事。”

理解这条成语的关键在“孤诣”二字。“诣”指学问、技艺等所达到的高度或深度。“孤诣”指只有自己能达到而别人达不到的高度或深度。强调“孤诣”，决定了这条成语的褒义色彩。李重华用“苦心孤诣”赞扬唐代大诗人孟郊和贾岛，何香凝用来赞扬孙中山和廖仲恺，便足以证明。即使后来出现了强调“苦心”的引申义，仍然不用于坏人坏事。有些人没有理解和把握这条成语的感情色彩，把它用于贬义，显然不妥。请看例句：

(1) 面对如此普通而又高尚的老人，不知道我们那些整天苦心孤诣忙于钻营、熙熙攘攘忙于牟利、一心一意为自己、

哪管人间疾苦的官员们会否感到脸红?(人民网 2009 年 1 月 21 日)

(2) 不错,汪晖做了两个注释。但这两个注释,与其说是在指明某种来源,毋宁说是在掩盖某种出处。在怎样让注释为剽袭服务上,汪晖真可谓苦心孤诣、机关算尽。(《羊城晚报》2010 年 8 月 30 日)

(3) 为了迎接"文明"检查,连见学生什么人说什么话,乃至叠被子、穿拖鞋走路这种"日常琐细"之事,都一一进行叮嘱规定……软的"规劝"不听,就等着接受"违规的处分"吧……学校如此苦心孤诣、软硬兼施,足见其对所谓的"文明学校评估"的重视。(《中国青年报》2011 年 5 月 19 日)

(4) 一封长达 74 页的检举信,轻而易举的击碎了赖昌星苦心孤诣建造起的走私王国,大批涉案人员相继落网。(南海网 2011 年 7 月 29 日)

无论是整天忙于钻营牟利而不管民间疾苦的官员,还是为掩盖剽窃而机关算尽的学者,他们的所作所为并不高尚,显然都不能说"苦心孤诣"。某高校为应付"文明学校评估",不惜对学生软硬兼施,这种做法不足为法,也不能说"苦心孤诣"。至于赖昌星的所作所为,当然更不在话下了。这几例可以改用贬义成语"费尽心机""挖空心思",也可以改用中性成语"煞费苦心",唯独不能使用"苦心孤诣"。

2011 年 8 月 9 日

# “狼奔豕突”比喻坏人

“狼奔豕突”意思是像狼和猪一样东奔西窜，比喻成群的坏人乱冲乱撞或仓皇逃窜。语见清初·归庄《击筑余音·重调》：“那其间有几个狗偷鼠窃的权和曹，有几个马前牛后的翁和媪，有几个狼奔豕突的燕和赵，有几个狗屠驴贩的奴和盗。”例如清·平步青《霞外攟屑·掌故·尹侍郎奏折》：“贼由怀庆窜扰平阳……狼奔豕突，如入无人之境。”茅盾《东条的“神符”》：“在中国战场它还能狼奔豕突，随心所欲。”高缨《云崖初暖》：“红军前锋所至，敌狼奔豕突，土崩瓦解，我长驱直入。”也作“豕突狼奔”。如叶剑英《在敌后的两年》：“虽然没有像抗战初期的势若燎原，可是敌寇的豕突狼奔，并未消歇。”

从“狼奔豕突”的含义和古今典范用例可以清楚看出，这是一条感情色彩十分鲜明的贬义成语，绝对不能比喻好人。令人遗憾的是有些人错误地把它当成中性成语，同“东奔西跑”“左冲右突”之类的成语混为一谈。请看例句：

(1) 此前此后的其他一些有关著作，要么把《八一宣言》一笔勾销，根本不提；要么含含糊糊地把《八一宣言》的发布者说成“中共中央”，让人误以为是那时尚在毛儿盖一带狼奔豕突的毛泽东等人发布了这个宣言。（中国共产党新闻

网 2009 年 12 月 16 日）

(2) 在历史的档案里，惊慌失措，豕突狼奔，曾经是百姓固有的标签。(《湖南日报》2009 年 7 月 23 日）

(3) 当失业农民工为谋一职狼奔豕突之际，当一般职员为职场前景忧心忡忡之际，当北方遭受数十年大旱让上上下下焦虑之际……。(《扬子晚报》2009 年 2 月 5 日）

(4) 球员们淌着浃背的汗水，在绿茵场上狼奔豕突，以不知疲倦的奔袭和射门，表达着对这项运动的壮美赞礼。(《农民日报》2010 年 6 月 12 日）

(5) 在英国，等公交的乘客看起来就像一尊尊雕塑，没有烦躁不安的晃动，也没有狼奔豕突的追赶，只是安安静静地等候。(中国共产党新闻网 2010 年 3 月 25 日）

以上诸例，或则比喻"毛泽东等人"，或则比喻"百姓""农民工""球员"，或则比喻"等公交的乘客"，显然都同"狼奔豕突"的感情色彩极不相称，纯属误用。

还须要说明的是，在成语"狼奔豕突"中，"狼"和"豕"都是名词作状语，"狼奔"是像狼一样奔跑，"豕突"是像猪一样猛冲。这种结构的成语很多，如"狼吞虎咽""鹰扬虎视""土崩瓦解""烟消云散""蝇营狗苟"……都是一种比喻的说法，当然只能用于比喻。有人把"狼奔""豕突"这两个偏正结构误解为主谓结构——狼在奔跑、猪在猛冲，把比喻坏人的成语用来描写野兽的活动，错得更加离谱了。例如：

(6) 张献忠……横扫四川前后 20 多年，祸遍巴蜀，使物力丰饶的天府之国，变为百里人烟俱灭，莽林丛生、狼奔豕突

之地。（人民网 2009 年 5 月 8 日）

（7）那些如虎似狼的另类人群……虎视眈眈地盯瞅着大森林里豕突狼奔的动物种群。（《新京报》2007 年 10 月 22 日）

2010 年 9 月 29 日

# “连篇累牍”是贬义成语

“连篇累牍”意思是一篇接一篇，一页又一页（累：连续；牍：古代写字用的木片）。形容篇幅过多，文辞冗长。语出《隋书·李谔传》：“连篇累牍，不出月露之形；积案盈箱，唯是风云之状。”这是李谔上书隋文帝批评当时文体轻薄时说的话，可见这条成语从一出现就具有贬义，这种感情色彩又一直被延续下来。例如宋·严羽《沧浪诗话·诗法》：“学诗有三节：其初不识好恶，连篇累牍，肆笔而成；既识羞愧，始生畏缩，成之极难；及其透彻，则七纵八横，信手拈来，头头是道矣。”苏雪林《文学写作的修养》：“但连篇累牍的心理描写，易于使人厌倦，所以西洋心理小说过去虽风行一时，已为现代文学所摒弃了。”因此，《现代汉语词典》释为“表示用过多篇幅叙述”，《应用汉语词典》释为“形容文字冗长，或篇幅过多”。

有些人无视这条成语的感情色彩，只要说到文章数量多，不管是褒是贬，都用“连篇累牍”来形容。仅最近几个月媒体中就有不少误用的例子，酌举数则如下：

（1）台湾媒体……纷纷肯定60年来大陆的巨大进步……对国庆60周年庆祝活动进行了连篇累牍的报道。（新华网2009年10月1日）

（2）普京此后当选总统并再次担任总理，俄各大媒体对此进行了连篇累牍的报道，由此可见普京现在仍具有很大的

影响力。(新华网 2009 年 8 月 12 日)

(3) 这样的小说也许不乏令人心碎感动的故事和激情,但这些我们早已在汶川地震时连篇累牍的新闻报道中看过了,哭过了。(《文学报》2009 年 6 月 4 日)

(4) 北平沦陷后,张申府流亡汉口重庆等地,他虽然连篇累牍地撰文希望把新启蒙思潮尽快应用于抗战实践,但又苦于找不到一条切实可行的途径。(《光明日报》2009 年 3 月 3 日)

台湾媒体用大量篇幅报道大陆国庆活动,俄罗斯媒体用大量篇幅报道普京当选总统、总理,都是深受读者欢迎的;汶川地震时一篇篇来自灾区的消息,日寇侵华期间张申府一篇篇鼓吹抗战的文章,都是感人肺腑、震撼人心的。这样的新闻和文章,怎么能随意贬为“连篇累牍”呢?

成语的感情色彩是在长期使用的过程中形成的,使用者不能随意改变。

2009 年 12 月 19 日

# “良莠不齐”不用于事物

“良莠不齐”意思是好苗和杂草混杂在一起，比喻好人和坏人混杂在一起（莠 yǒu：一种田间杂草，比喻坏人）。语见清·李汝珍《镜花缘》六十八回：“无如族人甚众，良莠不齐，每每心怀异志，祸起萧墙。”例如茅盾《清明前后》四幕：“你对那巡长说，难民们良莠不齐，要是发生了什么事，他这巡长可担当得起吗？”李劼人《大波》一部六章：“学堂里是良莠不齐的，有好人，就有坏人，有正人君子，就有下流痞子。”

这条成语使用范围比较窄，只能用于人，不能用于事物，用于人时通常也只限于人的品质好坏，而且侧重于混杂在一起，不易分辨，同“鱼龙混杂”意思相近。下列诸例都不能使用这条成语：

（1）当前书架上养生书籍琳琅满目，但良莠不齐，精品不多。（《人民日报》海外版 2009 年 8 月 13 日）

（2）产品质量良莠不齐、价格严重混乱等现象层出不穷。（《信息时报》2009 年 8 月 13 日）

（3）宠物店的服务质量也良莠不齐。（《广州日报》2009 年 7 月 29 日）

（4）工业经济增长良莠不齐。（《国际金融报》2009 年 7 月 29 日）

（5）各院校发展良莠不齐。（《光明日报》2009 年 7 月 16

日）

以上诸例中的“良莠不齐”，或用于具体物品（“书籍”“产品”），或用于抽象事物（服务质量、增长速度、发展水平），这些都超出这条成语的使用范围，如果改用“参差不齐”就比较合适了。“参差不齐”形容不整齐或不一致（参差 cēncī：长短、高低、大小不齐）。最初形容人的志业、水平不同，如《汉书·扬雄传》：“仲尼以来，国君将相，卿士名臣，参差不齐，一概诸圣（全部以圣人的话为准绳）。”后来使用范围逐渐扩大，既可以用于人，也可用于事物，既可以形容物体的长短、高低、大小不一，也可以形容事物质量、水平、速度不一。如沈从文《黄昏》：“这炊烟次第而起，参差不齐。”周恩来《我国人民民主统一战线的新发展》：“上层建筑不可能那样快地完整地改造好，总是参差不齐，不平衡现象总是长期存在的。”这条成语同上述诸例所要表达的意思正好吻合。

2009 年 8 月 14 日

# “两小无猜”与性别、年龄

“两小无猜”语出李白《长干行》之一：“妾发初覆额，折花门前剧。郎骑竹马来，绕床弄青梅。同居长干里，两小无嫌猜。”这几句诗是说：我的头发刚刚盖过前额，常常折枝花朵在门前嬉戏。你总是骑着竹马过来，拿着青梅围绕胡床（一种可以折叠的轻便坐具）互相追逐。我们同在长干里居住，两个孩子彼此都没有猜忌。后来便以“两小无猜”形容小男孩小女孩一起玩耍，天真无邪，彼此都没有猜嫌和避讳。例如清·蒲松龄《聊斋志异·江城》：“翁有女，小字江城，与生同甲，时皆八九岁，两小无猜，日共嬉戏。”鲍昌《庚子风云》：“两个孩子虽然住在同一镇上，却难得见上几面，没有过所谓青梅竹马、两小无猜的时光。”也作“两小无嫌”。如清·沈复《浮生六记·闺房记乐》：“余年十三，随母归宁，〔与表姐陈芸〕两小无嫌。”

理解和运用这条成语要把握住两点：

第一，“两小无猜”只能用于异性，不能用于同性。因为同性在一起如何亲密，都不会引起“嫌猜”的。何况《长干行》前六句写的就是商妇回忆同丈夫小时候在一起的情景。这一点似乎尽人皆知，其实不然，下面就是搞错性别的例子：

（1）李金羽和李玮峰，差不多从15岁开始就成为了健力宝少年队的队友……很难想象，当年青梅竹马、两小无猜的一对兄弟却在济南上演了一幕怒目相向、拳打脚踢。（《青年体

育》2004 年 10 月 18 日）

（2）范冰冰也无须去强调自己当年和赵薇她们有多么的“两小无猜”，即使你们俩手牵手站出来，用所能做到的最亲密的方式来证明，人们也不会相信，你们之间毫无芥蒂。（《信息时报》2007 年 5 月 10 日）

李金羽和李玮峰都是男运动员，范冰冰和赵薇都是女演员，他们在一起亲密与否都不能说“两小无猜”。

第二，“两小无猜”只能形容儿时。李白在诗中对“两小”的年龄段是有所界定的，那就是“妾发初覆额”和“郎骑竹马来”两句。我们知道，古代小孩子是不戴帽子的，头发自然下垂，称为“垂发”或“垂髫”。后来年龄渐大，头发披散到肩头很不方便，便把头发紧贴着发根扎起来，称为“总发”或“总角”。女孩子长到十五岁，又进一步把头发盘到头顶，绾成发髻，插上簪子，称为“及笄”。所谓“初覆额”，当在十岁以前，与男孩子喜欢“骑竹马”的年龄正好吻合。《长干行》第七八两句是“十四为君妇，羞颜未尝开”。从这里也可以断定“两小无猜”时的年龄只能在十四岁出嫁之前。《聊斋》例的“时皆八九岁”，用得相当准确，而《浮生六记》例的“年十三”（陈芸与沈复同龄），便已经接近上限了。下面就是超过年龄上限的例子：

（3）我们相识在 1949 年，我 17 岁刚考上燕京大学经济系。而章只有 14 岁，是贝满女中初中三年级学生。我们的交往从初中女生仰慕、迷恋大学生开始，发展到两情相悦而谱成恋曲。虽然称不上青梅竹马，也可算是两小无猜了。（洪君彦《不堪回首——我和章含之离婚前后》）

（4）25 岁的卡卡和 20 岁的妻子卡罗琳结婚还不满两年，

然而他们却早在5、6年前就已经是两小无猜的亲密恋人。卡罗琳在第一次见到卡卡的时候才刚刚15岁,那时的卡卡也只是个刚刚成年的青年。(人民网2008年1月25日)

燕京大学经济系学生洪君彦同贝满女中初三学生章含之交往、相恋,已经20岁的巴西球星卡卡同15岁的少女卡罗琳相识并恋爱,显然都不能说“两小无猜”。

顺便说一下,洪君彦先生说“虽然称不上青梅竹马,也可算是两小无猜了”,其实“青梅竹马”同“两小无猜”同出一源,意思相近,指的都是同一个年龄段。例如欧阳予倩《孔雀东南飞》四场:“我与你自幼本相爱,青梅竹马两无猜。”周克芹《许茂和他的女儿们》23:“在这默默的注视里,这一对青梅竹马的伴侣,你们在想什么呢?是不是在回忆你们如花似锦的童年?”魏巍《东方》一部九章:“那少年时的青梅竹马在他的心灵里留下了多少难忘的记忆啊!”这几条典范用例对“青梅竹马”的年龄段说得很明确:“自幼”、“童年”或“少年时”。可见洪君彦和章含之既不算“两小无猜”,也“称不上青梅竹马”。遗憾的是这条成语也常常被用错。例如:

(5)玛丽……和洪博培两人是高中同学,算是青梅竹马了,结婚25年来一直恩爱如初。(人民网2009年3月4日)

(6)曹颖与王斑是大学同学,王斑还是曹颖的初恋。于是这段恋情被归于校园浪漫……多了一些“青梅竹马”的味道。(人民网2011年12月12日)

(7)丁磊的女友是台湾人,两个人在广州认识,那时的丁磊刚刚开始创业……两个人……可谓“青梅竹马”。(光明网2011年12月15日)

(8) 唐伯虎、祝枝山、文征明三人青梅竹马，一同受学于六艺书院，闻名于江南一带。（新浪网 2003 年 11 月 10 日）

洪博培夫妇是高中同学，曹颖和王斑是大学同学，他们相恋都不能算“青梅竹马”。丁磊同女友相识时已经开始创业，距离“青梅竹马”的年龄就更远了。至于最后一例，唐伯虎、祝枝山、文征明是明朝中叶江南三大才子，祝枝山（生于 1460 年）比唐伯虎、文征明（均生于 1470 年）大 10 岁，童年时代即使相识，也玩不到一起。同是男子，而且多达三个，说他们“青梅竹马”，错得就更加离谱了。

2011 年 6 月 17 日

# “洛阳纸贵”不等于纸贵，更不等于贵

中央电视台新闻频道2011年4月7日报道，由于工本费加大，宣纸价格大幅度上涨，“引发洛阳纸贵”。安徽泾县生产的纸贵了，能不能说“洛阳纸贵”呢？让我们先来考察一下这条成语吧！

《晋书·左思传》记载：左思构思十年，写成《三都赋》，受到当代名流司空张华的赞赏，“于是豪贵之家竞相传写，洛阳为之纸贵”。后世文人多以此典入诗。如唐·宋之问《范阳王挽词》之一：“公才掩诸夏，文体变当时……洛阳今纸贵，犹写太冲词。”唐·何兆《赠兄》诗：“洛阳纸价因兄贵，蜀地红笺为弟贫。”后以“洛阳纸贵”四字成文，形容好的著作风行一时，广为流传。例如清·蕊珠旧史《京尘杂录·丁年玉笋志》：“于是传写《看花记》者，几有洛阳纸贵之叹。”老舍《谈诗》：“好的诗，不管用什么形式写的，总是能够传诵一时，洛阳纸贵的。”阎纲《文坛徜徉录》：“一九八〇年年初，谌容同志的名篇——中篇小说《人到中年》发表，一时之间，洛阳纸贵。”

从这个成语的出现和形成，从古今典范用例，都可以看出，“洛阳纸贵”是用一种夸张的手法极言著作风行一时，而不是在探讨纸的价格。其实一篇赋一本书的广为流传，在古代尚且未必会引发纸贵，时至今日更不会对纸价产生任何影响。

因此央视新闻频道把宣纸涨价说成“洛阳纸贵”，显然是误用成语。类似的误用还有：

(1) 甲骨文上刻个字不容易……洛阳纸贵逼得古代书生多写一个字都要先算经济账。(《钱江晚报》2010 年 1 月 6 日)

有些人不仅把纸贵说成“洛阳纸贵”，而且推而广之，几乎把一切商品涨价都说成“洛阳纸贵”，这便近乎荒唐了。请看例句：

(2) 由于日本大地震引发的核电站泄漏，“食用碘盐可预防核辐射”、“日本核泄漏出现的放射性物质可能污染海水、没法再提炼盐”等谣言不胫而走，引发大规模食盐抢购，眨眼间食盐竟洛阳纸贵，一袋难求。(四川在线 2011 年 3 月 21 日)

(3) 山东寿光一直在 30℃ 左右冷不下来，番茄只长苗不结果，导致上海的供应链无法衔接，番茄一时洛阳纸贵。(《东方早报》2010 年 11 月 9 日)

(4) 本用于工业、运输等的柴油，在江浙、福建、内蒙古等地区，一时洛阳纸贵。(《南方周末》2010 年 11 月 15 日)

(5) 在上市预期之下，城商行的股权交易价格也随之洛阳纸贵。(《北京晨报》2011 年 3 月 31 日 )

更有甚者，不仅用于商品，而且进一步扩大到人才。例如：

(6) 经过教育的学子们，立场坚定，思想激进，业务扎实，毕业后都在各部队担当重任，抗大毕业生一时洛阳纸贵，成了抢不到手的“香饽饽”。(中国共产党新闻网 2010 年 12 月 1 日)

(7) 这次的欧洲抄底游，让导游也洛阳纸贵起来。这几天，记者想找导游做采访也不是容易的事。(《羊城晚报》2010年6月21日)

成语是由几个词构成的固定词组，通过整体表示一定的意义，源于典故的成语，更具有深层的含义。把具有特定含义的四字成语“洛阳纸贵”，只取“纸贵”二字，甚至只取一个“贵”字，而置其余于不顾，用来形容“涨价”或“抢手”，这种断章取义的做法，是运用成语的大忌，必须引起足够的重视。

2011年4月10日

# “络绎不绝”用于人、马、车、船

“络绎不绝”形容人、马、车、船等来来往往，接连不断（络绎：连续不断；往来不绝）。语出《后汉书·东海恭王刘彊传》：“皇太后、陛下哀怜臣彊，感动发中，数遣使者太医令丞方伎道术，络绎不绝。”例如清·陈端生等《再生缘》八十回：“人进人出，络绎不绝。”萧红《呼兰河传》二章：“天还没有完全黑下来，奔着去看河灯的人就络绎不绝了。”丁玲《冀村之夜》：“黑暗的街上络绎不绝地走着骡马，退下来的国民党的队伍，无声地向南急走。”

这条成语不难使用，但是要注意它的使用范围，不要随意扩大。以下诸例“络绎不绝”的运用都不妥当：

（1）今年以来各类展会络绎不绝。（《宁夏日报》2009 年 7 月 12 日）

（2）在台湾海峡，两岸同胞之间小额贸易络绎不绝，成为公开的秘密。（中国共产党新闻网 2009 年 3 月 5 日）

（3）抄袭事件层出不穷，学术丑闻络绎不绝。（《广州日报》2009 年 8 月 5 日）

（4）网民对广东省的领导在网上求计问策给予积极回应，跟帖成千上万，献计络绎不绝。（《南方日报》2008 年 2 月 27 日）

“展览会”“小额贸易”“学术丑闻”，都超出了人、马、车、船的范畴，不能使用“络绎不绝”。可以改为“接连不断”。“接连不断”可以用于人，也可以用于事物。也可改为“接踵而至”。“接踵而至”本来形容人接连不断地到来，后来也形容事情接连不断地发生。如章炳麟《箴新党论》：“台湾之割，旅顺之割，青岛之割，接踵而至。”例(3)的“学术丑闻”，既然是“闻”，改为“不绝于耳”可能更贴切一些。例(4)的表述有歧义，如果形容的是“跟帖”“献计”这种行为，或所跟的帖和所献的计，都不宜使用“络绎不绝”，如果在“跟帖”和“献计”后各加一“者”字，明确落实到人，就没有问题了。

2009年9月26日

# “漫不经心”与“漠不关心”“不知不觉”

“漫不经心”意思是随随便便，不放在心上（漫：随便；经心：留心）。形容态度不认真。语见明·任三宅《复耆民汪源论设塘长书》：“连年修西北二塘，责重塘长而空名应役，漫不经心，以致渐成大患，愈难捍御。”例如鲁迅《两地书·序言》：“直到事实给了我教训，我才分明省悟了做今人也和做古人一样难。然而我还是漫不经心，随随便便。”萧乾《凤凰坡上》三：“她漫不经心地用手捋着土岗上白色的野山楂，穿过四周的树丛，朝山底下望。”

“漫不经心”不难理解也不难运用。但是第一，要注意同“漠不关心”相区别。“漠不关心”指对人对事态度十分冷淡，一点也不关心。例如茅盾《蚀·幻灭》八：“我看你近来的言论，你对于政治，也不是漠不关心的，你知道救国也有我们的一份责任。”李国文《冬天里的春天》二章(4)：“她对于县太爷的叨叨，根本没往耳朵里去……显出一副漠不关心、置若罔闻的样子。”而“漫不经心”指做事情随随便便，一点也不认真，二者有明显的区别。以下诸例“漫不经心”都应改为“漠不关心”。

(1) 我们的同志如果忽视政治、政策和理论，对国内外的政治形势漫不经心，就可能在社会主义建设和社会主义改造事业中迷失方向。（中国共产党新闻网 2009 年 8 月 7 日）

(2)“事不关己，高高挂起”，对扑面而来的发展态势漫不经心或无动于衷。（中国共产党新闻网 2009 年 7 月 28 日）

(3) 想到当下……那些漠视“民瘼”、对民困民危民怨漫不经心者……不禁为之脸红！（海南网 2009 年 12 月 15 日）

(4) 人民群众通过正常渠道反映情况，政府部门漫不经心，甚至把群众诉求表达当成无事生非；而当老百姓被逼得把事情闹大，后果严重，影响恶劣，才赶紧作为。（《广州日报》2009 年 8 月 4 日）

第二，要注意同“不知不觉”相区别。“漫不经心”指的是人做事情的态度，是有意识的行为。“不知不觉”指的是某种变化的发生没有引起人们的注意，不是人有意为之。例如巴金《春》一五：“他们信步走着，不知不觉地到了晚香楼前面。”茅盾《色盲》：“林白霜手里的笔，不知不觉就停下来了。”二者也有明显的区别。以下诸例“漫不经心”都应改为“不知不觉”。

(5) 这些年，我所居住的小城在成倍成倍地翻新扩大，一条省道又贯穿起当今的乡下小镇，小镇漫不经心地就被揽入城市的怀抱中。（人民网 2009 年 7 月 6 日）

(6) 躺在花园的吊床上看伤感小说，直到书从手上漫不经心地落到地上。（《经济参考报》2010 年 4 月 8 日）

2010 年 6 月 14 日

# “名不虚传”与“名副其实”

“名不虚传”，意思是流传开来的名声不是虚假的，与实际相符合。语见宋·华岳《翠微南征录·白面渡》：“系船白面问溪翁，名不虚传说未通。”例如《水浒传》十八回：“公孙胜、刘唐都道：‘莫不是江湖上传说的及时雨宋公明？’晁盖点头道：‘正是此人……四海之内，名不虚传。’”《红楼梦》十五回：“北静王笑道：名不虚传，果然如‘宝’似‘玉’。”郁达夫《南游日记》：“立在瀑布下流的溪旁，向上一看，果然是名不虚传的一个奇景。”

“名”在这里指的是广为流传的好名声而不是坏名声，因此是一条不折不扣的褒义成语。几乎所有的成语词典都标明用于褒义，《现代汉语词典》更是简明扼要地释为“确实很好，不是空有虚名”。现在有人把它用于贬义肯定是错误的，有人用它来形容不属于名声范畴的事物，更是误用。请看例句：

（1）由此可见，“山西第一贪”货真价实，名不虚传。（人民网 2008 年 2 月 14 日）

（2）之前记者在资料中了解到蒙曼是个“大迷糊”，果然名不虚传。（《河北日报》2008 年 1 月 8 日）

（3）从市气象局传来的消息，再次验证了重庆“火炉”称谓的名不虚传。（《重庆日报》2007 年 9 月 7 日）

（4）北大荒真名不虚传，漠漠荒原，一望无边。（中国共产党新闻网 2008 年 5 月 30 日）

（5）美国看病奇贵无比，果然名不虚传。（《国际先驱导报》2008年1月23日）

例（1）“山西第一贪”宋建平臭名昭著，人神共愤，显然不能使用“名不虚传”。例（2）蒙曼老师平时大大咧咧，说她“大迷糊”，虽无恶意，但并非美名，也不宜使用这条成语。例（3）例（4）的“火炉”和“北大荒”，都是名称而不是名声，使用“名不虚传”亦属误用。至于在美国看病贵是一个客观事实，与名声、名称都不沾边，错得更没有道理了。

“名不虚传”有个近义成语“名副其实”，意思是名称或名声与实际相符合（副：符合），适用范围较广，感情色彩也是中性的。例如鲁迅《华盖集续编·小引》：“这里面所讲的仍然并没有宇宙的奥义和人生的真谛……名副其实，‘杂感’而已。”茅盾《蚀·幻灭》二：“我诚然是小姐，是名副其实的小资产阶级！”魏巍《火凤凰》：“这是老北京名副其实的大杂院，前前后后不说有二十家，也有十八九家。”例（2）～（4）改用“名副其实”正好合适。

2008年10月15日

# “名噪一时”不用于坏人坏事

“名噪一时”，意思是名声在一个时期内广为流传（噪：众口传扬）。语见明·沈德符《万历野获编·国师阅文偶误》：“犹忆戊子春，娄上王辰玉、松江董元宰入都，名噪一时。”例如晚清·宣鼎《夜雨秋灯录·科场》：“朱半仙，时文中之能手也，名噪一时。”母国政《海滩上的石子》：“参加演出的，都是北京各专业乐团里名噪一时的独唱演员。”刘绍棠《绿杨堤》八：“绿杨堤这座名噪一时的奇迹，早已荒废冷落，长满了野花、青草、蓬蒿、柳棵子。”“名噪一时”也作“名重一时”“名震一时”“名倾一时”，意思更加显豁。

这是一条感情色彩非常鲜明的褒义成语，绝不能用于坏人坏事。有人忽略了这一点，把它用于反面人物、消极事物，以致造成误用。例如：

（1）7月7日，名噪一时的“黑伞”文强被执行死刑，受到应有的惩罚。（《重庆日报》2010年8月11日）

（2）在缅甸流浪的他（按，指王正元）受“恩人”指点进入毒界，成为了名噪一时的大毒枭，一手经营着一个特大跨国贩毒网络。（《都市时报》2010年6月26日）

（3）记得名噪一时，先后把几十位高官拉下水的走私大王赖昌星曾说过这样一句话：“我不怕领导干部官有多大，就怕他没爱好。”（人民网2010年2月23日）

(4) 她的证言与前面受害人李静的陈述，以及五名犯罪嫌疑人的供词互相印证，形成了充分、完整的证据链条，终于使这个在当地名噪一时的“温柔乡”案（按，指发生在山东招远市的强迫少女卖淫致该女跳楼一案）顺利起诉审结。（新华网 2010 年 6 月 13 日）

无论文强、王正元，还是赖昌星，都是罪大恶极、民愤极大的罪犯，“温柔乡”也是令人发指的案件，形容这样的人和事，可以使用贬义成语“臭名昭著”“臭名远扬”，也可以使用中性成语“众所周知”“尽人皆知”，唯独不能使用褒义成语“名噪一时”。

2010 年 10 月 22 日

# “名正言顺”的种种误用

“名正言顺”语出《论语·子路》：“名不正，则言不顺；言不顺，则事不成。”意思是名分或名义不正当，道理就说不通；道理说不通，事情就办不成。后来就用“名正言顺”指做事名义正当，有充分的理由。例如元·郑光祖《倩女离魂》二折：“老夫人许了亲事，待小生得官回来，谐两姓之好，却不名正言顺？”老舍《骆驼祥子》一八：“在这种时候，他看女儿是个会挣钱的东西，他是作爸爸的，跟她要钱是名正言顺。”姚雪垠《李自成》一卷二十七章：“这一次，我是名正言顺，奉着你闯王的命，去迎接他，说话就有了分量啦。”

使用这条成语必须具备两个条件：一是要有一个正当的名义或名分，二是要凭借这个名义或名分去做某件事情，二者缺一不可。前举《倩女离魂》例，名分是老夫人许了婚事，自己又有了功名和官职，要做的是与小姐完婚。《骆驼祥子》例，名分是“作爸爸的”，要做的是找女儿要钱。《李自成》例，名义是奉了闯王之命，要做的是迎接牛金星。正因为具有这样的名义或名分，所以要做的事都具有充分的理由，从而容易获得成功，这才叫“名正言顺”。有人没有掌握这个要点，用得似是而非，出现种种错误。例如：

(1) 据了解，先贤古墓是以赛义德·艾比·宛葛素为首的 40 多位阿拉伯著名伊斯兰教传教士的墓地……建于贞观

三年(629 年),至今已逾 1300 多年,是一座名正言顺的古墓。(《广州日报》2010 年 9 月 14 日)

(2) 易先生只是“劝”汪晖教授带个头,话说得很客气,即使他不客气地要求汪教授站出来澄清,恐怕也是名正言顺的。正如易先生所说,如果每个公民都没有权利让涉嫌抄袭者站出来澄清问题,那么请问谁有呢?(《齐鲁晚报》2010 年 7 月 28 日)

(3) 容祖儿呼吁香港人不要迁怒于菲律宾女佣,不要炒她们……〔名媛林依丽则〕表示怒炒菲佣是名正言顺的事。(东方网 2010 年 9 月 1 日)

伊斯兰传教士墓确系 1300 年前的古墓,但它并没有凭借古墓的名义去做什么事情,只能说是名副其实的古墓,而不能说是“名正言顺”的古墓。易中天先生要求汪晖教授澄清问题,并没有也无须凭借什么名义,因为每个公民都有这种权利,只能说这样做是理所当然、无可非议的,而不能说是“名正言顺”的。某些香港人怒炒菲律宾女佣,但是并没有凭借什么名义,不管这样做是否妥当,都不能说是否“名正言顺”。

(4) 在中国排球界,俞觉敏的业务能力、敬业精神和为人处世等方面得到普遍认可,他在国家队教练岗位浸淫多年,对现役国手的技术特点比较熟悉,在没有更适合的人选的情况下,俞觉敏的上任,实属名正言顺。(《华西都市报》2010 年 9 月 16 日)

(5) 到手了他的第四个总冠军之后,Kobe Bryant 大约可以名正言顺的成为这个星球上最好的球员了。(人民网 2010 年 8 月 18 日)

俞觉敏就任国家女排主教练是领导正式任命的，不是私相授受，也不是冒名顶替，本来就名正言顺，有什么好说的呢？应该说在没有更适合的人选的情况下，他的上任是顺理成章、合情合理的。科比·布莱恩特带领湖人队四次夺得NBA总冠军，说他成为世界上最好的篮球运动员“当之无愧”或者“实至名归”都是可以的，说“名正言顺”就讲不通了。

此外，还有一些误用，就更加没有道理了。例如：

(6) 在沉默中度过了三天后，瓜迪奥拉和他的球队终于用一场名正言顺的客场胜利对狂人进行了回击。(《武汉体育周报》2010年9月27日)

(7) 张默用作品为自己“名正言顺”。青年演员张默最初出现在媒体面前的时候，总是被冠以“张国立之子”的名号。而且由于年轻气盛时犯下的错误，让张默备受媒体的“烘烤”，其负面新闻被无限放大，延续至今。(人民网2010年6月9日)

说“名正言顺的客场胜利”，就意味着过去的客场胜利都是名不正言不顺的，显然说不通，如果改为“无可争议”之类可能符合作者的原意。张默过去不出名，给人的印象也不太好，现在终于用实际行动证明了自己是一个合格的演员，这只能说为自己“正名”，而不能说为自己“名正言顺”。

由此可见，只有切实掌握成语的含义和用法，才能正确使用，否则只能造成误用。

2010年10月25日

# “莫衷一是”的前提是众说纷纭

“莫衷一是”，意思是不能断定哪种说法对哪种说法错，不能取得一致的意见。衷：折中，这里指做出适中的决断。是：正确，这里指正确的论断、肯定的结论。晚清·薛福成《援越南议上》：“通中外之隔阂，衷群说于一是。”不能“衷群说于一是”，就是“莫衷一是”。例如晚清·郑观应《盛世危言·铁路》：“中国版图广大，轮船之利既小试其端矣，独火车铁路屡议无成，聚讼盈庭，莫衷一是，窃未见其可也。”孙中山《心理建设(孙文学说)》四章：“古籍所载指南车，有谓创于皇帝者，有谓创于周公者，莫衷一是。”徐迟《哥德巴赫猜想》一二：“陈景润曾经是一个传奇式人物，关于他，传说纷纭，莫衷一是。”

“莫衷一是”的前提是众说纷纭，意见分歧。只有在这个前提下，才有可能出现不能断定孰是孰非、不能取得共识的情况。因此，在运用这条成语时必须注意：

第一，只有先举出不同的说法(如孙中山用例)，或笼统指出说法很多(如郑观应、徐迟用例)，然后才能说“莫衷一是”，否则“莫衷一是”就无从说起。例如：

(1) 女子拳击“申奥”成功，业界名宿莫衷一是。(人民网 2009 年 8 月 20 日)

(2) 每当欧盟的利益与美国不一致时，欧盟内部就莫衷一是，失去行动能力。(人民网 2009 年 11 月 21 日)

(3) 对于中国的武器装备制造能力，外界却莫衷一是。(《环球》2010 年第 2 期)

以上三例，前面均未交代存在不同的说法，后面却说“莫衷一是”，前言不搭后语。只有在“莫衷一是”前加上“众说纷纭”“议论纷纷”“意见分歧”“其说不一”之类的词语，才能豁然贯通。

第二，只提出一种观点或见解，不能说“莫衷一是”。例如：

(4) “广州人只会生孩子，不会起名字”本来就是一个莫衷一是的观点，但既然这一说法是客观存在的，广州人不得不认真检视。(《羊城晚报》2009 年 9 月 21 日)

(5) 以老实为选材任用的标准，的确让人在耳目一新之后感觉到莫衷一是、匪夷所思。(《北京晚报》2010 年 2 月 10 日)

(6) “出售资产能替大股东填补利润缺口，减少大股东所需补齐的利润。”对于这一说法，上市公司方面莫衷一是。(《21 世纪经济报道》2010 年 3 月 19 日)

以上三例，作者都只提出一种观点，这种观点可能是错误的，但不存在谁对谁错的问题，说“莫衷一是”显然是无的放矢。如果例(4)改为“值得商榷”，例(5)改为“莫明其妙”，例(6)改为“不敢苟同”，可能更符合作者的原意。

第三，并非观点、意见的分歧，或者本无所谓对错，无须取得一致，也不能说“莫衷一是”。例如：

(7) 500 年来，人们一直对《蒙娜丽莎》神秘的微笑莫衷一是。不同的观者或在不同的时间去看，感受似乎都不同。

(《广州日报》2009 年 11 月 2 日)

(8) 目前市场上品牌众多,且名称各异,让消费者莫衷一是。(人民网 2009 年 11 月 26 日)

(9) 海参有两千多种,其制作工艺莫衷一是。(《广州日报》2010 年 2 月 5 日)

不同的观者对蒙娜丽莎的微笑有不同的理解,同类商品有不同的品牌和名称,不同的海参有不同的制作工艺,都是正常现象,既不属于观点分歧,又无所谓对错,也无须统一,当然更谈不到"莫衷一是"了。

2010 年 3 月 22 日

# “目不暇接”不用于贬义

“目不暇接”意思是眼睛应接不暇，形容眼前美好的事物太多或景物变化太快，来不及观赏。语见明·吴柏《寄毛家姊》之三：“寄石铲天，高柯负日，佳胜奇观，目不暇接。”也作“目不暇给”。如清·郑燮《潍县署中与舍弟墨第二书》：“及披衣而起……见其扬翚振彩，倏往倏来，目不暇给，固非一笼一羽之乐而已。”又作“目不暇赏”，意思更加显豁，感情色彩更加明显。如晚清·黄协埙《锄经书舍零墨·莫愁湖》：“题咏之多，几于目不暇赏。”后多作“目不暇接”。如韦君宜《阳朔秋游》：“从桂林到阳朔，六十公里公路，坐在汽车里向两旁望去，真可以说是目不暇接，只见姿态各异的群山列队而来。”秦牧《菊花与金鱼》：“一切艺术的道理也是这样，单一必然导致枯燥，而丰富多彩、目不暇接则是绝大多数人所欢迎的。”

从前举古今典范用例和各种工具书的释义（如《汉语大词典》释为“美好新奇的事物太多，眼睛来不及看”，《现代汉语词典》释为“东西太多，眼睛看不过来：春节期间，文艺节目多得令人目不暇接”），都可以看出“目不暇接”是一条褒义成语，不能用来形容消极事物。但是目前常常有人把它用于贬义，显然不妥。例如：

（1）当前对企业的各项收费过多、过杂、过乱。如企业造厂房即存在三四十项收费，包括图审费、质检行政费、白蚁防

治费、防雷费等，令人目不暇接。（《北京晨报》2011 年 3 月 5 日）

（2）药到病除、亏本处理……让人目不暇接的广告，暗藏着消费陷阱。昨日，市工商局揭秘五大行业虚假广告伎俩，希望市民……谨防受骗。（《重庆日报》2011 年 3 月 9 日）

（3）中国足球总是笑话不断，两大负责人玩起小学生游戏，捉迷藏；著名教练被警方带走……一个个爆炸消息让球迷们目不暇接，如此国足何谈发展。（人民网 2010 年 1 月 21 日）

（4）国内令人目不暇接的各色“论坛”固然声名狼藉了……我们先前领略的那些“峰会”“国际论坛”……也不乏“卖狗肉”的货色。（《南方日报》2011 年 2 月 14 日）

（5）这年头，有地震震出的贪官，小偷偷出的贪官，豪赌牵出的贪官，敲诈诈出的贪官，大火烧出的贪官，“二奶”官司牵出的贪官……可以说是五花八门，各种各样，让人目不暇接，既可气又可笑。（中国共产党新闻网 2011 年 1 月 7 日）

对企业的收费过多过乱，虚假广告层见叠出，足坛丑闻接二连三，各色“论坛”挂羊头卖狗肉，各种贪官五花八门、无奇不有……如此种种，只能令人望而生厌，断断不会赏心悦目，怎么能用“目不暇接”来形容呢？

2011 年 4 月 14 日

# “目无全牛”不是目无全局

“目无全牛”语本《庄子·养生主》：“始臣之解牛之时，所见无非牛者；三年之后，未尝见全牛也。”这段话是说，庖丁开始宰牛的时候，所看到的都是浑然一体的整牛，几年以后技术纯熟了，看到的只是牛的筋骨结构，而不再是整个的牛了。后因以“目无全牛”比喻对事物的整体和各个组成部分之间的关系已经了如指掌，因而处理起来极为准确熟练。例如唐·杨承和《梁守谦功德铭》：“操利柄而目无全牛，执其吭如刍豢（刍豢：家畜，这里指肉食）悦口。”晚清·宣鼎《夜雨秋灯录续集·小癞子》：“所谓精者如承丈人之蜩，如运郢人之斧，如射甘蝇之箭，胸有成竹，目无全牛。”谢觉哉《不惑集·目无全牛》：“我们称赞人会办事，常说他‘目无全牛’，意思就是说他碰到一件事，能分析它的来踪去迹，分析它的各个方面，分析它相互间的矛盾，然后决定用何方法，从何下手。”

《庖丁解牛》是中学语文教材的传统篇目，读过高中的人按说对这个故事都有印象。但是“目无全牛”作为成语，就不一定大家都会讲会用了。从语用的实际看，这条成语使用频率并不高，但误用的比例却不低。请看例句：

（1）在研究中，首先必须知晓通史。专而不通，必然目无全牛，失于偏颇。（杨生茂《探径集》，中华书局 2002 年版）

（2）“整体把握”，就是反对“肢解文章”，反对“支离破碎”，反对“目无全牛”，反对过分强调了字、词、句、段的“讲深讲透”，而忽视了全文结构的“起承转合”，忽视了全文的思路脉络。（中国基础教育网 2009 年 1 月 9 日）

（3）对于此类题型，考生应考时切忌目无全牛，一定要瞻前顾后，把握住句与句之间的逻辑关系。（人民网 2009 年 12 月 19 日）

（4）季〔羡林〕先生当然可以说，统治者的支持，对一个宗教的发展壮大起着重要的作用，而宗教发展必然会给政府解决一些问题，但是他又犯了以偏概全，目无全牛，想当然，轻率的毛病，把所有原因都归结到一个问题上。（西园论坛 2009 年 7 月 14 日）

（5）这种“目无全牛”的“零件主义”带来的恶果就是：作为市场最重要的主体的消费者却被忽视，产品设计缺少人性化，价格偏离产品价值本身，有的甚至出现严重的质量问题。（《天府早报》2004 年 1 月 16 日）

以上诸例的作者显然都没有弄懂什么叫“目无全牛”，而是想当然地把它理解为只看到局部而看不到整体，只见树木不见森林，所以才把它同“失于偏颇”“支离破碎”“以偏概全”“零件主义”等相提并论。这是典型的望文生义，是理解和运用成语的大忌。

顺便说一下，例(1)是 2006 年出版的一本成语词典为“目无全牛”所举的书证，说明该词典的编者也没有弄懂这条成语。可见切实搞清“目无全牛”的讲法和用法，是很有必要的。

2010 年 2 月 11 日

# “沐猴而冠”不可滥用

《史记·项羽本纪》记载:项羽进入咸阳后,“屠咸阳,杀秦降王子婴,烧秦宫室,火三月不灭,收其货宝妇女而东”。有人劝说项羽应该在咸阳建都,项羽看到此地已经残破不堪,执意不从。“说者曰:‘人言楚人沐猴而冠耳,果然。’”讽刺项羽就像沐猴(猕猴)戴上帽子,尽管装成人样,却办不成人事。后遂用“沐猴而冠”比喻表面上装得像正人君子,实际上却不是什么好东西,常用来讽刺无德无才而窃取高位的人。例如《晋书·张载传》:“至如轩冕黻班之士,苟不能匡化辅政,佐时益世,而徒俯仰取容,要荣求利,厚自封之资,丰私家之积,此沐猴而冠耳。”瞿秋白《青年的九月》:“中国的肥头胖脑的绅士,大肚皮的豪商,沐猴而冠的穿着西洋大礼服,带着西洋白手套的资本家,本来是帝国主义的走狗。”黎汝清《冬蕾》:“君不见,国家栋梁被残酷地摧折,而民族的丑类正沐猴而冠吗?”韦君宜《洗礼》二:“这晚,两个人在一起只是怒骂这些想当官想疯了的‘头头’们,那一个个馋样子简直是沐猴而冠。”

“沐猴而冠”的字面义既然是猴戴帽子装出人样,当然只能比喻人而不能比喻事物,只能比喻虚有其表不干人事而不能比喻别的什么。前举古今典范用例足以证明这一点。遗憾的是,有些人并没有弄清这条成语的出处和确切含义,不仅用它比喻事物,而且任意曲解,随处乱用,几乎令人不知所云。

请看例句：

(1) 全世界成功的政治体制改革，无一不是从税政入手。英国的光荣革命，法国的大革命，美国的独立战争，全部是因税政而起，并且都是以税政完成而终结。没有税改的政改，不过是沐猴而冠，拉美和东南亚的政治实践早已证明了这一点。(人民网 2010 年 11 月 3 日)

(2) 正面报道，无论歌颂性的还是表彰性的，也要有一说一，不必锦上添花，更不能无中生有，如果米不够水来凑，沐猴而冠，不但起不到鼓舞人心的作用，还可能产生相反的效果。(《济南日报》2010 年 9 月 19 日 )

(3) 这些年低俗文化为什么能沐猴而冠，占有了相当的空间……一是一些部门一些人为了迎合某些受众，把格调不高、内容低俗的文化产品和信息与所谓的可读性、收视率、点击率划上了等号。二是一些部门一些人自己就热衷于低级趣味的东西，所谓嗜痂成癖。(东方网 2010 年 8 月 7 日)

(4) 尽管中国队摆出一副势在必得的架势，但是球员拙劣的脚法和糟糕的战术意识使地面渗透打法总有点沐猴而冠的感觉。(《深圳晚报》2010 年 1 月 7 日)

(5) 虚假广告是借着各种媒体沐猴而冠的，坊间早已将一些为虚假广告大开方便之门的媒体斥为“媒托”。(人民网 2006 年 7 月 4 日)

(6) 如同“超女式”民主之猥琐不堪，盗版书摊及黄色小报营造出的“学术繁荣”同样只是沐猴而冠。(《国际金融报》2006 年 10 月 12 日)

以上诸例，或用来比喻政治改革、新闻报道、低俗文化、虚假广告，或用来比喻“地面渗透”的战术、“学术繁荣”的景象，比喻的对象都是事物或现象而不是人，显然是张冠李戴。而且所要表达的意思也令人难以捉摸。例(1)似乎是说“有名无实”，多少还沾点边。例(2)估计是说“添枝加叶”“生拉硬扯”，例(3)可能是说“悄然走红”，例(4)好像是说“不伦不类”，还能勉强猜得出来，至于(5)(6)两例是什么意思，就不好妄加猜测了。总之，都与“沐猴而冠”相去甚远，已经近乎滥用了。

2010年12月1日

## “南辕北辙”比喻行动同目的相反

《战国策·魏策四》记载了一则寓言故事，说有个人要到南方的楚国去，却驾车往北走，自恃自己的马好、盘缠多、车夫高明，殊不知条件越好离楚国越远。后来就用“南辕北辙”比喻行动、做法同目的截然相反（南辕：车辕朝南。北辙：车辙朝北）。也作“北辕适楚”“北辕适越”。例如宋·程颐《为家君应诏上英宗皇帝书》：“以今选举之科，用今进任之法，而欲得天下之贤，兴天下之治，其犹北辕适越，不亦远乎？”清·秦力山《说革命》：“旧政府不去，而望新学术与新制度之有效力，诚南辕而北辙也。”茅盾《杂谈文艺现象》：“如果一方面盼望有功于‘世道人心’的文艺，而同时又不许文艺作品带着强心和清泻的药品，这何异南辕北辙？”

程颐所说的“目的”是得到人才，“做法”是科举取士；秦力山说的“目的”是希望新学术、新制度有效力，“做法”是不推翻旧政府；茅盾说的“目的”是希望文艺发挥作用，“做法”是对文艺横加干涉。做法同目的相反，自然不可能达到目的，这才叫“南辕北辙”。现在有些人没有准确把握这条成语的意义，误以为只要彼此之间在立场、观点、意见、内容等方面存在明显的差异，就叫“南辕北辙”，从而把它的含义泛化了，把它的使用范围扩大了。请看例子：

(1) 赵海生又一次发现两位主要领导，在重大问题上南辕北辙，细究缘由，隐约存在认识上的差异之外，更多的似乎还是深藏于工作分歧背后的恩恩怨怨。（张贤华《欲海沉浮》，作家出版社 2001 年版）

（2）他甚至把我和他的主业——小说和化学，两个南辕北辙的东西巧妙地连在一起。（人民网 2007 年 11 月 23 日）

（3）笔者撰写的有些文章被转载时，标题就改至南辕北辙、完全扭曲了本意的程度。（《中国新闻出版报》2007 年 12 月 14 日）

（4）〔中国代表团发言指出〕国际法并未禁止使用死刑，联大曾两次讨论该问题，但因各方面立场南辕北辙而无果而终。（《江南时报》2007 年 11 月 18 日）

例(1)是说由于认识上的差异和个人恩怨而在重大问题上产生分歧；例(2)是说写小说与研究化学风马牛不相及；例(3)是说标题被改得背离原意，面目全非；例(4)是说世界各国对死刑存废所持的立场分歧太大。这里既没有什么行动，也不存在什么目的，更谈不上行动同目的之间有何相反之处，显然都不能使用这条成语。如此使用成语，而欲使文章增色，诚南辕而北辙也。

2008 年 3 月 4 日

# “蓬荜生辉”的“蓬荜”指什么？

“蓬荜生辉”，意思是使陋室增添光辉，表示由于别人到自己家里来或张挂别人给自己题赠的字画等而使自己非常光荣。语见宋·郑伯敦《请清老茶榜》：“废埽敝庐，祗安圣像，辎軿俯眷，蓬荜生辉。”例如明·冯梦龙《醒世恒言》卷一五：“尼姑谢道：‘小尼僻居荒野，无德无能，谬承枉顾，蓬荜生辉。’”又如清·石玉昆《三侠五义》七十八回：“今日那阵香风儿，将护卫老爷吹来，真是蓬荜生辉，柴门有庆。”李劼人《大波》三部七章：“求大人法书，使卑职蓬荜生辉，卑职实实感激无尽。”

这条成语使用频率不高，但误用的比例却不低。误用的原因就在于没有弄懂“蓬荜”是什么意思。“蓬”是蓬草，“荜”是荆条竹木之类。“蓬荜”是“蓬门荜户”的缩略语，即用蓬草、荆条、树枝等编成的门户，借指穷苦人家简陋的房屋或穷苦人家。称自己的家为“蓬荜”是谦虚，称对方或别人的家为“蓬荜”那就近乎侮辱了。所以“蓬荜生辉”是谦辞，只能说别人的到来或题赠给自己的家增添了光辉，而不能说自己给对方的家或一个人使另一个人的家增添了光辉。有人恰恰忽略了这最关键的一点，以致造成误用。例如：

(1) 德国百年品牌德世朗有几款锅在本报以特优价推出，其时尚的品位和高档的材质必将令你的厨房蓬荜生辉。(《成都晚报》2009 年 10 月 10 日)

(2) 一幅挂在国民党中央党部二楼主席会客室中的孙中山画像，日前经法国画商鉴价，高达美金100万元，顿时成为国民党党史馆的最具历史与文化价值的压箱宝，也让主席会客室真的“蓬荜生辉”。(人民网2010年4月6日)

(3) 走进吴仁宝的家，陈设异常简朴，墙上挂满了被他称作最好装饰的照片，挡住了已经有些破烂的墙壁，是名副其实的蓬荜生辉。(人民网2006年7月3日)

例(1)是说《成都晚报》推出的德国商品可以使顾客的家“蓬荜生辉”，这是典型的误用。例(2)是说孙中山画像使国民党中央主席会客室“蓬荜生辉”，这种话只有国民党中央主席自己可以说，记者是绝对没有资格说的。例(3)是说吴仁宝的精心布置使自己家“蓬荜生辉”，自己使自己“蓬荜生辉”已经不像话，而出自记者之口，更是“名副其实”的误用。

还有一些人不懂得“蓬荜”只能借指陋室或穷苦人家，而不能指人和其他事物，也因此造成误用。例如：

(4) 当她不开口说话的时候，真是乏善可陈……当她开口说话的时候，就像有光芒突然闪出，整个人蓬荜生辉。(毕淑敏《女心理师》)

(5) 人们又把教师比作蜡烛，比作春蚕，比作粉笔，是呀，多么形象而贴切的比喻，教师的形象立刻蓬荜生辉。(中国基础教育网2010年1月24日)

(6)〔杨利伟〕使所有的演职人员激情满怀，他使这部即将上演的电影蓬荜生辉 。(光明网2009年9月5日)

无论是“整个人”、“教师的形象”，还是“电影”，都超出了“蓬荜”所能借指的范围，都不能使用“蓬荜生辉”。

更有一些人根本不懂这条成语是什么意思，置“蓬荜”二字于不顾，只读懂了一个“辉”字，便“创造性”地把“蓬荜生辉”同“金碧辉煌”“富丽堂皇”“光芒四射”“熠熠生辉”“闪闪发光”之类混为一谈，这就纯属滥用了。例如：

（7）你瞧瞧，现在的政府大楼，不是富丽堂皇的有多少？官员的住房，有几家不是蓬荜生辉？（光明网 2009 年 11 月 13 日）

（8）晚上，当地灯打开，整个广场顿时蓬荜生辉。（新华网 2009 年 8 月 26 日）

（9）他们在灯光的锤炼下，灿灿金光，蓬荜生辉，好似金碧辉煌的宫殿一般，在星夜下格外耀眼。（央视网 2009 年 12 月 11 日）

2010 年 6 月 18 日

# “平分秋色”用于双方

“平分秋色”，语见宋·李朴《中秋》诗：“平分秋色一轮满，长伴云衢千里明。”原指秋分或中秋这一天，白天和黑夜平均分占秋天景色，后用来比喻双方各得一半。例如晚清·李伯元《文明小史》五十三回：“现在有桩事是可以发大财的，借重你出个面，将来有了好处，咱们平分秋色，如何？”陶菊隐《袁世凯演义》五回：“从此日、俄两国在东三省平分秋色，北部仍属俄国的势力范围，南部却成了日本的势力范围。”现也比喻双方势均力敌，不相上下。例如2009年8月20日《人民日报》：“在智利等许多国家，左翼政府受到右翼强有力的制约，无论是在议会还是在地方政权层面，左右翼基本平分秋色。”

从这条成语的出处和古今典范用例可以看出，它比喻的只能是双方，而不是多方。有些人不了解这一点，误以为只要是各方平均分配或不相上下，不管是双方还是多方，都可以说“平分秋色”，不恰当地扩大了这条成语的使用范围，以致造成误用。请看例句：

(1) 未来10年内，美元主导的货币体系将终结，人民币、欧元将和美元平分秋色。(《国际金融报》2011年1月23日)

(2) 他曾经尽力扶持中国大陆新生的拍卖公司蹒跚起步，飞速发展，为北京在中国文物艺术品市场中与香港、伦敦、纽约平分秋色而有不可抹杀之功。(《人民日报》2010年8月

9日）

(3)〔鲁迅〕的杂文也恰恰在这个时代达到高峰，并带动许多作者，从而使杂文成为中国现代文学史上足以和新兴小说、诗歌、散文、戏剧平分秋色的一种文学样式。（《钱江晚报》2010年5月31日）

(4) 河北、河南、天津、内蒙古、山西、吉林等地平分秋色。（人民网2010年10月8日）

(5) 西夏王国前期与北宋、辽国平分秋色，中后期与宋、金鼎足相持，雄踞西北200年。（新华网2011年8月4日）

例(1)说的是人民币、欧元、美元三种货币，例(2)说的是北京、香港、伦敦、纽约四个城市，例(3)说的是杂文、小说、诗歌、散文、戏剧五种“文学样式”，例(4)说的是河北、河南、天津、内蒙古、山西、吉林等六个省市自治区，都不是双方，显然都不能使用“平分秋色”。最能说明问题的是例(5)，说到西夏与宋、金对峙时用比喻三方的“鼎足相持”，说到西夏与宋、辽对峙时却用只能比喻双方的“平分秋色”，分明是把这两条意义不同成语混为一谈了。

2011年8月12日

# “评头品足”不是善意的批评

“评头品足”语见晚清·壮者《扫迷帚》十五回：“见那良家妇女及各寮娼妓，冶容艳色，踯躅僧房，轻薄少年，多于庙前庙后，评头品足。”原指无聊的男人随便议论妇女的容貌体态。也作“品头论足”。例如姚雪垠《李自成》三卷二章：“赶他们不走，越发放肆，指着有的女兵品头论足，说下流话。”后泛指对人对事多方挑剔。如毛泽东《关于农业合作化问题》：“过多的评头品足，不适当的埋怨，无穷的忧虑，数不尽的清规戒律，以为这就是指导农村中社会主义群众运动的正确方针。”唐弢《〈鲁迅全集补遗〉编后记》：“……一出版，就不免有人来品头论足，说长道短。”孙犁《秀露集·悼念李季同志》：“作家、诗人，自己虽无领导才能，也无领导兴趣，却常常苛求于人，评头品足。”

从成语的出处和前人的典范用例不难看出，“评头品足”毫无疑问是一条贬义成语。但是现在常常有人把它等同于善意的批评，特别是把群众对政府工作缺点和问题的批评说成是“评头品足”，显然是不妥当的。例如：

(1) 百姓心中有杆秤，对政府工作，他们总会评头品足。(《湖北日报》2010 年 1 月 20 日)

(2) 为国家发展建言献策，为社会和谐评头品足，为党风建设观病把脉。(人民网 2009 年 4 月 24 日)

（3）首先，是讲真话，发自肺腑。上至有关党的得失、国家的兴亡、人民的苦乐……评头品足，说长道短，勇于直言不讳……这是值得弘扬的良好文风。（《四川日报》2007 年 12 月 17 日）

（4）党委政府有“请教”之意，政协有“评头品足”之举。（中国政协新闻网 2009 年 4 月 10 日）

所谓“百姓心中有杆秤”，就是说群众对政府工作的成绩和问题总会做出客观公正的评价，这种评价怎么能叫“评头品足”呢？“建言献策”“观病把脉”都是善意的批评建议，同“评头品足”显然不能相提并论。既然是“发自肺腑”的“真话”，“直言不讳”的“好文风”，怎么能同不负责任的“评头品足，说长道短”扯在一起呢？（顺便说一句，“说长道短”也多用于贬义。如刘绍棠《芳草满天涯》：“那是外乡远处的习俗，到底还是要有个分寸，免得别人在背后说长道短。”）至于例（4）把政协委员的参政议政说成是“评头品足”，就更不恰当了。

2010 年 4 月 30 日

# “破镜重圆”用于夫妻

唐·孟棨《本事诗·情感》记载：南朝陈将亡，陈太子舍人徐德言与妻乐昌公主自知国破后不能相保，便打破一面铜镜，各持一半，作为失散后相认的凭证。后来徐德言果然凭借这半面铜镜找到乐昌公主，夫妻重新团聚。后遂以“破镜重圆”比喻夫妻失散或决裂后重新团聚或和好。例如元·陆文圭《点绛唇·情景四首》：“柳带青青，攀向行人手。天知否，白头相守，破镜重圆后。”明·凌濛初《初刻拍案惊奇》卷二七：“夫妻两个失散了五年……破镜重圆，离而复合。”张恨水《啼笑因缘》十六回：“若是她真还有心在樊先生身上，我若把她二人弄得破镜重圆，她二人应当如何感激我哩。”刘绍棠《鱼菱风景》：“于芝秀叹了口气，跟火把破镜重圆，今生难以如愿了，只有收心拢性，认命跟杨吉利搭伙吧！”

从“破镜重圆”的出处和古今典范用例都可以看出，这条成语的使用范围是有严格限制的，只能用于夫妻之间，而不能用于其他亲人、朋友、同事……之间。现在有些人随意扩大它的使用范围，不管是谁和谁，只要重新团聚或言归于好，都说“破镜重圆”，以致造成误用。例如：

(1) 曼怡用一个爸爸病危的善意谎言骗妞妞回来，父女两人在说客曼怡的帮助下破镜重圆。(人民网 2010 年 5 月 27 日)

(2)张韶涵……对媒体坦承，目前已与母亲通过电话，并……邀请爸妈来看她开唱，为演唱会埋了母女破镜重圆的伏笔。（商都网 2010 年 11 月 16 日）

(3) 姐俩破镜重圆，言归于好……分离已久的亲情终于又回来了。（《半岛晨报》2011 年 3 月 9 日）

(4)“认子夫妻”在证明自己是“大双”的亲生父母、接受了治安处罚后，拿到了公安部门出具的弃婴遗失认领证明单。昨天，他们来到了儿科医院，希望能把“大双”接回家，让一家人破镜重圆。（《新民晚报》2011 年 2 月 26 日）

例(1)用于父女之间，例(2)用于母女之间，例(3)用于姐妹之间，例(4)用于父母和孩子之间，都超出了夫妻的范围，显系误用。好在总还是“一家人”，偏离得不算太远，下面诸例的使用范围可就越扩越大了：

(5) 旭日阳刚因翻唱《春天里》走红，后又因这首歌而与原唱汪峰发生纠纷。昨晚，双方破镜重圆，再度合唱这首歌曲。（《法制晚报》2011 年 4 月 17 日）

(6) 篮协不妨为范斌配个领队，在其和球员之间，起到沟通、润滑作用。破镜重圆，双方重新坐在一起，黏合剂也非常重要。（《新民晚报》2011 年 4 月 23 日）

(7)丁建中和林志玲搭档的“穿越”魔术，让全国观众赞叹不已……穿越镜子意味着打破两岸坚冰，而穿越后镜子完好则意味着两岸破镜重圆。（天极网 2011 年 3 月 31 日）

(8) 1973 年，周晓沛进入外交部中苏边界谈判代表团。从那时起到 1991 年苏联解体，周晓沛见证了中苏外交破镜重圆的一幕幕。（中国共产党新闻网 2010 年 7 月 20 日）

例(5)把使用范围扩大到演唱者旭日、阳刚和原唱者汪峰之间,例(6)扩大到范斌教练和国青队员之间,例(7)漂洋过海扩大到海峡两岸之间,例(8)跨出国门扩大到中苏两国之间。“破镜重圆”的使用范围被无限扩大,几乎无所不包了。

2011年6月21日

# “扑朔迷离”重在难以辨别

“扑朔迷离”，语本《乐府诗集·横吹曲辞五·木兰诗》：“雄兔脚扑朔，雌兔眼迷离。双兔傍地走，安能辨我是雄雌。”原诗的意思是雄兔和雌兔从外观上本来是可以分辨的，但是当它们互相依傍着奔跑时，就很难辨别哪个是雌、哪个是雄了。（“扑朔”如何解释，历来众说纷纭，这里存而不论；“傍地走”的“地”，张相《诗词曲语词汇释》释为“地，语助词，犹‘着’也”，则“傍地走”犹云“傍着走”。）后来“扑朔迷离”四字成文，比喻分辨不清是男是女。例如晚清·宣鼎《夜雨秋灯录》卷七：“吾爱优伶，何曾非两雄相爱；恐两雌相爱，亦同此扑朔迷离也。”引申为比喻事情错综复杂，难以辨别真伪、弄清真相。例如刘伯承《回顾长征》：“待敌部署就绪，我们却又打到别处去了，弄得敌人扑朔迷离，处处挨打，疲于奔命。”王蒙《歌神》：“这些传说尽管扑朔迷离，却唤起了我的希望。”

这条成语的使用范围比较窄，通常只用来形容一桩事情、一起案件、一段故事情节错综复杂、难以辨别。但是目前使用频率却很高，意思也逐渐变得模糊不清，或用如“起伏不定”“变幻莫测”，或用如“不可捉摸”“虚无缥缈”，似是而非，颇费猜详。仅从2009年7、8两个月的报刊上，就可以找到许多例子：

（1）经济数据扑朔迷离，而经济数据的波动将极大地影

响市场经济前景的预期。(《中国证券报》2009 年 7 月 3 日)

(2) 这座城市有一个好听而又令人扑朔迷离的名字——萨迦。(《人民日报》海外版 2009 年 7 月 28 日)

(3) 在未来的一两周内,美元汇率的走势更显扑朔迷离。(《国际金融报》2009 年 7 月 24 日)

(4) 双方再启重组的时间表变得扑朔迷离。(《上海证券报》2009 年 8 月 18 日)

例(1),既然是“数据”,从来都是具体而明确的,不难分辨,作者想表达的恐怕是“经济数据”起伏不定,“市场前景”难以预测,显然不能说“扑朔迷离”。例(2),城市已有定名,无须辨别,只是何以得名,作者还捉摸不透,这个意思也不能说“扑朔迷离”。例(3),“汇率的走势”是个未知数,不是既成事实,无从分辨,只能说难以预测,不能说“扑朔迷离”。例(4),“时间表”不复杂也不难辨,问题是现在还不可能出现,何时出现尚不得而知,说“虚无缥缈”庶几近之,说“扑朔迷离”就不确切了。

所以造成误用,主要是因为没有读懂这条成语。理解“扑朔迷离”要紧紧扣住“安能辨我是雌雄”这句话。无论分辨的对象是雌雄、是男女,还是引申为错综复杂的事物,“安能辨”始终贯穿在整个成语的含义中没有改变。所以这条成语重在难以辨别。凡属已经出现但不难辨别、无须辨别或尚未出现无从辨别的事物,都不在“扑朔迷离”所比喻的范围之内,都不能使用这条成语。

2009 年 8 月 28 日

# “乔装打扮”不等于梳妆打扮

长篇小说《废都》中有一句话：“联想平日里唐宛儿来她（按，指牛月清）家，莫不乔装打扮，一双桃花眼水汪汪地万般多情，那是最能勾动男人心魂的。”（北京出版社 1993 年版第 433 页）这里的“乔装打扮”用得对不对？还有人给自然美和乔装打扮下了定义：“自然美是指个人的修养，以及那种出自本身的气质，乔装打扮是因为那些人认为自己还不够完美，需要有一些装饰，才能使自己变得更完美。自然的美是清新脱俗的，而乔装打扮的美，是带着少许的艳丽。”（见搜狗网 2009 年 2 月 7 日）这个定义下得对不对？让我们先来考察一下这条成语。

“乔装打扮”意思是经过化装，打扮成另外的模样，以隐瞒自己的真实身份。语见明·余绍祉《坡仙笠履图赞》：“如此乔装打扮，好游赤壁西湖。”例如清·文康《儿女英雄传》十三回：“〔乌明阿〕自己却乔装打扮的，雇了一只小船，带了两个家丁，沿路私访而来。”晚清·吴趼人《痛史》二十三回：“我并不是出家修道，不过是乔装打扮，掩人耳目，借着卖药为名，到处访求英雄，以图恢复中国。”姚雪垠《李自成》二卷二十一章：“我是久在酒楼，阅人万千，什么人不管如何乔装打扮，别想瞒过我的眼睛。”余玮《X 个化名背后的陈云》：“陈云在席懋昭掩护下乔装打扮成商人，闯关过卡安全到达成都后，按照周恩来的事先约定，托人去《新新新闻》报馆，刊登《廖家骏启事》，以此表示自己已安全到达成都。”

理解这条成语的关键在“乔”字。“乔”就是作假，“乔装”就是假扮。唐宛儿每次来访都精心打扮，是为了取悦庄之蝶，而不是为了瞒过牛月清的眼睛，说“梳妆打扮”则可，说“乔装打扮”就没有道理了。搜狗网那篇文章的定义显然更是错误的。由于误解而造成的误用在媒体中也时有所见。例如：

(1) 她“虽然已四十五岁，却偏爱当个老来俏，小鞋上仍要绣花，裤腿上仍要镶边”，每天都要涂脂抹粉，乔装打扮一番。（人民网 2009 年 9 月 8 日）

(2) 全村的妇女们乔装打扮，穿金戴银……把酒、糯米饭、大粑粑摆于长桌上，手持牛角酒在祭龙坪恭候，迎接龙（水牯牛）的到来。（新华网 2010 年 1 月 25 日）

(3) 王导的儿子和侄儿听说太尉家将要来提亲，纷纷乔装打扮，希望被选中。只有王羲之，好像什么也没听到似的，躺在东边的竹榻上一手吃烧饼，一手比划着衣服。（国际在线 2010 年 7 月 28 日）

(4) 乔装打扮后的《山丹丹》以崭新的面貌亮相于国家大剧院，以它强大的阵容和震撼人心的艺术水准打动了现场的所有观众。（人民网 2009 年 10 月 20 日）

例(1)是说四十五岁的半老徐娘想把自己打扮得年轻漂亮一点，绝不是想隐瞒身份让人认不出来；例(2)描写苗岭人招龙节迎龙的活动，按照习俗，妇女只须梳妆打扮，无须改变本来面貌；例(3)说的是“东床坦腹”的故事，王家子弟为了争取中选，当然都要尽量美化自己，绝不会乔装成另外的人。因此这三例都不能说“乔装打扮”。至于例(4),说《山丹丹》经过整理加工重新亮相,当然更不能借用“乔装打扮”了。

2010年10月29日

# “巧夺天工”不能形容天然景物

“巧夺天工”意思是人工的精巧胜过天然形成的精巧，形容人的技艺高超绝妙。语见旧题元·伊世珍《琅嬛记》引《采兰杂志》：“甄后既入后宫，宫廷有一绿蛇……每日后梳妆，则盘结一髻形于后前，后异之，因效而为髻，巧夺天工。”例如碧野《南阳玉》：“五环炉由整块绿玉碾成，盘龙彩凤，五个玉环嵌镶玉中，匀称光润，滑动自如，巧夺天工。”欧阳山《三家巷》七十一：“他伸手拨转灯笼，仔细辨认，竟认不出那是竹子织的，是柳枝绑的，还是绒线缠的，总之玲珑浮突，巧夺天工，叫人爱得不行。”郭沫若参观“葵扇之乡”后题词说：“清凉世界，出自手中，精逾鬼斧，巧夺天工。”

理解这条成语的关键在“夺”字。“夺”是胜过的意思，“夺天工”就是胜过天工。有人并没有读懂这条成语，只看到一个“巧”字，便以为只要精巧奇妙的事物，就可以说“巧夺天工”，以致造成误用。例如：

(1) 不论是历史悠久的人文遗址，还是巧夺天工的山川湖泊……都是公共资源。(《检察日报》2007 年 10 月 9 日)

(2) 〔天下第一奇石〕天然形成，没有丝毫人工雕琢……却酷似伟人晚年的侧面头像，真是巧夺天工，出神入化。(人民网 2007 年 8 月 24 日)

(3) 高尔基……不时来卡岛南端索拉罗峰下的彼契腊海

滩徜徉，欣赏巧夺天工的自然弧门。（《中华读书报》2008 年 6 月 19 日）

（4）〔麻核桃上的筋纹〕有的像珊瑚、古树、山峰，有的像腾云驾雾的仙子，真是巧夺天工。（《市场报》2008 年 1 月 7 日）

以上诸例，无论“山川湖泊”、“天下第一奇石”、“自然弧门”，还是“麻核桃上的筋纹”，都是“天然形成，没有丝毫人工雕琢”的，说它们“巧夺天工”，就等于说这些天然景物胜过天然景物，岂不是逻辑混乱、文理不通了吗？

2008 年 10 月 11 日

# 谁同谁结为“秦晋之好”?

春秋时期,秦晋两个大国,为了巩固政治联盟,王室之间连续数代互相通婚。后世因用“秦晋之好”表示两姓联姻、婚配的关系。语见元·乔梦符《玉箫女两世姻缘》三折:“末将不才,便求小娘子以成秦晋之好,亦不玷辱了他,他如何便不相容?”明·罗贯中《三国演义》十六回:“主公仰慕将军,欲求令爱为儿妇,永结秦晋之好。”邹韬奋《经历》:“我的父亲和我的岳父……因自己的友谊深厚,便把儿女结成了秦晋之好。”周而复《长江还在奔腾》:“但结婚毕竟是男女双方之事,倘若双方情投意合,愿结秦晋之好,别人何必反对呢?”

从这个典故的出处和这个成语的典范用例都可以看出,“秦晋之好”的使用范围是有严格限制的,只能表示两姓结成婚姻关系,不能随意扩大。现在有些人只要看到双方结成某种关系,不管是谁和谁,也不管是什么关系,都说“秦晋之好”,不恰当地扩大了这条成语的使用范围,显然是错误的。请看例句:

(1) 国美与百思买是在市场上你死我活的竞争对手,双方能够平心静气坐下来结为秦晋之好吗?(《经济参考报》2007 年 5 月 24 日)

(2) 目前〔宜昌市夷陵区〕已有 130 多家规模以上工业企业与科研院所结为秦晋之好。(《湖北日报》2011 年 1 月 7 日)

(3) 遵循“平等自愿、优势互补、诚实信用、长期合作、共同发展”的原则，贵阳市与广州市正式缔结为友好城市，喜成“秦晋之好”。（中国共产党新闻网 2007 年 2 月 2 日）

(4) 中国与全球天然气储量第五位的土库曼斯坦已正式结成秦晋之好。（《北京晨报》2007 年 7 月 19 日）

(5) 对于阆中张飞墓安葬的是身躯，而重庆云阳县凤凰山上的张飞墓安葬的是其人头之说，阆中文管所长郑勇德表示认同，他还希望，两处张飞庙结为“秦晋之好”，早日将张飞的头和身躯安放在一起，让张飞“身首合一”。（《辽沈晚报》2010 年 7 月 27 日）

以上诸例，结成的都不是婚姻关系而是友好关系，结成关系的双方都不是两姓人家，而是两家企业、两类单位、两座城市，甚至两个国家。如此张冠李戴，扩大范围，显然是对这条成语的误用。更有意思的是最后一例，为了让张飞的头颅和身躯合二而一，竟然要求“两处张飞庙结为秦晋之好”，错得更加离谱了。

2011 年 3 月 8 日

# “青云直上”与“扶摇直上”

《史记·范睢蔡泽列传》记载：魏国中大夫须贾出使秦国，发现秦国丞相张禄就是当年受过自己迫害的属下范睢时，吓得连忙叩头谢罪，说“贾不意君能自致于青云之上”（我没有想到您自己把自己送上丞相的高位）。青云：高空的云，借指高空，这里比喻高官显爵。后遂以“青云直上”比喻官职地位上升得很快很高，与“飞黄腾达”意思相近。例如唐·刘禹锡《寄毗陵杨给事三首》之二：“曾主鱼书轻刺史，今朝自请左鱼来。青云直上无多地，却要斜飞取势回。”清·文康《儿女英雄传》十九回：“但我虽不曾中那进士，却也教育了无数英才，看去将来大半都要青云直上。”巴金《探索与回忆·怀念丰先生》：“最初我真的相信批斗我是为了挽救我。但是经受了长期批斗之后，我才明白那些以批斗别人为乐的人是踏着别人的尸首青云直上的。”秦牧《长街灯语》：“他们曾经靠弄虚作假青云直上，搞假成绩，假产量，假案件，假报告，一切都可以得心应手制造出来。”

“青云”一词从汉代起就产生了比喻高官显爵的意义，如汉·扬雄《解嘲》：“当途者升青云，失路者委沟渠。”宋·司马光《和任屯田感旧叙怀》诗：“自致青云今有几？化为异物已居多。”因此“青云直上”只能比喻人的官职地位上升，而不能比喻别的什么，更不能用于事物。有人没有理解这一点，扩大了它的使用范围，以致造成误用。例如：

(1) 2010 年 4 月 17 日与 9 月 29 日，国家为了遏制房价过快上涨，相继出台两轮调控政策，岂料楼市价格青云直上。(《广州日报》2011 年 1 月 5 日)

(2) 随着近期美联储宣布“印钞”救市计划，美元应声下跌，黄金青云直上。(新华网 2009 年 3 月 25 日)

(3) 百度上市至今，股价更是青云直上，早已迈入百元股价俱乐部。(《第一财经日报》2011 年 3 月 8 日)

(4) 如果要雕刻，就需要专业的技术，就有难度，要见功夫，难度到了极致，价值才会青云直上。(《京华时报》2008 年 7 月 21 日)

无论房价、金价、股价，还是雕刻艺术的价值，都超出了官职、地位的范畴，上涨得再快再高，也不能说“青云直上”。以上诸例显系误用，应该改用“扶摇直上”。“扶摇直上”意思是乘着旋风之势径直向上(扶摇：旋风)，比喻事物迅速直线上升。使用范围比较广，可以用于职务、地位，也可以用于价格、产量、成绩……；可以用于人，也可以用于事物。例如曹靖华《飞花集·风物还是东兰好》：“即便在连续三年的自然灾害里，这儿的粮产量却扶摇直上，岁岁增产。”赵景深《相声史杂谈·序》：“解放后……相声成为全国性曲种，成为最有影响、扶摇直上的艺术。”刘心武《钟鼓楼》二章：“因为小生演员奇缺，他在团里的地位居然扶摇直上，近来竟有两三个挑大梁的旦角约他配戏。”这条成语放在前面所引的几个例句中都很合适。

至于下面两例，不但不能用“青云直上”，也不能用“扶摇直上”：

(5) 审批门槛青云直上，演员沮丧离去……一切表明山寨春晚正受到行政权力的“干涉”。(中国共产党新闻网2009年1月25日)

(6) 这部影片(按，指《建国大业》)不仅仅成为一枚借着国庆之风青云直上的狂欢型的“重磅炸弹”，还给2009年的中国观众，多多少少提供了可以沉默和回味的空间。(《北京日报》2009年9月28日)

“门槛”再高，也不能离开地面，“重磅炸弹”再重，也只能下落不能上升。这两例不仅超出了“青云直上”的使用范围，而且取譬设喻也不伦不类，纯属滥用了。

2011年4月18日

# “情不自禁”与“不由自主”

“情不自禁”语本南朝·梁·刘遵《七夕穿针》诗：“步月如有意，情来不自禁。”后以“情不自禁”四字成文，表示由于抑制不住自己的感情，而做出某种动作、行为（禁 jīn：忍住；抑制）。例如宋·罗大经《鹤林玉露》卷一二：“然当垓下诀别之际，宝区血庙，了不经意，惟眷眷一妇人，悲歌怅饮，情不自禁。”清·曹雪芹《红楼梦》十五回：“宝玉情不自禁，然身在车上，只得眼角留情而已。”巴金《谈〈憩园〉》：“我是个喜欢唠叨的作者，有时情不自禁会向读者谈起自己的创作。”周而复《白求恩大夫》二：“输完血，白大夫跳下来，情不自禁地举起右手来对大家说：‘这个伤员，我们救活了。’”

理解和运用这条成语的关键，是要扣住一个“情”字。不能自禁的原因盖在于“情”，只有控制不住本来可以控制的喜怒哀乐之类的感情，才能说“情不自禁”。有人忽略了这一点，误以为不管什么原因，只要控制不住自己，都叫“情不自禁”，以致造成误用。例如：

（1）一想起酸味食物，如柠檬、山楂，人们会情不自禁地分泌唾液。（《生命时报》2010 年 1 月 22 日）

（2）她突然感觉到胸口闷疼，接着一股凉丝丝的液体从喉咙处往上涌动，她情不自禁地张开嘴，结果一大摊鲜血从口中喷出。（《扬子晚报》2009 年 10 月 23 日）

(3) 口唇黏膜……干燥起皱，宝宝会情不自禁地用口水来滋润口周皮肤和口唇黏膜。(《信息时报》2009 年 11 月 18 日)

(4) 有时候睡觉都会情不自禁地笑出声。(《南方日报》2010 年 3 月 10 日)

想起酸物就分泌唾液，因呕血而张嘴，嘴唇干燥用舌头舔，睡梦中发出声音……诸如此类，都是生理上的反应，与感情失控毫无关系，因此都不能使用"情不自禁"，应该改为"不由自主"。

"不由自主"的意思是由不得自己做主，即自己控制不住自己。原因是多方面的，可能是"情"，更多的是其他因素。表现出来的不仅限于整个人的行为，也可以是身体某一部分的动作或反应。例如《红楼梦》八十一回："贾母道：'那年你中了邪的时候儿，你还记得么？'凤姐儿笑道：'我也不很记得了。但觉自己身子不由自主，倒像有什么人，拉拉扯扯，要我杀人才好。'"叶圣陶《一个青年》："……喉际的噎塞与肺部的胀紧再也忍不住了；一双眼睛便不由自主地张了开来，仿佛借此也可以略微透一透气。""不由自主"用于上述诸例，正好合适。

附带说一下，还有一些误用，错得就不着边际了。例如：

(5) 如果我们一旦同意这种交易(按，指对台军售)，那么以后势必出现更多的国家、更多的集团，更加情不自禁地拿台湾问题作为要挟的条件。(《学习时报》2010 年 1 月 5 日)

(6)〔内蒙古一位领导同志宣布〕今年，鄂尔多斯的人均 GDP 将超过香港。……政府官员一有成绩就情不自禁，如此的沾沾自喜，实在是看不明白。(人民网 2009 年 12 月 9 日)

(7) 他演惯了叛徒……猛不丁让他演正面角色，他就会……情不自禁地流露出叛徒的嘴脸来。（中国共产党新闻网 2009 年 12 月 1 日）

拿台湾问题要挟中国，是完全可以由自己做主的政治行为，既不是“不由自主”，更不是“情不自禁”。有了成绩就沾沾自喜，过高估计自己，不是感情问题，而是思想认识问题，改为“头脑发热”或“忘乎所以”，庶几近之。演惯了叛徒不会演正面角色，不是因为对叛徒情有独钟，而是习惯使然，改用“自然而然”，也许会好一点。

2010 年 4 月 24 日

# “罄竹难书”的感情色彩和使用范围

2006 年 5 月 20 日，陈水扁在一个公开集会上赞扬台湾志工（义工）的贡献时说：“有很多我们的志工团体，不管是政府代表或者是民间企业帮忙等等，这些都是罄竹难书，非常感人的成功故事。”“罄竹难书”能不能用于褒义，还是让我们考察一下它的出处和古今典范用例吧。

“罄竹难书”语本《吕氏春秋·明理》：“此皆乱国之所生也（这些都是混乱的国家发生的怪异现象），不能胜数，尽荆越之竹犹不能书。”《旧唐书·李密传》：“罄南山之竹，书罪（隋炀帝之罪）未穷；决东海之波，流恶（隋炀帝之恶）难尽。”意思是用尽所有的竹子也难以写完（罄：尽；竹：古人写字用竹简，竹子是制竹简的材料；书：写）。后世因以“罄竹难书”比喻罪恶之多，难以写尽。例如《明史·邹维琏传》：“维琏抗疏曰：‘〔魏〕忠贤大奸大恶，罄竹难书。’”孙中山《历年政治宣言》：“自满清盗窃中国，于今二百六十有八年，其间虐政罄竹难书。”张爱玲《谈女人》：“男人的话我们也听得太多了，无非骂女子十恶不赦，罄竹难书，惟为民族生存计，不能赶尽杀绝。”

这条成语从它一出现，就带有明显的贬抑色彩，尽管过去间或有人用于褒义，但发展至今，其为贬义成语早已约定俗成。因此陈水扁用来赞扬“志工”，“教育部长”杜正胜为之辩解，在台湾立即引起轩然大波，传为笑柄，绝非偶然。

令人遗憾的是，类似陈水扁这样的误用至今在大陆依然时有出现。请看例句：

(1) 七八十年代首都国际机场、长城饭店、北京西直门地铁站……的巨幅壁画，……晚年风骨峥嵘、意境苍茫的焦墨山水以及炉火纯青的篆书书法，……他(按，指张仃)一生的艺术成就真是“罄竹难书”。(《燕赵都市报》2010 年 2 月 28 日)

(2) 俗话说家有一老，如有一宝。我家就有两宝——婆婆与妈妈。两个八十多岁的老太太为我家增添了许许多多的天伦风采，那真是罄竹难书。(人民网 2009 年 9 月 22 日)

(3) 通过半个赛季的共处，〔英国阿森纳队的〕范佩西对于坎贝尔的赞美可谓罄竹难书。(新华网 2010 年 5 月 11 日)

无论是张仃的成就、老人的贡献，还是队友的赞美，都是应该被褒扬的事物，显然都不能说“罄竹难书”。

还要指出的是，用尽所有的竹子也难以写完的，必须是罪行、劣迹、错误之类的事实，因为只有事实才需要而且可以记载下来给人看。具体的东西数量再大也不能使用“罄竹难书”。例如：

(4) 中国书法，历朝历代，汗牛充栋，罄竹难书，有名无名正不知其几何。然迄今被人提及者复有几人？(新华网 2009 年 10 月 26 日)

(5) 甲骨文上刻个字不容易，罄竹难书的公文重得累死人不偿命，洛阳纸贵逼得古代书生多写一个字都要先算经济账。(《钱江晚报》2010 年 1 月 6 日)

(6) 乐山的饮食都很随意和平易近人，你譬如做鱼，乐山人随手田间搞点藿香，那个好滋味简直是罄竹难书！(新华网

2009年12月4日）

形容历代书法作品、公文档案极多，可以说“不计其数”“不可胜数”“举不胜举”，也可以说“汗牛充栋”“浩如烟海”，但是绝不能说“罄竹难书”。其实例(4)的作者用了“汗牛充栋”，已经表达清楚，加上个“罄竹难书”，纯属画蛇添足。至于说到乐山人做鱼的滋味，只能品尝而无法记载，只有说好坏而不能论多少，说非笔墨所能形容，庶几近之，说“罄竹难书”就毫无道理了。

顺便说一下，例(5)的“洛阳纸贵”形容某人的著作风行一时，流传甚广，并不是说纸价太贵，一般人买不起。这样使用也犯了断章取义的错误。参见本书《“洛阳纸贵”不等于纸贵，更不等于贵》一文。

2010年7月14日

# “趋之若鹜”是贬义成语

“趋之若鹜”语本《史记·货殖列传》：“走死地如鹜者，其实皆为财用耳。”这句话的意思是，像一群鸭子那样不顾性命奔赴险地的人们，其实都是为了追求财物啊。后用“趋之若鹜”比喻许多人争先恐后地追逐某个目标（趋：奔赴，追求；鹜：鸭子）。把苦苦追求的人们比作一群鸭子，其为贬义可知。例如清·李渔《笠翁文集·与赵声伯文学》：“蝇头之利几何，而此辈趋之若鹜。”成仿吾《新文学之使命》：“我真不知何处有模仿的价值，而介绍者言之入神，模仿者趋之若鹜如此。”“趋之若鹜”也作“趋利若鹜”，感情色彩更为明显。如清·纪昀《阅微草堂笔记·姑妄听之一》：“人情渐薄，趋利若鹜。”

从这条成语的来源、古今典范用例和诸家辞书的释义（如《辞海》《新华成语词典》均标明“含贬义”，《现代汉语词典》更直截了当地释为“比喻许多人争着追逐不好的事物”），都可以看出“趋之若鹜”无可争议的是一条贬义成语。1997年高考语文有一道判断题，目的就在于纠正对这条成语的误用：“齐白石画展在美术馆开幕了，国画研究院画家竞相观摩，艺术爱好者也趋之若鹜。”可惜高考这根“指挥棒”也不是万能的，十年过去了，这种任意改变成语感情色彩的误用，至今在媒体中依然屡见不鲜。例如：

(1) 长沙市民对经济适用房趋之若鹜。（《中国青年报》

2007年11月16日）

(2)那些拥有雄厚资源的重点学校、名牌学校便成了人心所向，家长、学生们就趋之若鹜。(《东方早报》2007年9月20日）

(3) 一个是拥有姚明的火箭队，一个是拥有韦伯、毕比的国王队，外加“中国德比”的诱惑，怎能让球迷们不趋之若鹜？(《新民晚报》2007年10月4日）

(4) 无论是包着整尾虾仁的小笼包，汤汁甜美的油豆腐细粉……美味又超值，令外地客趋之若鹜。（人民网2007年9月19日）

市民争相购买经济适用房，学生积极报考重点大学，球迷踊跃观看火箭、国王在上海的比赛，游客纷纷品尝台湾美味又超值的小吃，这种追求和选择都是正常的、合理的，没有任何可以贬抑或讥讽之处，用贬义成语“趋之若鹜”来描述，显然都是不恰当的。

成语的感情色彩是长期形成的客观存在，使用者只能遵循这个规律而不能随意改变。这是净化祖国语言，促进汉语规范化的基本要求，必须引起足够的重视。

2008年2月24日

# “雀屏中选”的是女婿

《旧唐书·高祖太穆皇后窦氏传》记载，窦氏的父亲窦毅鉴于女儿才貌双全，不肯随随便便嫁出去，一定要找一个出类拔萃的女婿。“乃于门屏画二孔雀，诸公子有求婚者，辄与两箭射之，潜约（暗中约定）中目（射中孔雀眼睛）者许之。前后数十辈莫能中。高祖后至，两发各中一目。”窦毅大悦，便把女儿许配给李渊。后来“雀屏”就成为择婿许婚的典故。如明·高明《琵琶记·奉旨招婿》：“丝牵绣幕，射中雀屏。”清·李渔《风筝误·凯宴》：“同事有高贤，恰好是雀屏佳选。”“雀屏中选”也成为表示被选为佳婿的成语。例如清·白云道人《赛花铃》二回：“倘若和得高妙，果有出人意见，一来与自己增光，二来学着古人雀屏中选之兆，三来使老安人晓得红生学问富足，日后必然显达，不致反悔姻盟。”京剧《状元媒》：“杨六郎门当户对雀屏中选，因此上赠宝衫订下姻缘。”又如 1981 年 11 月 6 日《民生报》报道歌星邓丽君选中马来西亚华侨郭孔丞为终身伴侣，标题是：《邓丽君终身初定　郭孔丞雀屏中选　马来西亚殷实侨商　准泰山见面后欣然同意》。

“雀屏中选”，中选的只能是女婿，顶多扩大到丈夫。由于使用范围很窄，这条成语并不常见，但是近年来，它的使用频率却突然升高。原来有些人不了解“雀屏”的特定含义，只看到“中选”二字，不管是干什么，只要被选中，便说“雀屏中选”，以致把这条成语用得不伦不类。请看例句：

(1) 从难民蜕变为加拿大最有影响的文化人士，最后走上政坛……伍冰枝能够雀屏中选，是因为她有卓越的才华、独具亲和力的公众形象和超越于党派之争的背景。(《人民日报》海外版 2011 年 2 月 25 日)

(2) 1969 年，西德社会民主党赢得大选，勃兰特当选总理。谦逊与勤快的纪尧姆，雀屏中选，成为总理的政治助理。(《法治周末》2011 年 5 月 30 日)

(3) 很多企业在面对两个同等条件的男女应聘者时，往往会倾向于选择男性，而同等条件的女性应聘者中，漂亮的或者身材高挑的应聘者更容易雀屏中选。(人民网 2010 年 1 月 12 日)

(4) 令国人颇感欣喜的是：中国乳业领军企业伊利雀屏中选，成为了唯一一家符合奥运标准、为奥运会提供乳制品的企业。(人民网 2008 年 8 月 25 日)

(5) 年末，坊间传言央视开年大戏的热门候选剧《旗袍》《风语》，都是谍战剧，最后雀屏中选的《黎明前的暗战》同样以谍战为卖点。(《北京日报》2011 年 3 月 3 日)

(6) 奥运花卉评选期间，菊花也不负众望雀屏中选，成为数百种奥运花卉中的一员。(《人民日报》海外版 2008 年 5 月 2 日)

例(1)说的是伍冰枝被选为加拿大第一位华裔女总督，例(2)说的是纪尧姆被选为勃兰特总理的政治助理，例(3)是说应聘的漂亮的女性更容易被企业选中,都与当女婿沾不上边,显然不能使用“雀屏中选”。至于例(4),“雀屏中选”的是企业,例(5)是电视剧,例(6)是菊花,使用范围越扩越大,这就沿着误用的道路越走越远了。

2011年6月30日

# “人老珠黄”比喻妇女

“人老珠黄”，比喻妇女年纪大了被人嫌弃，像珍珠年代久了变黄就不值钱一样。例如明·兰陵笑笑生《金瓶梅词话》二回：“娘子正在青年，翻身的日子很有呢，不像俺是人老珠黄不值钱呢。”王火《战争和人》（三）卷七：“我本来会说书，已经出了点名，但大了八岁年纪，荒疏了八年，搭班子人老珠黄也没人要了。”周而复《上海的早晨》二部三二：“再下海当舞女吗？人老珠黄不值钱，她年轻的黄金时代已经过去了。”

“珠”是女人的珍贵装饰品，古人常用来比喻女人，也常用作女人的名字。但是珍珠在身上戴久了受人体分泌的油脂和汗液的浸渍容易变黄，长期放置在柜子里也会变黄。珍珠一黄就不值钱了。所以用“人老珠黄”比喻女子人到中年，青春不再，遭人嫌弃。现在有些人，特别是体育记者，没有准确理解这条成语的含义，常常用来比喻男子，甚至老年男子，显然不妥。例如：

(1) 男人过了三十岁就没看点了，就人老珠黄了。（《重庆晚报》2010 年 2 月 9 日）

(2) 切尔西主力阵容眼看着人老珠黄，阿森纳阵容越来越嫩，曼联、利物浦则人丁单薄，正遇上青黄不接时。（《武汉晚报》2010 年 4 月 10 日）

(3) 等过几年田亮人老珠黄，他光荣退役之日，就是穷愁

潦倒之时。(《信息时报》2006 年 4 月 11 日)

(4) 显然没有料到这支被渲染成问题一箩筐的球队居然如此骁勇,而那位似乎已经人老珠黄,据说经常忘事的德国糟老头(按,指教练克劳琛),一出手居然如此厉害。(人民网 2005 年 6 月 15 日)

以上四例"人老珠黄"比喻的都是男性。后三例均出自体育记者之手。最后一例不仅比喻男性,而且用于"糟老头","似乎已经"沿着误用的道路走得更远了。

2010 年 6 月 22 日

# 人满而且为患才叫“人满为患”

“人满为患”意思是人太多，容纳不下，简直成了灾。形容因人多造成了麻烦或困难。原作“人满之患”，语见清·方苞《江南闽广积贮议》：“自井田废，而民之聚者不可散，历世相仍，通都大郡有人满之患。”后多作“人满为患”。例如方志敏《狱中纪实》：“各地监狱都有人满为患之苦。”李劼人《大波》一部六章：“听说成都府属十六州县的局子，早已人满为患。”

理解和使用这条成语，要注意三点：一、所谓“人满”，不是指正常的满员或满座，而是指人多得超过容纳的限度。二、所谓“为患”，是指由于人多得超过容纳的限度而造成麻烦、困难，甚至灾难。三、从感情色彩上看，这条成语通常含有对这种状况并不满意的情绪，例如前举方志敏和李劼人的用例，都流露出对当局抓人过多的不满。正常的满员、满座通常是人们期待的好事，不会“为患”，只有已经出现或将要出现人们所不愿意看到的“为患”的状况，才能说“人满为患”。有些人既没有弄清“人满”，又忽略了“为患”，把这条成语当作“人满”的同义词，甚至只要人多就说“人满为患”，以致造成误用。例如：

(1) 作协办了文学讲习所，在新城剧场人满为患，门票攒了几千元，为柳青修缮了墓碑。(《人民日报》2009年7月27日)

(2) 2007 年 6 月，35 岁的他（按，指谢天笑）在北京星光现场举办小型演唱会，现场人满为患。（《北京晚报》2009 年 7 月 9 日）

(3) 每次集体家访就像召开村民全体会议一样，人满为患，深受当地居民热情接待和好评。（中国共产党新闻网 2009 年 9 月 17 日）

(4) 在这一政策感召下，收入署近来人满为患，逃税者争相补缴税款，试图减轻处罚。（《法制日报》2009 年 8 月 25 日）

(5) 尽管房价出现了明显的上涨，但买房人的购买热情却不减反增，各个售楼处人满为患，销售额开始直线上升。（《北京青年报》2009 年 7 月 16 日）

例(1)是说西安市作协在新城剧场办班，用门票收入为作家柳青修缮了墓碑。剧场是否满座，不得而知，但没有为患反而获益则是事实，怎么能说“人满为患”呢？例(2)，大凡剧场演出，有多少座位卖多少票，不会超过容纳限度，充其量是“座无虚席”，绝不会为患。例(3)，既然每次集体家访都受到当地居民好评，肯定没有为患。最后两例，逃税者争相补缴税款，售楼处销售额直线上升，都是求之不得的好事，人多的话等一等就是了，又何患之有？以上诸例，作者想要表达的意思无非是人多而已，既非多得超过容纳的限度，又没有达到为患的程度，而且都不是人们不愿意看到的事情，使用“人满为患”未免夸大其词，耸人听闻，还是换一个朴实、贴切的说法为好。

2009 年 10 月 7 日

## “忍俊不禁”不等于忍不住、很可笑

“忍俊不禁”意思是忍不住要发笑。不禁（jīn）：抑制不住。语见宋·释普济《五灯会元·大宁道宽禅师》：“僧问：‘饮光正见，为甚么见拈花却微笑？’师曰：‘忍俊不禁。’”例如清·梁绍壬《两般秋雨盦随笔·迦陵填词图》：“读之忍俊不禁，不意此老亦风趣乃尔。”张清平《林徽因》：“他不动声色的谐谑，常常让徽因忍俊不禁。”秦牧《猴子的模仿和人类的创造》：“他们所训练出来的猴子，表演的各种花样，就很令人忍俊不禁。”也作“忍俊不住”。邹韬奋《萍踪寄语》二：“张君幽默健谈，追诉去年和他的夫人往甘肃时途中遇盗情形，令人忍俊不住。”

从语义上看，“忍俊”就是忍笑，“忍俊不禁”这条成语中已经包含了发笑的意思，再用来修饰“笑”或“笑声”，就叠床架屋了。从语法功能上看，“忍俊不禁”是动词性词组，通常作谓语，后面不带宾语，也不作状语和定语。现在很多人常常把“忍俊不禁”同“忍不住”混为一谈，让它充当状语或定语，就不合语法了。例如：

(1) 小朋友……顿时开怀大笑，范太自己也忍俊不禁地笑了。（人民网 2007 年 7 月 19 日）

(2) 一定会忍俊不禁地发出笑声。（《生活日报》2007 年 6 月 4 日）

(3) 台下观众发出忍俊不禁的笑声。（人民网 2007 年 7

月 30 日）

例（1）例（2）等于说“忍不住要发笑地笑了”，“忍不住要发笑地发出笑声”，都讲不通。如果想保留“忍俊不禁”，就要删去成语后面的话；如果想保留“笑了”或“发出笑声”，就要把“忍俊不禁”改为“忍不住”，并删去“地”字。例（3）等于说“发出忍不住要发笑的笑声”，文不成义，可以只说“忍俊不禁”，也可以只说“忍不住发出笑声”。

“忍俊不禁”也不等于“很可笑”“很有趣”，不能充当定语。只有同“令人”之类的词语连用后，才可以充当定语，表示很可笑、很有趣的意思。因此下面两个例子也是不妥的：

（4）袁立、秦汉等明星在李咏忍俊不禁的串词中颁完了本届金鸡奖的所有奖项。（《北京娱乐信报》2003 年 12 月 5 日）

（5）莫斯科曾举办过小猪运动会，很多忍俊不禁的报道也证明了小猪的智商绝不亚于其他动物。（人民网 2007 年 8 月 7 日）

例（4）等于说“忍不住要发笑的串词”，例（5）等于说“忍不住要发笑的报道”，都不成话，只有在“忍俊不禁”前面加上“令人”二字，才能文从字顺。

2008 年 1 月 2 日

# “如火如荼”不用于贬义

“如火如荼”语本《国语·吴语》：“万人以为方阵，皆白裳、白旂、素甲、白羽之矰，望之如荼……左军亦如之，皆赤裳、赤旟、丹甲、朱羽之矰，望之如火。”意思是像火一样红，像荼一样白（荼：一种茅草的花，色白）。原比喻军容壮盛。例如晚清·吴趼人《二十年目睹之怪现状》五十八回：“如火如荼，军容何盛。”后多比喻气势旺盛，气氛热烈，感情炽热。如郭沫若《骑士》：“各种各样的如火如荼的热辩，各种各样的如火如荼的狂呼，把十万人的工农大众的心血沸腾到了一百二十度以上。”巴金《家》六：“报纸上的如火如荼的记载，唤醒了他底被忘却了的青春。”丁玲《一个真实人的一生》：“在这个时期中，中国轰轰烈烈的大革命运动在南方如火如荼，而我们却蛰居在北京，无所事事。”

从“如火如荼”的出处和古今典范用例都可以清楚看出，这是一条褒义成语。遗憾的是，现在却有人把它用于贬义。例如：

(1) 各种政府公祭活动大行其道，如火如荼，奢侈华丽，劳民伤财……大把烧钱，天怒人怨。（中国共产党新闻网2009年6月1日）

(2) 早在1958年11月25日，也就是“大跃进”还在如火如荼地进行，空话、大话连篇累牍地发表，虚报浮夸之风盛行

的时候……。(中国共产党新闻网 2009 年 8 月 6 日)

(3) 在当下的一些省级卫视中,名目各异的相亲类节目如火如荼,呈泛滥之势。6 月 9 日,国家广电总局下发了……两份文件,对最近引起很大社会争议的相亲类电视节目进行整改。(《人民日报》2010 年 6 月 12 日)

(4) 联系近年来的“地瓜王子”、“太医传人”和这次的“著名养生专家”、“中国食疗第一人”等事件,人们不禁要问究竟是什么原因使前“伏”后继的造“神”运动如火如荼?(《学习时报》2010 年 6 月 19 日)

政府公祭活动本来是好事,弄得不好也会成为坏事。既然用“劳民伤财”“天怒人怨”加以谴责,显然不宜再用“如火如荼”加以褒扬。既然对“大跃进”的批判如此尖锐,又怎么好说它“如火如荼”呢?至于政府已下令整改的“相亲类电视节目”,以及最近揭露的对张悟本的“造神运动”,更不适合使用褒义成语加以肯定。

2010 年 8 月 6 日

# "如丧考妣"的使用范围和感情色彩

"如丧考妣"语出《尚书·尧典》:"二十有八载,帝乃殂落,百姓如丧考妣。"孔安国传:"考妣,父母。言百官感德思慕。"后遂用来形容像死了父母那样悲痛。例如宋·王安石《本朝百年无事札子》:"升遐之日,天下号恸,如丧考妣。"清·钱彩《说岳全传》六十三回:"朱仙镇上众百姓闻知岳元帅被害,哭声震野,如丧考妣一般。"李英儒《女游击队长》:"现在一听到院门口响机枪,全院一片惊恐号叫,抢地呼天,如丧考妣,作鸟兽散。"徐铸成《旧闻杂忆·傅作义与张学良》:"当阎〔锡山〕听到部下向他报告蒋在西安被扣的消息时……发出呜呜声,装出如丧考妣的样子。"也作"若丧考妣"。如鲁迅《且介亭杂文·忆刘半农君》:"那是十多年前,单是提倡新式标点,就会有一大群人'若丧考妣',恨不得'食肉寝皮'的时候。"

这条成语不难理解也不难使用,但是要注意两点:

第一,这条成语只比喻极度悲伤的感情,因为死了父母一般不可能产生别的感情。忽略了这一点就会造成误用。例如:

(1) 老板念着念着稿子,突然卡了壳……原来稿子钉错啦,前后页次颠倒了,碰巧又没打上页码。会议结束后,众秘书如丧考妣,在主任的带领下,负荆请罪,犹不能平息老板的一腔怒火。(《广州日报》2008 年 12 月 23 日)

(2) 高考素以公平而严格著称,近年来却爆出舞弊丑闻,真让我等天真烂漫之士闻之如丧考妣,对“天下第一考”的信念一时间地动山摇。(《检察日报》2010 年 6 月 25 日)

工作失误致使老板当众出丑,众秘书的心情只能是恐惧和愧疚,绝不可能像死了父母那样悲痛。高考爆出舞弊丑闻,只能令人愤慨和失望,而不会痛哭流涕、悲恸欲绝。这两例使用“如丧考妣”显然都是错误的。

第二,这条成语发展到现在已经成为贬义成语,常常用来讥讽别人。前举三则现代书证,都用于贬义,鲁迅用例讥讽意味尤为明显。所以《现代汉语词典》明确标注“含贬义”。有人忽略了这一点,把“如丧考妣”用于不应讥讽的人,也不妥当。例如:

(3) 一旦经济衰退、萎靡,甚至只是增长率不够高,整个社会就人心惶惶,如丧考妣,仿佛世界末日就要到来,忙不迭地就要刺激经济,提高增长率,却没有想到,经济列车重新加速,冲向的却是悬崖。(新华网 2010 年 2 月 12 日)

(4) 被加拿大人称为“我们的项目”的冰球,男队小组赛输给 USA,举国如丧考妣。(《体坛周报》2010 年 3 月 1 日)

例(3)用于“整个社会”,例(4)用于“举国”(全体加拿大人),“打击面”未免太大,显然更加不妥了。

2010 年 11 月 5 日

# 使用“如数家珍”要扣准如、数二字

“如数家珍”，语见清·江藩《汉学师承记·凌廷堪》：“君读书破万卷……有诘之者，从容应答，如数家珍焉。”意思是如同数说家里的珍宝那样清楚（数：shǔ 数说，一一列举），形容对所讲述的事物、情况非常熟悉。例如郭沫若《苏联纪行》：“所陈列者为家族、生活及创作等史料，蒙蒲清为一一说明，真正是如数家珍。”秦牧《深情注视壁上人》：“朱总司令的历史知识，丰富到惊人的地步……讲起来绘声绘色，如数家珍。”茹志鹃《出山》：“他拍着摸着一棵棵的树干，如数家珍地向我介绍。”

理解和运用这条成语，要抓住两个要点：一是“如”。既然是“如”数家珍，那么“数”的必然不是“家珍”，而是别的什么东西。二是“数”。既然是如“数”家珍，那么必然要“数”，仅仅了然于心而不讲述出来，就不能说“如数家珍”。忽略了这两点，就会造成误用。

2003 年高考语文有一道判断题：“老王家的橱柜里摆满了他多年收藏的各种老旧钟表，每当他向慕名来访的参观者介绍这些宝贝时，总是如数家珍。”介绍自己的收藏就是“数家珍”，当然不能再说“如”数家珍。类似的错误，至今在媒体中仍然不乏其例。如 2009 年 7 月 27 日《华商报》有一篇文章说：“他对自己的履历如数家珍：学成之后，进入公职，后选择辞职下海。”“履历”同“家珍”一样，也是只有自己最清楚，除了老年痴呆症患者，没有人会忘记自己的履历，显然也不能说“如数家珍”。

不过更多的误用是没有扣准“数”字。如：

(1) 要做到对工作了然于胸、如数家珍，而不能满足于“似乎”“大概”“也许”“差不多”。(《人民日报》2009 年 12 月 17 日)

(2) 他们对领导的生活困难、兴趣爱好知之甚少，对老百姓的需求、困难如数家珍。(《人民日报》2009 年 6 月 15 日)

(3) 这三天的戏码(按，指《四郎探母》《霸王别姬》等)对北京观众来说，可谓耳熟能详，如数家珍。(《北京晚报》2009 年 11 月 5 日)

(4) 全俊杰再次将他的四字真诀“看、摸、问、查”如数家珍般逐一应用于“临床诊断”。(《南宁晚报》2009 年 11 月 6 日)

例(1)对工作情况仅仅是“了然于胸”，例(2)对百姓疾苦仅仅是了如指掌，都并不涉及是否向人讲述。例(3)对戏码虽然“耳熟能详”，但仅仅是能“详”(详细说明)，并没有向谁去“详”去“数”。这三例显然都不能使用“如数家珍”。至于例(4)，“四字真诀”是自己的经验，同“履历”一样只有自己最清楚，如果把它介绍给大家，说“如数家珍”已经不妥，何况这里讲的并不是介绍而是“应用”，说“如数家珍”，就更加不通了。

2010 年 2 月 20 日

# “如坐春风”比喻受到教诲

“如坐春风”语本宋·朱熹《伊洛渊源录》卷四：“朱公掞见明道（程颢）于汝州，逾月而归。语人曰：‘光廷（朱名光廷，字公掞）在春风中坐了一月。’”后以“如坐春风”四字成文，意思是就像置身于和暖的春风之中，比喻与品德高尚、学识渊博的人相处，受到亲切的教诲。例如清·袁枚《小仓山房尺牍·答尹相国》：“开诵之余，如亲化雨，如坐春风，墨虽尽于行间，言尚余于札外。”臧克家《陈毅同志与诗》：“他为人平易，爽朗，坦率，真诚……和他接近，如坐春风，如冬阳暖人。”季羡林《站在胡适之先生墓前》：“我作为一个年轻的后辈，在他面前，绝没有什么局促之感，经常如坐春风中。”

朱光廷说他受到理学大师程颢的教诲如坐春风，臧克家说他同陈毅同志交往如坐春风，季羡林说他在胡适先生面前如坐春风。这条成语比较生僻，其实只要认真体会一下这几条书证，就会懂得“如坐春风”应该怎样讲和怎样用了。可惜有些人既不了解这条成语的出处，也不清楚它的含义和用法，便随心所欲到处使用，以致造成形形色色的误用。例如：

（1）“五洲同春”艺术代表团马不停蹄，接连为观众奉献了三场演出，精彩的演出让大家如坐春风。（《人民日报》海外版 2009 年 2 月 5 日）

说一场精彩的歌舞晚会让观众得到极大的艺术享受是可

以的，若说让观众受到亲切教诲就过甚其词了。这种情况虽属误用，但多少还沾点边，而把“如坐春风”等同于“温暖如春”，就大不应该了。例如：

(2) 外面风吹雨打寒气逼人，屋里宾主谈欢如坐春风。(《人民日报》海外版 2008 年 6 月 13 日)

(3) 有许多悲剧，原本可能因几句知冷知热的问候和如坐春风的安慰而化解。(《新京报》2009 年 12 月 29 日)

(4) 热情舒心的微笑使南来北往的朋友如坐春风。(人民网 2008 年 8 月 26 日)

这几例看起来似乎并没有背离“如坐春风”的字面义，殊不知“如坐春风”作为成语，只用其比喻义。许多成语在形成、使用的过程中，它的意义和用法已经约定俗成，固定不变，使用者只能遵守，不能擅自改变。

更有甚者，有人从形容温暖生发开来，用来形容喜悦、兴奋、陶醉，甚至微醺。例如：

(5) 每当得到心仪已久的藏品，那种喜悦的心情……真是如坐春风，如醉如痴，喜气洋洋，兴致勃勃。(《江南都市报》2007 年 3 月 21 日)

(6)〔听到我的作品在《人民日报》“新闻特写”征文中荣获一等奖〕我当时兴奋得如坐春风。(人民网 2008 年 6 月 10 日)

(7) 看到几条小鱼在网眼里跳跃，他想到的是袁军的一条裙子或袁玲的一只书包，那种感觉让他如坐春风般地陶醉。(《新民晚报》2009 年 6 月 14 日)

(8)〔在君悦大酒店品尝香橙薄饼配金万利酒及香橙雪

糕时〕室内橙香酒香融融暖暖，熏得人薄醉如坐春风，未吃已经倾倒。(《广州日报》2008年10月20日)

这几例的用法同“如坐春风”的原意已经风马牛不相及，显系沿着错误的道路又前进了一步，纯属滥用了。

2010年3月26日

# “舍本逐末”用于主次关系

“舍本逐末”语本《吕氏春秋·上农》：“民舍本而事末则不令（令：善），不令则不可以守，不可以战。”原指舍弃农耕，从事工商（古以农耕为本，工商为末）。后以“舍本逐末”四字成文，比喻做事不从根本的主要的方面着手，只追求细枝末节，轻重倒置。例如清·钱泳《履园丛话·艺能·硾纸》：“花样虽妙，纸质粗松，舍本逐末，可发一笑。”聂绀弩《血书》：“要改善农民生活，必须改变压迫农民、剥削农民的制度；不改变整个制度，而想局部地改善农民的生活，谓之舍本逐末。”秦牧《艺海拾贝·辨证规律在艺术创造上的运用》：“如果艺术表现的事物没有若干程度的普遍性、代表性，搜集那样的东西来描写，只是舍本逐末罢了。”

这条成语涉及两件事或两种做法。二者之间必须是主次轻重的关系。主次不分、轻重倒置，也许能够解决一些问题，但不能从根本上解决问题，也许能够反映一些问题，但不能从本质上说明问题。如前举书证中，钱泳说的不追求纸质的细密而追求花样的新颖，聂绀弩说的不想改变社会制度而想局部改善农民生活，秦牧说的不去描写带有普遍性和代表性的事物，而去描写不具有典型性的事物，都属于这种情况。现在有人不去认真分析二者之间的关系，只要“舍”一件“逐”一件，便说“舍本逐末”，自然要造成误用了。例如：

(1)〔高等学校〕只顾科研而放弃教学，无疑是舍本逐末。(《人民日报》2008 年 9 月 11 日)

(2) 现在一说到保护野生动物，维护生态平衡，马上就要砍掉带有“打虎英雄董昆”字样的经典美文《猎户》，就要砍掉节选自四大名著之一的反映武松豪气的《景阳冈》，其实这都是舍本逐末。(人民网 2009 年 8 月 14 日)

对于高校而言，“只顾科研而放弃教学”的做法是错误的，只顾教学而放弃科研的做法同样也是错误的，因为教学与科研之间不是主次关系，二者相辅相成，不可偏废，无论忽视了哪一方面都不能说“舍本逐末”。保护野生动物同从教材中砍掉“武松打虎”的愚蠢做法之间也不是主次关系，二者没有任何必然联系，显然也不能使用“舍本逐末”。

(3) 教师的心思应当放在学校里、放在课堂上，而不是课外赚钱上。舍本逐末，不惜降低教学质量而追逐课外经济收入的做法，无疑是对人民利益的损害，给教师形象抹黑。(《齐鲁晚报》2009 年 10 月 22 日)

(4) 如果一味追求名利而不埋头干事，就会舍本逐末，患得患失，就会为名所累，为利所伤，甚至走到党和人民的对立面。(《湖北日报》2009 年 9 月 20 日)

(5) 一味迎合低格调的市场文化需求，以牺牲精神文明为代价，舍本逐末、舍义取利、唯利是图。( 人民网 2009 年 5 月 27 日)

(6) 一些劳民伤财的政绩工程，究其根本，就是舍本逐末、追逐个人名利造成的。(《辽宁日报》2009 年 3 月 17 日)

无论“不惜降低教学质量而追逐课外经济收入”，“一味追求名利而不埋头干事”，不惜“牺牲精神文明”而“迎合低格调的市场文化需求”，还是为“追逐个人名利”而搞“劳民伤财的政绩工程”，舍弃的与追逐的之间毫无例外都是正确与谬误的关系，根本不是主次关系，这样做的结果不是不能从根本上解决问题，而是“对人民利益的损害”，“甚至走到党和人民的对立面”。因此，都不能使用“舍本逐末”。

由此可见，使用“舍本逐末”之前，一定要弄清“舍”和“逐”的对象之间的关系，不是主次关系，千万不要使用。

2009 年 12 月 28 日

# 足不出户也能“身临其境”？

“身临其境”，原作“身历其境”。语见明·袁宏道《八识略说序》：“向非身历其境，恶能穷其边崖，指其归宿者哉！”后多作“身临其境”，意思是亲身到了那个境地（身：亲身）。如清·石玉昆《三侠五义》六十五回：“及至身临其境，只落得‘原来如此’四个大字，毫无一点的情趣。”鲁迅《华盖集续编·记“发薪”》：“但这不过是一个大意，此外的事，倘非身临其境，实在有些说不清。”马识途《夜谭十记》第七记：“可惜我不是像他那样的身临其境的当事人，那些惊心动魄的事情，那些生动感人的细节，那些精彩的形象化的语言，我都记不清楚。”刘流《烈火金钢》十六回：“他说这话的神气姿态，真就像身临其境一般。”

只有自己真的到了那个境地，才能说“身临其境”，否则是不能叫“身临其境”的。现在有人把看影视、看展览、上网时看到某些景象，也说成“身临其境”，显然是错误的。例如：

（1）全球亿万参观者足不出户就可以身临其境地参观法国展馆。（人民网 2009 年 11 月 24 日）

（2）〔电视剧《沂蒙》〕熟悉的场景，亲切的话语，加上老辈人亲身经历的故事，让广大网友们身临其境。（人民网 2009 年 12 月 25 日）

（3）好莱坞大片《阿凡达》……让我们身临其境地体验了

丛林探险的乐趣和大自然的无穷魅力。(《中国环境报》2010年1月18日)

(4) 每幅照片还配有简明的中英文对照说明,使观众能够身临其境地感受世博会与上海城市的精髓。(《文汇报》2010年1月4日)

(5) 画作……体现了中国工笔画纤毫毕现的艺术效果,令人身临其境。(中国新闻网2009年12月1日)

(6) 长篇通讯能够如放电影一般让读者身临其境,还需要下一番苦功夫的。(人民网2009年12月7日)

(7) 但凡看3D电影,都要戴上3D眼镜,这种眼镜会让人身临其境。(《北京晨报》2010年2月23日)

无论是网络、电视,还是电影,都不能使自己身临其境;照片、画作、通讯,即使水平再高,也不能使足不出户的观众、读者真的到达作者所拍摄、描绘的现场;至于眼镜之类,就更没有那么大的法力了。所以上述诸例都不能说"身临其境"。如果一定要使用这条成语,必须加上"好像"、"如同"或"有……的感觉"之类的词语,正如前引《烈火金钢》的"就像身临其境一般"那样,说明只是一种比喻,而不是真的身临其境。只有这样表述才是"身临其境"的正确用法。

2010年4月25日

# "莘莘学子"不等于学子

"莘莘学子"严格说并不是成语，许多成语词典都没有收录。《现代汉语词典》《汉语大词典》《新华词典》等工具书都只收录"莘莘"一词，然后举"莘莘学子"为例。莘莘(shēnshēn)，语出《国语·晋语四》："周诗曰：莘莘征夫，每怀靡及。"韦昭注："莘莘，众多也。"在现代汉语中，"莘莘"只保留在"莘莘学子"这个固定词组中。"学子"就是学生，在校学习的人。《诗·郑风·子衿》"青青子衿"毛亨传："青衿，青领也，学子之所服。"郑玄笺："学子而俱在学校之中。""莘莘学子"的意思就是"莘莘"和"学子"两个词词义的简单相加，即"众多的学生"，既没有深层的含义，也没有比喻义。例如孙中山《给廖仲恺等的训令》："……庶几莘莘学子有所托足，而学校管理亦易奏效。"鲁迅《花边文学·点句的难》："这真是恶作剧，使'莘莘学子'闹出许多笑话来。"

有些人没有弄懂这个词组的确切含义，把它等同于"学子"，以致造成形形色色的误用。例如：

一、既然是"众多的"学生，一个人当然不能说"莘莘学子"。因此以下诸例都属于误用：

(1) 此时的毛泽东，已从风华正茂的莘莘学子，成长为坚定的无产阶级革命者。(《长沙晚报》2009年12月25日)

(2) 笔者当年还是个愣头愣脑每日每夜英语4级教材不

离手的莘莘学子。(人民网 2009 年 9 月 28 日)

二、既然是"众多的"学生,前面当然不能再加"许多""众多""无数"之类表示多数的形容词,后面也不能再带表示复数的后缀"们"。因此以下诸例都属于误用:

(3) 上北大是众多莘莘学子的夙愿和追求。(《齐鲁晚报》2009 年 7 月 3 日)

(4) 十年寒窗苦,一朝就业难,让很多莘莘学子心急如焚。(新华网 2009 年 7 月 20 日)

(5) 自 1978 年恢复高考制度以来,无数莘莘学子通过高考实现了人生梦想。(中国共产党新闻网 2009 年 6 月 26 日)

(6) 好客山东向天下的莘莘学子们发出盛情邀请。(《大众日报》2009 年 7 月 28 日)

三、既然是"众多的"学生,前面当然不能再接受数词、量词的修饰。因此以下诸例都属于误用:

(7) 一本书教育了一个又一个莘莘学子。(《江西日报》2009 年 8 月 11 日)

(8) 对于每个莘莘学子来说,在今天严峻的就业形势下,可能已经错过了最佳的求职期。(《羊城晚报》2009 年 8 月 7 日)

(9) 一所学校圆了上千名莘莘学子的求学梦。(《人民政协报》2009 年 9 月 10 日)

(10) 今天是高考的第一天,甘肃省陇南市地震灾区一共有 4890 名莘莘学子在板房教室里迎来他们的关键一考。(人民网 2009 年 6 月 7 日)

判断"莘莘学子"用得对不对,有一个简单的办法,就是把“众多的学生”代入句中，看看是否讲得通。用这个办法测试上述10个例句，结果不是自相矛盾就是叠床架屋，显然都属于误用。

2009年10月11日

# “甚嚣尘上”的使用范围和感情色彩

《左传·成公十六年》记载，楚晋鄢陵之战，战前楚共王带着太宰伯州犁登上战车，瞭望晋军的动静，楚王说：“甚嚣，且尘上矣。”意思是他看到晋军阵地上人声喧哗，而且尘土飞扬（甚：很；嚣：喧闹；尘上：尘土飞扬），说明晋军正在紧张忙碌，准备战斗。后以“甚嚣尘上”四字连文，形容消息盛传，议论纷纷。例如梁启超《申论种族革命与政治革命之得失》：“纯粹的共和政治，诚不易行，而当国家根本破坏动摇，人心骚扰甚嚣尘上之时，愈益无道以得之。”罗正纬《滦州革命纪实初稿》：“斯时南北议和，甚嚣尘上，高蠡各县均谋而未发。”现多指某种传闻或议论十分嚣张。如毛泽东《新民主主义论》：“近来的妥协空气，反共声浪，忽又甚嚣尘上，又把全国人民打入闷葫芦里了。”陈学昭《工作着是美丽的·续集》：“事情紧接着一件又一件，也不知是哪一天起，‘踢开党委闹革命’、‘文攻武卫’等口号，已经甚嚣尘上，打、砸、抢开始了。”

理解和运用“甚嚣尘上”，必须把握住它的使用范围和感情色彩，否则极易误用。

先说使用范围。“甚嚣尘上”主要形容某种传闻、议论、观点、思潮等广为流传、十分嚣张，不能形容某种行为、现象、问题非常严重。以下是扩大了使用范围的例子：

（1）如果在金钱和利益的名义下，“只要有钱，一切皆可”

成了指导思想，文物破坏怎能不甚嚣尘上，肆无忌惮！（中国新闻网 2010 年 4 月 20 日）

（2）针对作假行为甚嚣尘上的现象，中国青年报社会调查中心近日……对 1365 人进行的一项调查显示，仅 0.5%的人肯定自己没遇到过作假行为。（《中国青年报》2010 年 9 月 8 日）

（3）拒载、议价、拼车、挑客等行业乱象屡禁不止，甚嚣尘上。（《山西日报》2010 年 9 月 7 日）

（4）惠若琪因伤停战后，中国女排次战多米尼加就已经埋下隐忧，一传不利、防守失常、进攻乏力等等一系列问题甚嚣尘上。（搜狐网 2010 年 8 月 17 日）

（5）近两年电子出版物甚嚣尘上。（《第一财经日报》2010 年 8 月 30 日）

前三例说的都是行为和现象，例(4)说的是问题，都超出了“甚器尘上”的使用范围。至于例(5)，则已经达到滥用的地步了。

再说感情色彩。“甚器尘上”现在已经发展成为贬义成语，《现代汉语词典》等工具书都明确标注“含贬义”。正确的应当肯定的消息或议论之广为流传，不宜使用“甚器尘上”。以下是感情色彩运用不当的例子：

（6）去年，中国移动净利 1151.66 亿元，中国石油净利 1033.87 亿元，两者相加已经超过这 500 家民企的净利总和(2179.52 亿元)。悬殊的差距背后，一度降温的“国进民退”说法，又开始随着质疑甚嚣尘上。（《南方日报》2010 年 9 月 1 日）

(7) 更多的人也因此(按，指复旦大学八教授联名请求学校破格录取某“天才”考生遭拒一事)同时将批评的矛头对准了教育体制和高考制度，一时间对于制度的拷问甚嚣尘上。(《海南日报》2010 年 8 月 26 日)

(8) 国家信息中心信息化研究部发布报告称，我国的宽带资费水平相当于韩国的 124 倍！这个消息引发了强烈的关注，对电信运营商垄断、暴利的指责也甚嚣尘上。(《北京晨报》2010 年 8 月 23 日)

“国进民退”的质疑并非毫无根据，对教育体制和高考制度的批评也是有道理的，对电信行业垄断、暴利的指责更是理所当然的，这些都无可非议，显然不宜使用贬义成语“甚嚣尘上”。

2010 年 11 月 9 日

# “绳之以法”不是个人行为

2011年6月28日，广西新闻网刊登一条题为《宜州一男子……大逆不道奸污祖母》的消息，报道6月22日夜，覃某“强制破门而入，欲再次对祖母施暴，老人只好逃到嫁在本村的女儿家躲避，女儿……携带母亲到公安机关报案，决定将其绳之以法”。老人的女儿有权到公安机关报案不在话下，而是否有权“决定将其绳之以法”，却值得怀疑。

“绳之以法”就是以法绳之，用法律加以制裁（绳：木工打直线用的墨线，引申为制裁）。语出《淮南子·泰族训》：“若不修其风俗而纵之淫辟，乃随之以刑，绳之以法，法虽残贼，天下弗能禁也。”古人用例如《后汉书·冯衍传》：“以文帝之明而魏尚之忠，绳之以法则为罪，施之以德则为功。”《陈书·始兴王叔陵传》：“高宗素爱叔陵，不绳之以法，但责让而已。”今人用例如2010年1月26日新华社北京电：“希望肩负党和国家重托、人民殷切期望的公安机关和司法部门能够一查到底，将那些隐藏在足坛阴暗角落里的违法分子绳之以法。”2009年9月21日《检察日报》：“我国检察机关与多国签协议，将外逃贪官绳之以法。”2009年11月2日江西文明网：“倪献策：第一位被共和国绳之以法的省长。”

使用这条成语一定要弄清“绳之以法”是谁的行动。我国《刑事诉讼法》明确规定：“未经人民法院依法判决，对任何人都不得确定有罪。”严格地说只有法院才有权对人“绳之以法”，笼统地说政府或公安、检察部门也有这个权力。此外任何个人都无权对他人“绳之以法”。前举今人用例，“绳之以法”的实施者，新华社电讯指的是“公安机关和司法部门”，《检察日报》指的是“我国检察机关”，江西文明网指的是“共和国”，都足以证明这一点。广西新闻网所报道的覃某是否有罪、如何处理，要由有关部门确定，老人的女儿是无权“决定将其绳之以法”的。因此报道中使用这条成语是错误的。

类似的误用在媒体中时有所见，请看例句：

(1) 女大学生因其沉着机智，成功躲过了色狼的魔爪，并将其绳之以法。（中国新闻网 2011 年 7 月 6 日）

(2) 老人虽然将不孝儿绳之以法，但却并没有得到期待的幸福家庭生活，赡养问题依然没有解决。（人民网 2011 年 4 月 20 日）

(3) 如果我是家属，我宁可一分钱不要……也要将坏蛋绳之以法……绝不让犯罪分子逃脱罪责甚至逍遥法外。（人民网 2010 年 10 月 5 日）

(4)〔义务反扒的青年保安李文祥〕暗下决心：一定要把这些可恨的扒手绳之以法！（人民网 2010 年 9 月 28 日）

无论是“女大学生”“老人”“家属”，还是“义务反扒的青年保安”，都没有权力对“色狼”“不孝儿”“坏蛋”或“可恨的扒手”绳之以法。如果一定要使用这条成语，可以把“将(把)……绳之以法”改为“使……被绳之以法”。一个“被”字，可以从字面上避免出现实施者；而一个“使”字，又凸显了这些受害者的愿望和作用。

2011 年 8 月 16 日

# “师心自用”不等于“自成一格”

“师心自用”形容自以为是，不肯接受别人的意见，含贬义。语见唐·陆贽《奉天请数对群臣兼许令论事状》：“又况不及中才，师心自用，肆于人上，以遂非拒谏，孰有不危者乎？”例如宋·陆九渊《与张辅之书》：“学者大病，在于师心自用。师心自用，则不能克己，不能听言。”李劼人《大波》三部三章：“四川的事情，无论是前一段的路事，后一段的乱事，都是端午帅一人师心自用搞出来的。”何绍庚《〈四库全书〉中的科学文献》：“戴震辑录的《九章算术》，其功绩在于完整地恢复了这部数学经典著作的全貌，其校正的文字也不在少数，但也有师心自用、以意擅改而改错了的文字。”

这条成语的使用频率比较低，但也不乏由于误解而造成的误用。先看例句：

(1)〔于茂阳〕字势具有二王、米芾行草书欹侧多姿的特点，又能师心自用，具有纵横捭阖之风，已是自家面貌。（《沈阳日报》2009 年 1 月 11 日）

(2)〔梅墨生〕的书法，筑基于魏碑，吸气于鼎铭，参证于帖牍，力求融化，而能师心自用，相信以其天资学力定能期于大成。（《沈阳日报》2009 年 1 月 4 日）

(3) 柳忠秧在今人用今体，今人用今韵思想指导下，师心自用，借鉴了楚辞体、歌行体、格律体……用一种既整齐划一，又不约束诗心的体式，来完成这部《楚歌》……〔他〕以古为师却不拘泥，自成一格之余，能将楚人情怀抒发到极致之境。(南方网 2010 年 6 月 10 日)

例(1)是说山东省书法家协会副主席于茂阳的书法在学习二王、米芾的基础上又有所创新，形成“自家风貌”。例(2)是说中国画研究院书画家梅墨生的书法在学习魏碑、鼎铭、帖牍的基础上，“力求融化”，为我所用。例(3)是说诗人柳忠秧“以古为师却不拘泥，自成一格”，创造出新的诗体。归纳以上用例，不难看出几位作者都是把“师心自用”理解和运用为：在学习前人的基础上有所创新，自成一格。这纯粹是对这条成语的误解和误用，不仅意义上大相径庭，感情色彩也迥然不同。“师心”的意思是以自己的心为师，即只相信自己，自以为是。如《资治通鉴·晋武帝泰始二年》：“汉文师心不学，变古坏礼。”“自用”也是自以为是，不接受别人的意见。如《史记·秦始皇本纪》：“始皇为人，天性刚戾自用。”当然，“师心”也可以当不拘泥于成法、独出心裁讲。如刘勰《文心雕龙·才略》：“嵇康师心以遣论，阮籍使气(抒发志气)以命诗。”但是在成语“师心自用”中，“师心”和“自用”是同义词连用，因此“师心”只能是自以为是的意思，不可能作别的解释。“师心自用”也作“师心自任”“师心自是”，“自任”“自是”义同“自用”，也是同义词连用。把这条成语等同于“自成一格”“独树一帜”，是没有根据的，也是完全错误的。

2010 年 8 月 10 日

# “十室九空”形容百姓流离失所

“十室九空”，十户人家有九户是空的，形容由于灾荒、战乱或横征暴敛致使老百姓破产、逃亡的悲惨景象。语出晋·葛洪《抱朴子·外篇·用刑》：“徐福出而重号咷之仇，赵高入而屯豺狼之党，天下欲反，十室九空。”例如唐·吴兢《贞观政要·安边》：“王师初发之岁，河西供役之年，飞刍挽粟，十室九空，数郡萧然。”茅盾《怎样求和平》：“湘浙大水，罹百年未有之奇灾；直鲁流亡，有十室九空之叹。”姚雪垠《李自成》二卷五十四章：“宛洛农村残破特甚，百姓死亡流离，十室九空，许多县人烟稀少。”

理解这条成语要把握住两点：第一，“十室九空”的“室”，是“家”“户”的意思，不是“房间”。“十室”是十户人家，不是十间房子。例如《论语·公冶长》：“十室之邑，必有忠信如丘者焉。”《汉书·伍被传》：“于是百姓悲痛愁思，欲为乱者十室而六。”不能把“十室九空”曲解为十间房子有九间空着。第二，所以造成“十室九空”，是有其特定原因的，这就是百姓遭遇天灾人祸而流离失所，而不是因为忙于什么事情十户人家有九户不在家。因为望文生义、不求甚解而造成的误用，在媒体中屡见不鲜。例如：

（1）李宗仁反复权衡利弊，签署了释放在押政治犯的命令，全国近万名政治犯被释放，南京的监狱十室九空。（新华

网 2010 年 4 月 19 日）

(2) 在卡塔尔见到本国人要比在其他国家见到外国人还困难……如果哪天外国人突然撤离，卡塔尔必定十室九空。(《环球时报》2010 年 4 月 8 日）

(3) 我们单位可以说“十室九空”了，好多同事都请假看球了。(《广州日报》2010 年 6 月 13 日）

(4) 村子干干净净，家家水泥小楼，屋内……漂漂亮亮，但十室九空。看家的老人说，有劳力的都下田了，忙得很。(新华网 2009 年 3 月 31 日）

(5) 上海城隍庙的宗教节日就是上海城市全体居民的节日……每年的“三巡日”，即城隍神出巡的日子，上海城内居民家中十室九空。(央视网 2008 年 6 月 24 日）

前三例说的都是十间房子有九间空着。空着的原因，例(1)是大批“政治犯被释放”，例(2)是侨居的“外国人突然撤离”，例(3)是“好多同事请假”去看世界杯，都与“十室九空”的意思大相径庭。后两例说的倒是十户人家有九户是空的，但例(4)是迁入新居后忙着下田劳动，例(5)是闲来无事全家去逛城隍庙，这些人家都过得幸福美满，与天灾人祸、流离失所的悲惨景象迥然不同，肯定也不能使用“十室九空”。

2010 年 7 月 20 日

# “石破天惊”的两种误用

“石破天惊”语出唐·李贺《李凭箜篌引》：“女娲炼石补天处，石破天惊逗秋雨。”形容箜篌（古代一种弦乐器）的声音忽而高亢，忽而低沉，出人意料，有不可名状的奇境。作为成语，后多用来形容文章、议论或突发的事件出人意料，使人震惊。例如清·黄宗羲《轮庵禅师语录·序》：“余与宣城沈眉生、芜湖沈昆铜、江右刘孝则牵连而往，入室，讲《论语》《周易》，凿空新义，石破天惊。”梁启超《新罗马传奇》：“此本熔铸西史，捉紫髯碧眼儿被以优孟衣冠，尤为石破天惊。视云亭（云亭：清初剧作家孔尚任自号云亭山人）之气魄意境，有过之无不及也。”冰心《寄小读者》十二：“圣保罗在他的书信里，说过一句石破天惊的话，是：‘我为这福音的奥秘，做了带锁链的使者。’”鲁迅《两地书》八三：“间壁的礼堂里走了电，校役吵嚷，校警吹哨，闹得‘石破天惊’。”

这条成语确有出人意料、使人震惊的意思，但是它的使用范围是有限制的，不是什么事物都可以说“石破天惊”。前引书证，鲁迅用来形容突发事件，梁启超用来形容著作，其余二例均形容议论，便足以证明。现在有些人不求甚解，随意扩大它的使用范围，以致造成误用。例如：

（1）清澈洁净的都柳江、莽莽苍苍的尧人山国家森林公园、闻歌起舞的“风流草”、石破天惊的“产蛋崖”、鬼斧神工的“仙人桥”、黑夜生辉的“月亮树”等景观令作家叹为观止。(《人民日报》2009 年 11 月 3 日 )

(2) 这次车展,CTS Coupe 无疑是个主角……我们清楚,这样一个石破天惊的车款注定只会被少数人拥有。(《钱江晚报》2011 年 4 月 20 日)

(3) 这是一个石破天惊的梦想。(《文史参考》2011 年第 3 期)

(4) 1988 年,年仅 18 岁的李嘉欣参加了香港小姐选美大赛,结果一举夺魁,香港媒体在多年后仍以“石破天惊”一词来形容她的美,并将她与朱玲玲并称为“史上最美港姐”。(《新快报》2009 年 8 月 21 日)

以上诸例,“石破天惊”或用来形容自然景观、汽车款式,或用来形容梦想和美貌,都远远超出了它的使用范围,显系误用。

也有人从字面上看到石头都崩裂了,老天也被惊动了,想必力量巨大,结果犯了望文生义的错误。例如:

(5) 正是这种心心相印、生死与共的亲密团结,才产生出排山倒海、石破天惊的巨大力量……推动了中国革命事业不断从胜利走向新的胜利。(人民网 2009 年 7 月 27 日)

(6) 当一个个英雄壮举定格为一种精神典范时,当一曲曲奉献之歌合奏为一种时代强音时,人民群众对子弟兵的热爱,就会化作一种气吞山河、石破天惊的力量。(人民网 2011 年 7 月 6 日)

以上两例，“石破天惊”或与“排山倒海”连用，或与“气吞山河”连用，并且都用来修饰“力量”，足见作者确实把它误解和误用为形容力量巨大了。

2011年8月19日

# “始作俑者”不用于好事

“始作俑者”语出《孟子·梁惠王上》：“仲尼曰：‘始作俑者，其无后乎！’为其象人而用之也。”意思是第一个用俑（陶制或木制的偶人）来殉葬的人，恐怕不会有后代了吧。表示孔子不仅反对用活人殉葬，就连用俑代替活人殉葬也认为是不人道的。后来就用“始作俑者”比喻某项坏事或某种恶劣风气的开创者。例如清·魏禧《姜贞毅先生传》：“北镇抚司狱廷杖立枷诸刑，此秦法所未有，始作俑者，罪可胜道哉！”清·李汝珍《镜花缘》七十九回：“你要提起‘左手如托泰山’这句，真是害人不浅。当日不知哪个始作俑者，忽然用了‘托’字，初学不知，往往弄成大病，实在可恨！”闻一多《冬夜评论》：“作者或者以这堆‘俏皮话’很能表现情人的衷曲，其实是东施效颦一样，扭腰瘪嘴地故作媚态，只是令人作呕罢了！新诗的先锋者啊，‘始作俑者，其无后乎’！”

从这条成语的出处和古今典范用例都可以看出，它是贬义成语，只能用于坏事.可是现在许多人却忽略了这条成语的特定含义和感情色彩，把它当作“创始人”“首倡者”的同义语，用于褒义。请看下面的例子：

（1）经历了中国电视新闻改革这十年历程的人们，都在以各种方式感慨着、思考着，而作为这场改革的始作俑者和推动者之一的孙玉胜，感慨和思考的结果，便是这本532页的

《十年》。(《中国青年报》2003 年 12 月 10 日)

(2) 今天不少人认为我是经济散文的始作俑者,是该文体的发明者,我当然十分高兴。(《南方周末》2004 年 8 月 9 日)

(3) 内地大片的始作俑者张艺谋昨日在面对媒体记者时终于承认,大片不应该成为中国电影的唯一出路。(《新闻晨报》2006 年 10 月 19日)

(4) 建议刘备联合孙权的,是鲁肃;说服孙权联合刘备的,也是鲁肃。鲁肃是孙刘联盟的始作俑者,也是孙刘联盟的第一功人。(易中天《品三国·力挽狂澜》)

中国电视新闻改革的方向是正确的,实践也是成功的,是件大好事;"发明"了"经济散文"这一文体,自己十分高兴,可见也不是坏事;在内地首先拍摄大片,作为一种尝试是可以允许的;至于三国时期的孙刘联盟更是一个重大而英明的决策:显然都不宜使用"始作俑者"。

2008 年 1 月 12 日

# 不要把“守株待兔”当成“守 X 待 Y”

“守株待兔”语本《韩非子·五蠹》：“宋人有耕田者，田中有株，兔走，触株折颈而死，因释其耒而守株，冀复得兔。兔不可复得，而身为宋国笑。今欲以先王之政，治当世之民，皆守株之类也。”这个故事连小学生都知道，我所以还要引用原文，是想强调：第一，守在树桩子旁边等待兔子自己跑来撞死，是一种愚蠢可笑的行为；第二，韩非子讲这则寓言，是讽刺那些“欲以先王之政，治当世之民”的人。所以后来才用“守株待兔”比喻死守狭隘经验，不知变通。例如汉·王充《论衡·宣汉》：“以已至之瑞，效方来之应，犹守株待兔之蹊，藏身破罝（罝 jū：捕兔子的网）之路也。”臧克家《谈灵感》：“我们可以这么说，全凭灵感是很危险的，那样，你会变成诗歌国里的‘守株待兔’的傻子。”李国文《冬天里的春天》四章：“别看你是堂堂一厂之长，可只是……一个守株待兔的笨虫，要不是鄙人，你的女儿怎能出国？”后亦用以比喻企图不经过主观努力而侥幸得到意外的收获。例如明·冯梦龙《喻世明言》卷十八：“妾闻治家以勤俭为本，守株待兔，岂是良图？乘此壮年，正堪跋涉，速整行李，不必迟疑也。”《蔡廷锴自传·老父逝世，清朝亦亡》：“二弟曾习缝衣，虽未熟练，已能粗成，若仍守株待兔，诚恐养成怠惰，却亦坐食山崩。”

“守株待兔”是一条使用范围比较窄的贬义成语，过去用得不多，近年来使用频率突然高起来，可惜其中很多都用错了。很多人似乎只了解这条成语的字面义，而不了解它深层的比喻义，殊不知“守株待兔”作为成语，只用其比喻义，而不用其字面义。他们从字面义出发，又向前跨越一步，使之变成“守X待Y”，即守在一个什么地方去等待一个什么对象。这显然是对这条成语的曲解和误用。请看例句：

(1) 苏童守株待兔等导演。(《京华时报》2009年9月23日)

(2) 机构编制管理的日常事务必须扎实做好，不能守株待兔，天天坐等各部门单位登门，光凭翻阅书本和审核材料办事。(中国共产党新闻网2009年7月7日)

(3) 采编人员缺乏对节日新闻进行先期策划的意识，而是守株待兔，等米下锅。(人民网2009年1月19日)

(4) 专案民警决定守株待兔，不管魏小光来不来接货，梅小燕肯定是要下车的，先把她抓住再说。(《扬子晚报》2009年7月27日)

(5) 这里也是影迷经常出没的地方，他们经常在这里守株待兔，趁明星买东西时拍照或索取签名。(《新民晚报》2008年12月1日)

以上诸例毫无例外都把“守株待兔”当成“守X待Y”。例(1)是守在家里等导演，例(2)是守在机关等有关单位登门，例(3)是守在报社等新闻，例(4)是守在车站等犯罪嫌疑人，例(5)是守在商店门口等明星，等的虽不是罪犯，其方法却如出一辙。这些人既不是死守经验不知变通，也不是希图侥幸不劳而获，怎么能说“守株待兔”呢？其实作者的意思，只消“坐待”或“蹲守”两个字就可以准确地表达出来，他们偏偏要使用成语“守株待兔”，以为这样可以使文章增色，结果事与愿违，适得其反。

有些作者看样子也知道这样用有悖成语原意，于是在使用时给成语加个引号，以为这样一来就可以心安理得地使用了。诚然，具有特殊含义的词语可以用引号加以标明，例如“这样的‘聪明人’还是少一点好”（引自国家文件《标点符号用法》），其中的“聪明人”加了引号就有了讽刺意义。但是对原意的曲解或误用，加上引号并不能使它变为正确。这一点尤其应该提醒使用者高度注意。

2009 年 11 月 6 日

# 使用“首当其冲”不要断章取义

关于“首当其冲”，要说两点：一是怎样讲，二是怎样用。

先说怎样讲。“首当其冲”，《现代汉语词典》释为“比喻最先受到攻击或遭遇灾难”。其他辞书的释义基本相同。这个解释无疑是正确的。至于为什么这样讲，便其说不一了。“冲”，一般都释为“交通要冲”。“当”，有的释为“面对”，有的释为“处在”，有的释为“承受”。说承受交通要冲（如《汉语成语学习词典》的解释），根本讲不通。说面对交通要冲或处在要冲的位置是可以的，但是前面加上“首”字，首先处在交通要冲的位置，难道还有其次处在交通要冲的位置，显然也讲不通，况且由“处在交通要冲”引申出受到攻击或遭遇灾难的意思，也比较牵强。其实问题就出在对这条成语出处的认定上。一般辞书都认为出自《汉书·五行志下》：“郑以小国摄乎晋楚之间，重以强吴，郑当其冲，不能修德，将斗三国，以自危亡。”春秋末年郑国已经衰落，夹在晋、楚、吴之间，处于要冲之地，如果处理不好同周边三个强国的关系，随时有灭亡的危险。如果认定出自《汉书》，那么“当其冲”自然就是“处于要冲”的意思。这样一来，这条成语就很难解释清楚了。

早在二十多年前，刘洁修先生在《汉语成语考释词典》中便指出，“首当其冲”又作“身当其冲”，语出《三国志·魏书·公孙瓒传》裴松之注引《献帝春秋》：“盖闻在昔衰周之世，僵尸流血，以为不然，岂意今日身当其冲。”当时袁绍大军包围易京，公孙瓒危在旦夕，他给赶来救援的儿子公孙续写信，企图里应外合夹击袁军，不料信被袁绍截获，经陈琳篡改后送出。这句话就出自陈琳的《更公孙瓒与子书》。“岂意今日身当其冲”就是哪里料到今天自己会承受袁绍重兵的攻击。这里的“当其冲”，“当”是承受的意思，“冲”是冲击、攻击的意思，与《汉书》中的“当其冲”字面相同而意义不同。后来把“身当其冲”的“身”变成“首”，就成了“首先承受敌人的冲击”，从这个意义引申为“最先受到攻击或遭遇灾难”，顺理成章。因此，认定这条成语源于《献帝春秋》，问题便迎刃而解了。

再说怎么用。“首当其冲”包括三个义素：首先，承受，冲击。只有同时符合这三点，才能说“首当其冲”。例如《清史稿·兵志九》：“欧舰东来，粤东首当其冲。”梁启超《论各国干涉中国财政之动机》：“我国中诸大市镇，其金融机关率皆外国人握之，恐慌一起，则此等机关首当其冲。”巴金《家》二十二：“今天晚上恐怕会发生抢劫的事情，高家是北门一带的首富，不免要首当其冲，所以还是早早避开的好。”茅盾《生活之一页》一一：“但到底是旅馆，一旦清查人口则首当其冲……我们几个外江佬住在那里……容易引起注意。”

遗憾的是现在很多人只抓住一个“首先”，而置“承受”“冲击”两个义素于不顾，把整个成语当成“首先”“首要”“第一位”“最前头”……的同义词。近年来这样理解和使用的情况相当普遍，仅 2011 年 7 月底到 8 月底一个多月的时间，从媒体中便可找到一大堆例子，酌举数则如下：

(1) 要有力推进建会(按,指建立工会)工作,首当其冲要摸清底数,掌握情况。(《工人日报》2011年8月25日)

(2) “三大类体系”当中,首当其冲的就是建立健全社会发展的服务体系,发展社会事业,大力改善民生,最大限度激发社会活力。(《南方日报》2011年8月2日)

(3) 教育优先发展,投入必须首当其冲。(《人民日报》2011年7月29日)

(4)《时代》评出世界上九大看似“岌岌可危”的建筑……全球闻名的意大利比萨斜塔自然在榜上首当其冲。(中国新闻网2011年8月8日)

(5) 市立医院在这次创建活动中,必须首当其冲……力争顺利通过全国评审,使菏泽市立医院跻身全国300所区域优质医院行列。(人民网2011年8月10日)

(6) 我省高教事业首当其冲,大获裨益……高教整体水平明显提升(《贵州日报》2011年8月16日)

(7) 随着中国在经济和政治上的强大,中国的文化在世界上越来越被人认可和关注,电影首当其冲。(《北京晚报》2011年8月30日)

“首当其冲”在例(1)中相当于“首先”,在例(2)中相当于“首要”,在例(3)中相当于“处于首要位置”,在例(4)中相当于“居于首位”,在例(5)中相当于“走在最前面”:都只相当于一个“首”字,显然属于误用。而例(6)例(7)把“首当其冲”当成“最先获得利益”“首先受到关注”,与“最先受到攻击、遭遇灾难”的意思截然相反,无疑也是错误的。

成语是由几个词构成的固定词组,通过整体表示一个完整的意思，因此必须全面掌握成语的含义，只见局部不见整体，断章取义，只能造成误用。

2011年8月31日

# “首屈一指”是褒义成语

“首屈一指”语本宋·高斯得《次韵不浮弟自金陵过》：“此花当屈第一指，徐娘风情犹可喜。”人们在扳着指头计数时，首先总要弯下“第一指”（即大拇指），用以表示第一。所以后来便用“首屈一指”形容居于首位，是拔尖的最好的一个。例如清·文康《儿女英雄传》二十九回：“千古首屈一指的孔圣人，便是一位有号的。”梁启超《法理学大家孟德斯鸠之学说》：“近世史中诸先哲，可以当此语而无愧者，盖不过数人焉，若首屈一指，则吾欲以孟德斯鸠当之。”沈从文《湘行散记·桃源与沅州》：“桃源有一种小划子，轻捷，稳当，干净，在沅水中可称首屈一指。”钱锺书《围城》七章：“两人同声赞美他住的房子好，布置得更精致，在他们这半年来所看见的房子里，首屈一指。”

从古今典范用例可以看出，“首屈一指”是褒义成语，只能形容好人或好的事物，而不能用于贬义。请看下面的例子：

（1）在采访中记者了解到，煤炭行业是其中首屈一指的耗水大户，每提炼1吨煤就要消耗2.5吨的水。（《山西日报》2011年5月20日）

（2）不得不指出的是，〔青岛〕中能本赛季已打入3个乌龙球，在中超16强中首屈一指。（《青岛日报》2010年8月16日）

（3）随着经济的日益发展……××城里的红灯区多了起

来，在中国首屈一指。（人民网 2011 年 2 月 9 日）

（4）自去年夏季以来，从中国向外秘密转移的现金大幅增加。据非营利组织“全球金融诚信”称，中国的非法资金转移在全世界首屈一指。（《中国青年报》2011 年 6 月 17 日）

耗水量大说明生产技术落后，屡次自摆乌龙说明球队水平不高，都亟待改进提高，显然不能褒扬。“红灯区”泛滥肯定不是好事，向国外秘密转移资金更是犯罪的行为，当然也不能说“首屈一指”。以上诸例都犯了褒词贬用的错误。

2011 年 6 月 24 日

# “首鼠两端”不是言行不一

《史记·魏其武安侯列传》记载：魏其侯窦婴和武安侯田蚡一次在朝廷上互相指责，相持不下，汉武帝问群臣“两人孰是”，御史大夫韩长孺说两人都有道理。散朝后田蚡责备韩长孺说，你应当同我一起对付窦婴，“何为首鼠两端”？后遂以“首鼠两端”形容在两者之间犹豫不决或摇摆不定（两端：两头，这里指两者）。例如清·汪琬《刘公惟中传》：“国家多事，此壮士立功之秋也，诸君勉之，幸勿首鼠两端。”冯玉祥《我的生活》十三章：“那种犹疑彷徨，首鼠两端者，亦必惕于威势，翻然相从，则革命自有成功的可能。”郭沫若《甲申三百年祭》：“像吴三桂那样首鼠两端的人，在初对于自成本有归顺之心，只是尚在踌躇观望而已。”

理解这条成语的关键在“首鼠”二字。“首鼠”是双声联绵词，义同“踌躇”“犹豫”。“首鼠两端”就是犹豫于两者之间。有人没有弄清这一点，把“首鼠两端”误解为“言行不一”。其实这两条成语毫无共同之处。“言行不一”者，其行是真，早已确定无疑，其言是假，实为掩人耳目，根本不是犹豫于言与行之间难以决定。此类误用在媒体中并不罕见，例如：

（1）诚然，学者要有公信力，但拥有公信力的前提应是言行一致、表里如一，起码要做到为自己的言行负责，而不能首鼠两端，尤其不能娴熟于玩变脸。（《中国青年报》2005年8

月9日)

(2) 蔡、邱二人……时时以重新制定“新台湾宪法”为己任,忽然又在议会指责别人“违宪”,此举充分暴露出蔡、邱二人言行不一,首鼠两端。(《人民日报》海外版2008年7月7日)

(3) 当奥巴马与中国的握手还余温未散之时,美国国务院就在本月初发出消息说政府将开展新一轮对台军售行动。作为当今世界上的超级大国如此首鼠两端、朝三暮四,怎能不令世人惊讶。(光明网2009年12月16日)

(4) 日本一方面创造“友好”气氛迷惑中国,另一方面却全力加紧冲乌岛等海洋资源的争夺,在东海乃至遏制中国的其它方面寻找先机……如此首鼠两端,其心可诛。(东方网2010年2月9日)

以上诸例所说的种种现象,毫无例外都属于言论同行动不一致。行文中“首鼠两端”或与“言行一致”“表里如一”对举,或与“言行不一”“朝三暮四”连用,更足以说明作者确实是把“首鼠两端”误解为“言行不一”了。

2010年4月15日

# “弹冠相庆”与“额手相庆”

“弹冠相庆”语本《汉书·王吉传》：“吉与贡禹为友，世称‘王阳在位，贡公弹冠’，言其取舍同也。”说王吉（字子阳，即王阳）和贡禹志同道合，王吉在朝掌权，必然要推荐贡禹做官，所以贡禹要弹掉帽子上的土，表示准备出仕。宋·苏洵在《管仲论》中开始把“弹冠”和“相庆”连在一起使用：“一日无仲（一旦管仲不在了），则三子者（指竖刁、易牙、开方这三个被齐桓公宠幸的佞臣）可以弹冠相庆矣。”后来“弹冠相庆”便凝固为成语，表示因即将做官或得势而互相庆贺。例如邹韬奋《萍踪寄语》初集：“有了狐亲狗戚的靠山，阿猫阿狗都得弹冠相庆，否则什么都无从说起！”蒋光慈《乡情集·乡情》：“农民协会封闭了，豪绅们又重新弹冠相庆。”丁玲《一二九师与晋冀鲁豫边区》：“而日寇、汉奸闻讯，则弹冠相庆，在北京大开庆祝会。”

“弹冠相庆”从苏洵开始使用就带有贬抑色彩，发展至今已经成为贬义成语。现在再把它用于褒义，显然是不妥的。例如：

(1)〔教育部决定成立学风建设协调小组〕消息传出，眼前升起的应该是一幅学人们奔走相告、弹冠相庆、额首称快的喜悦图景了吧？（《羊城晚报》2009年11月19日）

(2) 看到自己的报道或者评论立竿见影，同行们总是弹冠相庆，但我看到背后扭曲的解决之道，也总有些悲哀。（《新

京报》2009 年 11 月 14 日）

（3）现在对刘翔而言，是艰难的爬坡阶段，而不是弹冠相庆……的时候。（新华网 2009 年 9 月 23 日）

（4）印度最近建成了现代化的孟买跨海大桥，举国弹冠相庆。（《国际先驱导报》2009 年 8 月 12 日）

（5）若是有一天×先生……不再“为出风头瞎说史”……到那时，凡我国人，定当万里额手、弹冠相庆。（人民网 2008 年 9 月 19 日）

以上诸例中的“弹冠相庆”都可以改为“额手相庆”。“额手相庆”表示人们遇到喜事或听到喜讯后互相庆贺，是褒义成语。例如鲁迅《伪自由书·“有名无实”的反驳》：“不抵抗将军下台，上峰易人，我士兵莫不额手相庆。”叶圣陶《辛亥革命前后》：“久雨之后倍觉欣喜，想农家必额手相庆，谓天公不肯绝人矣。”“额手相庆”同“弹冠相庆”只差两个字，但是区别恰恰就在这两个字上：“额手”的意思是双手合掌加额，是古人表示敬意或庆幸的习惯动作；而“弹冠”并非敲锣打鼓、手舞足蹈之类通常表示庆贺的动作，它具有特定的含义，即掸掉帽子上的尘土，准备做官。所以“弹冠相庆”表示的不是一般的“相庆”，而是因即将掌权或得势而“相庆”。有些人只看到“相庆”，而没有理解“弹冠”，以致把两条成语混为一谈。

2009 年 12 月 28 日

# “叹为观止”不可滥用

《左传·襄公二十九年》记载：吴国公子季札到鲁国聘问，看到乐舞《韶箾》时，赞叹说：“观止矣，若有他乐，吾不敢请已！”意思是看到这里就足够了，再有别的乐舞也不必看了。后来就用“叹观止矣”或“叹为观止”赞美看到的事物好到极点。例如清·钱泳《履园丛话·石钟山》：“余生平所历佳山水，若江宁之燕子矶，镇江之金、焦两山……皆不足奇，得此（按，指石钟山）而叹观止矣。”赵景深《相声史杂谈·序》：“它的精湛多彩的表演突破了语言的限制，连外国人也叹为观止。”徐迟《牡丹》：“她不仅把包厢中那些迷恋她的野心家征服了，便是后厅、楼座、阁楼那些后排听众，他们是真正爱好戏剧艺术的，也莫不叹为观止。”

从“叹为观止”的出处和古今典范用例来看，它无疑是一条褒义成语，只能用来赞叹事物好到极点，而不能批评事物坏到极点。遗憾的是现在有人却把它错误地用于贬义。请看例子：

（1）在世人眼中，人们不仅会把美国与令人叹为观止的成功联系起来，也会想到令人叹为观止的失败。（中青在线2009年3月2日）

（2）小说里的黄依依却在生活和爱情问题上我行我素，无视道德和法律，大胆另类得令人叹为观止。（《学习时报》

2009 年 1 月 20 日)

(3) 经过审讯,警方揭开了一个令人叹为观止的骗子团伙的真面目。(《扬子晚报》2009 年 1 月 14 日)

(4) 随着聂树斌案重回公众的视线,当初整个案件审理过程中太多的程序违法令人叹为观止。(《北京青年报》2007 年 11 月 9 日)

说成功令人叹为观止则可,说失败令人叹为观止就不对了。无视道德和法律我行我素,显然是不妥的,骗子团伙的行径更是已经触犯刑律,怎么能赞叹它们好到极点呢?也许有人说作者是想要个俏皮,说句反话,那至少也应该给成语加上引号,不能径直使用,何况聂树斌冤案暴露出的问题令人目瞪口呆、欲哭无泪,对于这样严肃的话题,难道作者还有闲情逸致说俏皮话吗?这种不顾成语固有的感情色彩而随意使用的做法亟须纠正。

2009 年 6 月 7 日

# “痛心疾首”形容极度痛恨

“痛心疾首”语出《左传·成公十三年》:“诸侯备闻此言,斯是用痛心疾首,昵就寡人。”这段话是说:春秋时期,秦桓公同晋厉公在令狐结盟之后,随即背盟,鼓动狄国、楚国合谋攻打晋国。狄、楚憎恶秦人背信弃义,把秦人的话原原本本告诉了晋国。其他诸侯也听到了这些话,因此对秦国极其痛恨,转而同晋国亲近,并在晋国的率领下,在麻隧同秦国交战,大败秦军。《左传》中的“痛心疾首”就是痛恨到了极点的意思。这个意思一直沿用下来。例如《旧唐书·萧铣传》:“乃贪我土宇,灭我宗祊,我是以痛心疾首,无忘雪耻。”晚清·郑观应《盛世危言·吏治上》:“小民之受其鱼肉者,虽痛心疾首,箝口侧目,而无如何也。”孙文《第二次讨袁宣言》:“文谓袁氏已有推翻民国、及身为帝之谋……文于是痛心疾首,决以一身奋斗,报我国家。”邹韬奋《全国舆论对汪逆的愤慨》:“汪逆精卫勾结敌人,叛党卖国,早为国人所痛心疾首。”

“痛心”一词有二义。一是悲愤、痛恨。如汉·王符《潜夫论·浮侈》:“计一棺之成功,将千万夫……此之费功伤农,可为痛心!”巴金《灭亡》四章:“最令人痛心的,是那些在表面上对我讲爱人类爱真理的人,胸中正藏着一个极其恶毒的心!”一是伤心。如《东观汉记·伏湛传》:“微过斥退,久不复用,识者愍惜，儒士痛心。”吴组缃《山洪》三十：“当着面这么达观的劝慰老人的人们，背后却为那老人悲惨的遭遇痛心。”因此“痛心疾首”除了形容极度痛恨之外，一度也形容极度伤心。例如《后汉书·章帝纪》：“朕之不德，上累三光，震栗忉忉，痛心疾首。”晋·潘岳《杨仲武诔》：“临命忘身，顾恋慈母；哀哀慈母，痛心疾首。”但是后世这个意思已经很少使用。《现代汉语词典》只收了“形容痛恨到极点（疾首：头痛）”一个义项，准确地反映了这条成语在现代汉语中的用法。现在再用来形容极度伤心，就不贴切了。因此以下诸例都不宜使用“痛心疾首”：

（1）我看到彭老总为岸英牺牲而痛心疾首的场景时，忍不住热泪流淌，我的心颤抖起来了。（《人民日报》2010 年 12 月 14 日）

（2）毛泽东这副挽联……高度评价了王尔琢同志的功绩，表达了红军战士对他的牺牲的痛心疾首。（中国共产党新闻网 2010 年 11 月 1 日）

（3）里约州州长卡布拉尔在灾后痛心疾首地说，如果不是违章建筑太多，这次大雨造成的危害根本就不应该有这么大。（国际在线 2011 年 1 月 19 日）

（4）文强痛心疾首，以一声“晚了”总结自己的以往，他的所谓“晚了”，对于太多的官员来说，却应该是不算晚的清醒剂。（人民网 2010 年 1 月 15 日）

（5）从 1 指开到 2 指，从 2 指开到 3 指……每一指都开得艰苦卓绝、痛心疾首。经历十几个小时的阵痛而筋疲力尽之时，迎来呱呱坠地的宝宝。（人民网 2010 年 7 月 26 日）

如果例（1）改为“悲痛欲绝”，例（2）改为“沉痛哀悼”，例

(3)改为“追悔莫及”，例(4)改为“悔恨交加”，可能更好一些。至于最后一例，用“艰苦卓绝”和“痛心疾首”形容分娩，便纯属滥用了。

2011年3月12日

# “投鼠忌器”不等于有顾虑

“投鼠忌器”语出汉·贾谊《治安策》:“里谚曰:‘欲投鼠而忌器。’此善喻也。鼠近于器,尚惮不投,恐伤其器,况于贵臣之近主乎?”意思是要拿东西投掷老鼠,又顾忌打坏了它旁边的器物。比喻想打击坏人,又顾虑伤害他所依附的人或身边的无辜者。也作“掷鼠忌器”。例如《三国志·魏书·袁绍传》裴松之注引谢承《后汉书》:“《刘向传》曰:掷鼠忌器。器犹忌之,况卓今处宫阙之内,以天子为藩屏,幼主在宫,如何可讨?”明·罗贯中《三国演义》二十回:“云长问玄德曰:‘操贼欺君罔上,我欲杀之,兄何止我?’玄德曰:‘投鼠忌器。操与帝相离只一马头……吾弟若逞一时之怒,轻有举动,倘事不成,有伤天子,罪反坐我等矣。’”又如李国文《花园街五号》:“一建还是省里的标杆单位,警车开去铐出一大串人来,算怎么回事?投鼠忌器嘛,不能这么鲁莽。”

从以上书证可以看出:“投鼠忌器”的“鼠”是投掷的对象,比喻要打击的坏人;“器”是鼠身旁的器物,比喻打击对象身边的人,特别是他所依附的或无辜的人,但绝不是投鼠者自己。袁绍要打击的是董卓,怕伤害的是幼主;关羽要打击的是“欺君罔上”的曹操,怕伤害的是天子;警方要打击的是犯罪嫌疑人,怕伤害的是第一建筑公司的声誉。遗憾的是,现在有些人把这条成语泛泛地理解为做事有顾虑,不敢下手,而不考虑什么是“鼠”、什么是“器”，使这条形象生动、内涵丰富的成语，只剩下一个“忌”字，变成“有顾虑”的同义语了。请看例子：

（1）伊朗成美国下个打击目标，布什欲动武投鼠忌器。（《新民周刊》2004 年 11 月 3 日）

（2）面临全行业的成本上涨与利润危机，啤酒巨头却对提价投鼠忌器……因为，谁先挑起涨价大旗，风险非常大，一手打造的市场可能毁于一旦。（《中国证券报》2008 年 6 月 12 日）

（3）斯克拉本节已经 4 次犯规，防守时更加投鼠忌器，他无奈地看着球队以 64∶78 落后结束第三节。（新华网 2008 年 8 月 23 日）

（4）尽量买本地出产的产品。本地品牌想要严重欺骗本地人是比较困难的，他们多多少少会有投鼠忌器的心理。（《北京青年报》2008 年 9 月 18 日）

（5）从央行行长周小川近期对利率的表述来看，显然央行在动用利率工具时还是有些投鼠忌器。（《北京商报》2007 年 12 月 11 日）

（6）我国现阶段不少电厂在落实节水减排行动时，还存在只讲效益不讲环保、对新技术投鼠忌器、节水设备工艺落后……等现象。（人民网 2008 年 4 月 28 日）

例(1)是说伊朗的军事力量和国际关系都比当年的伊拉克强，布什担心轻易对伊动武会承受更大的军事和政治压力。例(2)，啤酒巨头不敢轻易涨价，是担心带头涨价风险太大。例(3)，斯克拉不敢积极防守，是害怕自己 6 次犯规被罚下。例(4)，某些商品生产者不敢欺骗本地人，是担心给自己带来不好的影响。以上四例,“投”的对象很难说是“鼠”,“忌”的对象也都不是“鼠”身旁的“器”,而是他们自己或自己一方,因此都不能使用“投鼠忌器”。例(5)是说调整利率有利有弊,央行举棋不定,例(6)是说对使用新技术还心存疑虑,根本不存在打击谁、伤害谁的问题,更无所谓“鼠”和“器”了,因此都与这条成语不沾边。其实如果把上述诸例中的“投鼠忌器”换成“顾虑重重”“畏首畏尾”“举棋不定”之类的词语,既通俗又准确,便什么问题都没有了。

之所以造成误用,同某些辞书释义不到位不无关系。例如《中国成语大辞典》把这条成语释为“比喻有顾虑,想干而不敢干”,《中华成语词典》释为“比喻做事有顾虑,不敢放手干”,既没有落实到“鼠”,更没有落实到“器”,这样就很容易对使用者造成误导。《现代汉语词典》比较好,释为“比喻想打击坏人而又有所顾忌”,落实了“鼠”,但还没有落实到“器”。《现代汉语学习词典》释为“比喻想打击坏人,又有所顾忌,怕会伤害别的无辜的人和牵涉别的事”,便比较准确了。

2009年1月12日

# “退避三舍”不等于“望而却步”“裹足不前”

《左传·僖公二十三年》及《僖公二十八年》记载：晋国公子重耳出亡楚国，受到礼遇，楚成王问他如何报答，重耳说，如果将来晋楚两国交战，我将“辟(同‘避’)君三舍”(古代行军以三十里为一舍，三舍，九十里)。后来在晋楚城濮之战中，已经当上晋国国君的重耳果然履行诺言，命令军队“退三舍以辟之”。后来就用“退避三舍”比喻对人退让，不与相争。例如清·吴敬梓《儒林外史》十回：“贤侄少年如此大才，我等俱要退避三舍矣。”晚清·曾朴《孽海花》二回：“这叫做群仙领袖，天子门生，一种富贵聪明，那苏东坡、李太白，还要退避三舍，何况英国的培根、法国的卢梭呢？”郭沫若《创造十年》：“凡是所谓大人名士，我总是有点怕。外国的大人名士不用说，就连吾们贵国的，我也是只好退避三舍的。”杨沫《青春之歌》二部二十七章：“没有吴教授时，王鸿宾教授是一个活跃人物……可是一碰到嘴巴不闲的吴教授，他却要退避三舍，再也轮不到他。”

从“退避三舍”的出处和古今典范用例不难看出，这条成语比喻的是对人退让，避免冲突，或甘拜下风，不敢争胜。它同“针锋相对”意思相反，同“望而却步”“裹足不前”也有明显的区别。“望而却步”意思是遇到危险或力不能及的事情而向后退缩,“裹足不前”意思是由于顾虑或畏惧而停步不前,它们都同“勇往直前”意思相反。有人没有准确把握这几条成语的含义和相互区别,常常把它们混为一谈。例如:

(1) 在扶起老人的“小善”面前,众人之所以退避三舍,并不能盲目归咎于人情冷漠……许多人担心遭遇“碰瓷”,害怕善因结出恶果,最终“见义不为”。(《光明日报》2010 年 8 月 10 日)

(2)对自己有利的事情争先恐后,对自己不利的事情就退避三舍。(中国共产党新闻网 2010 年 6 月 13 日)

(3) 英国女子弗兰·丹多……患有一种奇怪的“香蕉恐惧症”,不得不对这种日常生活中常见的水果退避三舍。(《呼伦贝尔日报》2010 年 8 月 3 日)

(4) 这个事件(按,指圣元奶粉含有激素)将会使消费者退避三舍,其产品将会无人问津,从而使企业受损甚至倒闭。(《楚天都市报》2010 年 8 月 9 日)

(5) 繁琐冗长的学术著作总是让人感到枯燥,退避三舍,有不敢亲近之感。(《天津日报》2010 年 5 月 18 日)

看见老人跌倒而不扶,是因为担心“碰瓷”;遇到于己不利的事情就退缩,是因为害怕损害个人利益;不敢接近香蕉,是因为患有“香蕉恐惧症”;不敢购买含有激素的奶粉,是避免影响健康;不愿接近某些著作,是因为嫌它繁琐冗长。所有这些,都不是对人让步、不与相争,也不是自愧不如、甘拜下风,显然都不能说“退避三舍”。只有改为“望而却步”或“裹足不前”之类,才能文从字顺,豁然贯通。

此外,在以下两种语境中也不能使用“退避三舍”:

(6) 管住公款吃喝的嘴，公开是最好的防腐剂。有了曝光和质询，一切假借公务名义的吃喝才有可能退避三舍。(《人民日报》2010 年 7 月 28 日)

(7) 由于工作的特殊，一般人对我们纪检干部都是退避三舍。(中国共产党新闻网 2010 年 6 月 28 日)

例(6)可以改为“销声匿迹”，例(7)可以改为“敬而远之”。

2010 年 11 月 13 日

# 使用“完璧归赵”不要叠床架屋

《史记·廉颇蔺相如列传》记载：战国时赵惠文王得到稀世珍宝和氏璧，秦昭王表示愿用十五座城换璧。赵王不敢拒绝，又怕上当。大臣蔺相如自愿奉璧出使秦国，说：“城入赵而璧留秦；城不入，臣请完璧归赵。”蔺相如献璧后，见秦王无意交出城池，便设法把璧索回，派人送还赵国。后来就用“完璧归赵”比喻把原物完好无损地归还原主。例如清·夏敬渠《野叟曝言》三十四回：“将来奴家与姐姐倘得邀天之幸，完璧归赵，则亲故往来，奴家亦常得相会。”臧克家《书的故事》：“先前，朋友们向我借书，我珍重地交出去，并且一再叮咛，要准时完璧归赵。”姚雪垠《李自成》一卷二十六章：“请放心，不要多久，这两件东西定会完璧归赵。”

“完璧归赵”是常用成语，不难理解也不难使用。需要注意的是，这是一个主谓结构。从意义上看，它包含两个义素：一是原物（“璧”），一是原主（“赵”），表示原物归还原主。使用时一般不必再重复原物或原主。从语法功能上看，它在句子中通常充当谓语，不能把原物或原主作为宾语或补语。遗憾的是，有些人忽略了这个特点，以致叠床架屋，造成误用。例如：

(1) 友人完璧归赵“毛笔”。（《重庆晚报》2011 年 4 月 18 日）

(2) 近日,虹桥机场出境大厅上演了一场边检民警“接力”找寻贵重物品丢失旅客的精彩场面,终于赶在飞机起飞前,将贵重物品完璧归赵于外籍失主。(中新上海网 2011 年 2 月 12 日)

例(1)是《重庆晚报》一篇文章的小标题,说的是胡风把保存了 40 年之久的“毛笔”(指毛泽东为丁玲题写的《临江仙》词手迹)完整地交还给丁玲。标题把原物“毛笔”当作“完璧归赵”的宾语。例(2)则是把原主“外籍失主”(前面加上介词“于”)作为“完璧归赵”的补语。这样使用,不仅不合语法,而且叠床架屋,显系误用。

(3) 叶宏湛……要回了“文革”期间马亦钊托赠……马孟容的一幅《蟹》,并完璧归赵交还给马亦钊。(《温州都市报》2011 年 4 月 28 日)

(4) 彭德怀倍加珍惜地保存着这块怀表,希望日后能完璧归赵交给它最初的主人的亲属(按,指瞿秋白的夫人杨之华)。(《光明日报》2011 年 3 月 18 日)

这两例用了“完璧归赵”,意思已经完足,紧接着又说交给原主,如果把成语删掉,意思丝毫不受影响,句子反倒简明通顺了,可见也犯了叠床架屋的毛病。

2011 年 5 月 19 日

# “万籁俱寂”和“鸦雀无声”

“万籁俱寂”意思是各种声音都没有了(籁:从孔穴中发出的声音,泛指声音;万籁:指自然界万物发出的各种声音),形容周围环境十分寂静。语本唐·常建《题破山寺后禅院》诗:“万籁此都寂,但余钟磬音。”《碛砂唐诗》卷三载此诗,“都寂”作“俱寂”。例如明·吴承恩《西游记》六十九回:“至半夜,天街人静,万籁俱寂。”梁实秋《雅舍小品·猫的故事》:“冬夜荒寒……除了值更的梆子遥远的响声可以说是万籁俱寂。”也作“万籁无声”。如欧阳山《苦斗》五十九:“这时夜深人静,万籁无声,寒风吹着小煤油灯,轻轻闪动。”

要注意的是,“万籁俱寂”描写的是自然环境,强调的是寂静,时间多半是深夜。忽略了这些特点,就会造成误用。例如:

(1) 10岁男孩薛惠中有望在10月1日晚上8点零5分,在观众注目之下,万籁俱寂之时,独自站在国旗杆下,面对天安门城楼,吹响《我的祖国》。(《新京报》2009年10月1日)

(2) 1979年5月7日,长达20公里的海面上,漂浮起数百具尸体,喧闹的边境突然万籁俱寂。(中国共产党新闻网2008年12月30日)

(3) 一个小时、两个小时、三个小时……万籁俱寂的操场上空突然爆发一阵狂欢:“成功了! 成功了!”(人民网 2007

年2月25日）

（4）一曲《明天我要嫁给你》在北京嘉里中心大厅回荡着，此时，两个小花童从两旁走上舞台中央，现场一片万籁俱寂。（人民网2006年3月23日）

例(1)，10月1日晚8时，国庆60周年晚会正在天安门广场举行，周围成千上万观众都在那里注视着这个孩子，怎么可能“万籁俱寂”呢？例(2)，既然是“喧闹的边境”，必然有很多人，而且是白天，只是因为看到那么多浮尸，才突然惊呆了，当然也不是“万籁俱寂”。例(3)说的是操场，例(4)说的是舞台，都是人聚集、活动的场所，由于某种原因暂时安静下来，也不能叫“万籁俱寂”。

上述诸例“万籁俱寂”都可以改为“鸦雀无声”。“鸦雀无声”意思是连乌鸦和麻雀都不出声了，形容人群或人群聚集、活动的场所非常安静，没有一点声音。如郑振铎《桂公塘》：“一时敞亮的大厅上，鸦雀无声的悄静下来，虽然在那里聚集了不下百余个贵官大僚。”周而复《上海的早晨》四部二十二：“客厅里突然鸦雀无声，沉寂起来了。”这条成语用在上述诸例中正好合适（例(4)还须删掉“一片”二字，“一片”可以修饰“寂静”，但不能修饰“万籁俱寂”和“鸦雀无声”）。

2009年10月14日

# “万人”待在家里叫“万人空巷”吗？

作家张炜在《精神的魅力》一文中说：“往往一部电视剧还没有播放，舆论界就开始制作一种假象，什么‘轰动’、‘万人空巷’，其实大多是夸张和编造出来的。”这个批评从新闻报道的角度来看无疑是正确的。不过从语言应用的角度来看，编造虚假新闻时使用“万人空巷”固然是错误的，反映真实情况时使用“万人空巷”也是错误的。

“万人空巷”的意思是，家家户户的人都从家里出来聚集到某个地方，以致人们居住的街巷都空了。（清·王引之《经义述闻·通说上·巷》：“古谓里中道为巷，亦谓所居之宅为巷。”有人据此撰文说，“万人空巷”之“巷”应作“宅”讲，则“万人空宅”意义更加显豁。这个说法在辞书界尚未取得共识，姑且存而不论，仍沿用一般辞书的解释。）这条成语多用来形容庆祝、欢迎的盛况或新奇事物轰动一时的情景。例如宋·苏轼《八月十七日复登望海楼》诗：“赖有明朝看潮在，万人空巷斗新妆。”晚清·李伯元《南亭笔记》：“田兴恕美秀而文，一时有玉人之目……年十八即握兵符，所至之处，万人空巷，环绕而视之。”鲁迅《伪自由书·保留》：“上月杭州曾将西湖抢犯当众斩决，据说奔往鉴赏者有‘万人空巷’之概。”

苏轼的用例是说“万人”离家观潮，李伯元是说“万人”上街围观“玉人”，鲁迅是说“万人”去法场鉴赏杀头，无一不是离开自己居住的街巷聚集到另一个地方。但是很多人并没有准确理解这条成语的含义,以为只要是街巷里看不到人就叫“万人空巷”。大家都在看电视,巷是空了,但是万人都待在家里不出来,怎么能叫“万人空巷”呢?如果可以这样用,那么我们大家所居住的小区每天夜里也都是“万人空巷”了。

其实早在1997年高考语文就出了一道判断题:“这部精彩的电视剧播出时,几乎是万人空巷,人们在家里守着荧屏,街上显得静悄悄的。”很多考生因此丢掉了宝贵的3分。可惜这道题并没有引起足够的重视,时至今日此类误用依然大量存在。请看我从2007年媒体上摘抄的例句:

(1) 曾经万人空巷的“春晚”也开始受到越来越多的质疑。(新华社电讯2007年2月18日)

(2) 一到六点钟,所有孩子都会齐刷刷奔回家看“变形金刚”,真是万人空巷!(《北京科技报》2007年9月13日)

(3) 一夜之间,仿佛回到了万人空巷看《渴望》的上世纪90年代初。(《人民日报》海外版2007年12月3日)

(4) 北京电视台热播的电视剧《贞观之治》受到了观众的普遍欢迎,播出期间一度万人空巷。(人民网2007年1月10日)

这样的误用真不知要延续到何年何月!

2008年1月16日

# “望其项背”与“望尘莫及”

“望其项背”的意思是能够望见前面人的脖梗子和背脊(项:脖子的后部,脖梗子),表示赶得上或比得上,多用于否定句或反问句。语见明·周藩宪王《三度小桃红·楔子》孟称舜眉批:“气味浑厚,音调复谐,毕竟是本朝第一能手,近时作者虽多,终难望其项背耳。”例如鲁迅《且介亭杂文·病后杂谈》:“这真是天趣盎然,决非现在的‘站在云端里呐喊’者们所能望其项背。”范长江《塞上行·百灵庙战后行》:“论庙的外观气势,拉卜楞寺可以勉强与之伯仲,而塔尔寺则不能望其项背。”

这条成语也常常被误用。例如:

(1) 从1998年到2004年,中国国际象棋女队奥赛四连贯,诸强只能望其项背。(《人民日报》2008年11月28日)

(2) 与大型农村金融机构竞争,新型农村金融机构还存在明显劣势……短期内只能望其项背。(《金融时报》2008年5月13日)

(3) 民主党阵营是希拉里和奥巴马两马争先,处于第三位的爱德华兹眼下只能望其项背。(《人民日报》海外版2008年1月22日)

(4) 我们这一代学人与前辈大师根本没有可比性……我们只能望其项背。(《北京青年报》2007年12月23日)

以上四例无一例外都是说只能落在别人后面,根本赶不上，与“望其项背”的意思正好相反，纯属误用。应该改为“望尘莫及”。

“望尘莫及”原作“望尘不及”，意思是望着前面人、马奔跑扬起的尘土而追赶不上（及：赶得上），比喻远远落在别人后面。例如《南史·何点传》：“豫章王尚望尘不及，吾当望岫息心。”后作“望尘莫及”。例如老舍《赵子曰》十七：“你由欧阳的一片话，会悟出这么些个道理来，你算真聪明，我望尘莫及。”姚雪垠《李自成》二卷五十五章：“闯王确实有许多非凡之处，为当今群雄所望尘莫及。”这条成语用在前引四个例句中正好合适。

所以误用，显然是这些作者误认为，既然只能望见前人的项背，想必是远远落在人家后面赶不上了。殊不知这条成语是说，已经看得见前人的项背了，就说明距离并不远，完全可以赶得上。成语是长期形成的固定词组，只能按照它固有的意义去理解和使用，不能望文生义，按照自己的理解任意使用。

2009 年 1 月 17 日

# 不要把“望洋兴叹”变成“望……兴叹”

《庄子·秋水》记载：秋天水涨，水流很大，河伯（河神）自以为了不起，及至顺流而下来到北海，见到大水无边无际，才感到自己渺小，于是“始旋其面目，望洋向若而叹”。后以“望洋兴叹”四字成文，表示在伟大的事物面前感叹自己的渺小，今多比喻要做一件事因力量不够或缺乏必要的条件而感到无可奈何。例如清·刘坤一《致胡筱蘧侍郎》：“若复畏繁难，慎讥笑，势必中止，将来逾远逾湮，虽有班、马复生，亦徒望洋兴叹。”蔡东藩《民国通俗演义》五十六回：“一班妇女请愿团，也想去攀龙附凤，显扬门楣，但一时无门可入，未免望洋兴叹，空存这富贵的念头。”孙犁《秀露集·耕堂读书记（一）》：“致使后来者得不到正确途径，望洋兴叹，视为畏途。”巴金《随感录》一〇六：“从寝室打开门走出去，面前就是一个水荡，我的病腿无法一步跨过去，只好‘望洋兴叹’。”

有人望文生义，以为“望洋”就是“望着海洋”。殊不知“望洋”是个联绵词，仰视的样子，也作“望羊”“望阳”“望佯”“盳洋”……。联绵词是不能拆开解释的。而且当“比海更大的水域”讲，是“洋”的后起义，先秦还没有出现。“望洋向若而叹”一语确有“向着海神”的意思，但这来自“向若”（若：海神的名字）二字，与“望洋”无关。

从这样的误解出发，有些体育记者率先把这条成语“改

造”成“望球兴叹”。后来又不断发展,只要对什么感到无可奈何,便说望什么兴叹,形成“望……兴叹”的格式,广为流传。例如:

(1) 当时付宝荣传球,高丽华射门,对手门将只能望球兴叹。(《新京报》2004 年 8 月 19 日)

(2) 日本队……虽然身高处于劣势,但是却能够凭借灵活的倒脚和跑位,让我们的球员望球兴叹。(《人民日报》2009 年 7 月 2 日)

(3) 延安市宝塔区……一些经适房单套面积甚至达到 270 多平方米,面对如此大房,当地中低收入家庭只有望楼兴叹。(《西安晚报》2010 年 5 月 29 日)

(4) 失衡的供需关系导致的结果是:有钱的交钱,有“关系”的走后门,普通群众望名校兴叹。(《团结报》2006 年 6 月 15 日)

(5) 面对动辄几万元甚至十几万元的医疗费用,家庭条件一般的患者,只能望医院兴叹。(《上海青年报》2005 年 12 月 19 日)

(6) 如果坚持“谁主张谁举证”的原则,就意味“他人”只能望法院兴叹。(《法制日报》2008 年 9 月 1 日)

(7) 面对频繁发生的农业生产风险,农民基本上只能望保险兴叹。(《南方日报》2009 年 11 月 24 日)

(8) 那些具有科技创新潜力的新人却备受冷落,甚至只能望项目兴叹。(《工人日报》2006 年 8 月 25 日)

现在“望……兴叹”俨然已经成为一个固定结构,中间随便填什么都可以。有人认为这是出于修辞需要的成语套用。

成语是可以套用的，但必须符合公认的标准。例如成语“先发制人”，语出《汉书·项籍传》“先发制人，后发制于人”，毛泽东反其意而用之，创造了“后发制人”。这才是成功的套用。而“望……兴叹”便完全不同了。从意义上看，“望洋”是仰视的样子，而不是望着海洋；从结构上看，“望洋”是一个词，而不是动宾词组。意义和结构都不相同，怎么能套用为一个固定格式呢？再说，这种“套用”并没有产生任何新义，因为不管“望”什么“兴叹”，所表达的仍然是“因力量不足或没有条件而感到无可奈何”的意思。前举诸例中的“望……兴叹”，如果改用“望洋兴叹”，意思丝毫不受影响，既规范又确切，为什么要生造一批不伦不类的词语呢？

2010 年 6 月 25 日

# “惟妙惟肖”不能形容天然景物

“惟妙惟肖”形容描写或模仿得非常好，非常逼真（惟：语气词，没有实际意义；妙：好；肖：相似）。语见宋·岳珂《英光堂帖赞》：“永之法，妍以婉；芾之体，峭以健。马牛其风，神合志通。彼妍我峭，惟妙惟肖。”例如朱自清《〈老张的哲学〉与〈赵子曰〉》：“这里写赵姑母的唠叨和龙钟，惟妙惟肖。”丰子恺《学画回忆》：“于是亲友竞乞其画像，所作无不惟妙惟肖。”刘绍棠《村妇》卷二：“部毓桂以演穷生见长……演得惟妙惟肖，活灵活现。”

从这几条典范用例可以看出：第一，“写赵姑母”“画像”和“演穷生”，都是人在描写或模仿，都是人的行为；第二，“写”“画”和“演”的结果都非常逼真。只有符合这两点，才能说“惟妙惟肖”。有人误以为只要两个东西相似，不管出于什么原因，都叫“惟妙惟肖”，以致造成误用。例如：

（1）〔万绿湖中的岛屿〕各具神态，各显风姿，栩栩如生，惟妙惟肖：或如垂钓老翁，或如禅定高僧……皆神妙而不可言。（《人民日报》2008 年 1 月 14 日）

（2）天然睡佛惟妙惟肖，堪称世界一绝。（《人民日报》海外版 2007 年 11 月 28 日）

（3）河南发现“龙”“鹤”图样天然奇石……石上的图案惟妙惟肖，形象逼真。（中国新闻网 2007 年 11 月 20 日）

（4）珠海石榴岗工地挖到人形植物……耳朵、鼻子、四肢无不具备，各部位惟妙惟肖，实在令人拍手叫绝。（《信息时报》2007 年 12 月 13 日）

“岛屿”“睡佛”“奇石”“人形植物”都是天然景物，它们同另一事物相似纯属巧合，并非出于人的模仿，因此用“惟妙惟肖”来形容都是错误的。

2008 年 3 月 15 日

# “为虎作伥”的“虎”和“伥”

《太平广记》卷四三〇引唐·裴铏《传奇·马拯》:“此是伥鬼,被虎所食之人也,为虎前呵道耳。”说被老虎吃掉的人,死后变成伥鬼,专门给老虎带路去吃别人。后用“为虎作伥”比喻充当恶人的帮凶,帮助恶人干坏事。例如孙中山《革命原起》:“适于其时,有保皇党发生,为虎作伥,其反对革命,反对共和,比之清廷为尤甚。”邹韬奋《我们的灯塔》:“我们因谈起民族解放的重要,连带想到阻挡这个解放斗争的帝国主义,但同时不要忘记为虎作伥的封建残余的势力。”老舍《四世同堂》五十一:“再加上汉奸们的甘心为虎作伥,日本人要五百万石粮,汉奸们也许要搜刮出一千万石,好博得日本人的欢心。”

这条成语并不难用,关键是要弄清谁是“虎”谁是“伥”,看看它们是否恰如其分。在前举书证中,“虎”分别是“清廷”“帝国主义”和“日本人”,“伥”分别是“保皇党”“封建残余”和“汉奸”。它们都名副其实,当之无愧。现在有些人使用这条成语时,往往没有弄清谁是“虎”谁是“伥”,以致比喻失当,造成误用。通常有两种情况:

一种是把算不上恶人的比作“虎”,算不上帮凶的比作“伥”。例如:

(1) 河南代表团……如果是为了大事化小全身而退,那是逃避责任;如果是怕可能有更多的运动员被检出问题,那是

为虎作伥。(《扬子晚报》2009 年 10 月 20 日)

(2)〔南京林业大学团委〕组织贫困同学戴上红袖标巡视校园,一旦发现校园情侣过分亲昵行为就要及时上前提醒制止……要在学生中培养一种为虎作伥,通过抓同学来赚钱的风气。(《北京晚报》2009 年 11 月 11 日)

全运会河南代表团在该省赛艇队女队员郭林娜被查出服用兴奋剂后,通知赛艇队男女队全部退出比赛,文章认为如果这样做是因为怕有更多的运动员被查出问题,就是"为虎作伥"。把河南代表团比作"伥",而把可能服用兴奋剂的运动员比作"虎",未免过分。南京林业大学团委的做法确实值得商榷,但是把它比作"虎",而把勤工俭学的贫困同学比作"伥",就有些不伦不类了。

另一类是把"伥"和"虎"混为一谈,误把"虎"当作"伥"。例如:

(3) 年长的老教授要把女学生当作自己的女儿一样去关心和帮助她们……而不是受不良社会的影响,为虎作伥。(人民网 2009 年 8 月 17 日)

(4) 近些年来,一些"色贪官"们过着极端腐朽糜烂的生活,到处为虎作伥,不顾一切地蹂躏未成年幼女。(人民网 2009 年 8 月 5 日)

(5) 官员(按,指邓贵大等)最后的结局是一个悲剧,女服务员(按,指邓玉娇)的最后结局也是一个悲剧,两个悲剧充分暴露了部分官员的腐败、依仗权势为虎作伥的丑恶嘴脸。(人民网 2009 年 5 月 12 日)

(6)(听到载湉的死讯后)74 岁的慈禧太后放心地闭上

了眼睛，也离开了她为虎作伥60多年的人世间。（人民网2009年6月18日）

中央音乐学院某博导为“帮助”一位女生顺利过关，竟置道德与法律于不顾，同该生发生肉体关系并接受10万元贿赂，能否比作“虎”姑且不论，但肯定不是“伥”。至于蹂躏幼女的“色贪官”本身就是行凶作恶的坏人，就是“虎”，而不是“伥”，除非他们是替别人蹂躏幼女。同样，在邓玉娇一案中，邓贵大等腐败官员本身就是为非作歹的“虎”，绝不是什么“伥”。最后一例的错误更加明显，慈禧太后就是天字第一号的“虎”，如果她也可以比作“伥”，那么普天之下谁还有资格比作“虎”呢？

2009年12月23日

# 形成良好的风气才叫“蔚然成风”

“蔚然成风”形容一种事物逐渐发展盛行，形成良好的风气。例如茅盾《我走过的道路》：“在鲁迅的带动下，当时写杂文蔚然成风，许多从来不写杂文的作家也在《自由谈》上或者其他报刊上写起了杂文。”范文澜、蔡美彪等《中国通史》三编七章八节：“日本国内，自望族以至一般文士，摹仿唐诗蔚然成风。”冯牧《文学应当和生活同步前进》：“我相信，为时不久，在我们的文学战线上，深入火热斗争生活，将会蔚然成风。”

理解这条成语的关键在“蔚然”一词。蔚然，草木茂盛的样子。如唐·柳宗元《永州八记·袁家渴记》：“山皆美石，上生青丛，冬夏常蔚然。”引申为兴盛、盛大的样子。“成风”本来是个中性词，但是前面加上“蔚然”，整个成语就具有褒义了。只有形成良好的风气才能说“蔚然成风”，否则是不能这样说的。有人没有理解这一点，以致造成误用。例如：

(1) 然而遗憾的是，还有不少企业和个人，把在国际上获奖当成了唯一目标，甚至“跑奖”、“要奖”蔚然成风，仿佛只有冠以“某某国际奖获得者”的名号，才底气十足。(《人民日报》2009年12月29日)

(2) 当欺骗已蔚然成风，而且是恶性循环的情况下，消费者即使练成火眼金睛，也很难逃脱被骗的厄运。(《北京晚报》2009年12月23日)

(3) 在一些狭隘、庸俗的娱乐新闻的影响下，社会中追逐色情、暴力、炒作的思想蔚然成风。娱乐新闻所传递的色情、暴力等低俗信息……对受众的身心健康和价值观的树立造成了不可弥补的伤害。(人民网 2009 年 12 月 23 日)

(4) 一些单位领导甚至呼朋引伴，互相宴请，你来我往，蔚然成风，公款吃喝应酬演变成“灰色腐败”。(《工人日报》2009 年 11 月 22 日)

以上诸例所说的毫无例外都是消极事物，甚至是犯罪的行为，说“渐成风气”“形成风气”都可以，唯独不能说“蔚然成风”。

2009 年 12 月 31 日

# “蔚为大观”不形容消极事物

“蔚为大观”原作“蔚为巨观”，形容事物丰富多彩，荟萃而成盛大壮观的景象（蔚：荟萃；聚集）。语见明·李东阳《武昌府学重修记》：“既其成也，金碧髹垩，峭嵘绚烂，离立交映，蔚为巨观者，殆不知其所由致也。”后多作“蔚为大观”。例如清·金堡《见闻随笔序》：“古今博雅，代不乏人，搜讨典籍，蔚为大观。”梁启超《论译书》：“道咸以来，考据金元史稗，言西北地理之学，蔚为大观。”鲁迅《两地书》五一：“乡村风景，甚觉宜人，野外花园，殊有清趣，树木蔚为大观。”秦牧《巨茄》：“北京夏季的蔬菜市场，鹅黄，墨绿，朱红，蓝紫，色彩缤纷，尽态极妍，真是洋洋洒洒，蔚为大观。”王西彦《踯躅者的喜悦》：“到了建国以后，有了一个比较能够安静读书的环境，我的‘贮存’与日俱增，简直颇有些蔚为大观的样子了。”

这条成语不难理解也不难使用，关键是要弄懂“大观”一词。“大观”的意思是盛大壮观的景象。例如宋·范仲淹《岳阳楼记》：“……浩浩汤汤，横无际涯，朝晖夕阴，气象万千，此则岳阳楼之大观也。”只有美好而繁多的事物，才能荟萃成盛大壮观的景象。因此“蔚为大观”显然是一条感情色彩鲜明的褒义成语。现在有人不了解这一点，把它用来形容消极事物，这就不对了。例如：

(1) 既然目前诱导性执法并未明文禁止……钓鱼执法恐

怕仍将此起彼伏，蔚为大观。（《齐鲁晚报》2009 年 11 月 18 日）

（2）包括百家讲坛，大学者都开始用说书方式来解读历史了。旁门左道成为蔚为大观的东西，我感觉是嘲弄了这个民族的智力。（《中国青年报》2010 年 2 月 2 日）

（3）每逢教师节临近，学生家长送礼给老师成为一道蔚为大观的风景，这股败坏师风师德的坏风气，已经……受到了公众的诟病。（人民网 2009 年 9 月 4 日）

（4）一个广西就出了一串贪官，全国的贪官则蔚为大观。（人民网 2008 年 10 月 14 日）

（5）在蔚为大观的官员情色腐败面前，你不得不悲哀地承认，陈立岩与女网友开房真不算个事儿。（四川新闻网 2010 年 4 月 15 日）

“钓鱼执法”是应当“明文禁止”的，“嘲弄民族智力”的“旁门左道”是不能鼓励的，给老师送礼业已受到“公众的诟病”，这些都是消极事物，而贪官污吏泛滥、情色腐败成风，更是犯罪的行为，显然都不能使用褒义成语“蔚为大观”。

2010 年 5 月 21 日

# “无可厚非”与“无可非议”

“无可厚非”原作“未可厚非”，语出《汉书·王莽传》：“莽怒，免〔冯〕英官。后颇觉寤，曰：‘英亦未可厚非。’复以英为长沙连率。”意思是没有什么可以过分指责的，表示虽有错误或缺点，但可以原谅，不必过分责备。例如清·王士祯《池北偶谈·林艾轩驳诗本义》：“大抵欧阳《本义》虽未必尽合，然较考亭尽去小序而以臆断，不啻胜之，未可厚非。”后多作“无可厚非”。如闻一多《神话与诗·龙凤》：“若有人专就这点着眼，而想借‘龙凤’二字来提高民族意识和情绪，那倒是无可厚非。”茅盾《一九六〇年短篇小说漫评》：“作者的动机无可厚非，但客观效果则不尽符合作者的动机。”

在语言应用中，人们常把“无可厚非”同“无可非议”混为一谈。请看例子：

(1) 中国作为主权国家……保持一定的国防力量，完全是为了维护主权、领土完整和国家统一，无可厚非。（新华网 2007 年 2 月 28 日）

(2) 加大上市公司的透明度，监管上市公司募股资金的用途，查处恶性操纵股价……中国证监会这些做法都是无可厚非的。（中国新闻网 2001 年 11 月 30 日）

(3) 郑智表现获得英国球迷认可，当选 3 月最佳无可厚非。（国际在线 2007 年 4 月 18 日）

（4）坐公交车给年纪大的人让座，这种尊老爱幼的行为无可厚非。（《沈阳今报》2006年7月5日）

我国保持一定的国防力量是天经地义的，证监会加强对股市的监督是理所应当的，郑智被英国媒体评为最佳球员是实至名归的，给老年人让座更是值得称道的，这些都应充分肯定，不存在任何可以原谅的错误或缺点，怎么能说“无可厚非”呢？显然这里的“无可厚非”都应该改为“无可非议”。

“无可非议”是说没有什么可以批评指责的，表示言论行动合情合理，正确无误。如章炳麟《王夫之从祀与杨度参机要》：“观《明夷待访录》所持重人民、轻君主，固无可非议也。”巴金《爱情三部曲总序》：“这也许是一种取巧的写法，但这似乎是无可非议的。”

“无可厚非”同“无可非议”的区别全在一个“厚”字。“厚”是重、过分的意思。后者是根本不可以非议；前者是可以非议，但不能过分。二者不容混淆，必须区别清楚。事实上，它们之间的区别，不但一般人容易忽略，就是某些成语词典也没有弄清。例如《中华多用成语大辞典》在“无可厚非”条下释为“见‘无可非议’”，在“无可非议”条下释为“也作‘无可厚非’”，把二者完全混为一谈。在这种工具书的误导之下，某些读者出现误用，似乎也无可厚非了。

2008年5月5日

# “无所不为”用于贬义

“无所不为”，《现代汉语词典》释为：“没有什么不干的，指什么坏事都干。”语出《论语·阳货》“苟患失之，无所不至矣”何晏集解引郑玄曰：“无所不至者，言其邪媚无所不为。”又《礼记·乐记》“人化物也者，灭天理而穷人欲者也”郑玄注：“穷人欲，言无所不为。”例如《三国志·吴书·张温传》：“揆其奸心，无所不为。”清·吴敬梓《儒林外史》四十六回：“他又是乡绅，又是盐典，又同府县官相与的极好，所以无所不为，百姓敢怒而不敢言。”巴金《春》六：“两位孙少爷跟陈克家的二少爷很要好。听说他们三个在外头吃喝嫖赌，无所不为。”

郑玄用“无所不为”解释“无所不至”和“穷人欲”（极力追求人的贪欲），说明这条成语从它一出现就用于贬义，一直延续至今。有些人没有理解它作为成语的特定含义和感情色彩，以致造成误用。例如：

(1) 12 名医生外，还有 28 名护士，从分诊、输液、观察室处置到配合医生所有抢救细节，无所不为。（《新民晚报》2009年 8 月 21 日）

(2) 史老启烧造虫罐始于民国初期，老启专仿名款，举凡历代名款几乎无所不为，诸如……，不胜枚举。（《齐鲁晚报》2009 年 4 月 17 日）

(3)《济公传》……将济公描写成了无所不为的救苦救难

的大英雄。(《法制晚报》2009 年 8 月 24 日)

(4) 那时的世界棋坛几乎成了李昌镐一人的冠军秀,是他无所不为的时代。(《体坛周报》2009 年 7 月 13 日)

例(1)表扬护士不辞辛苦什么都干,例(2)称赞史老启技艺高超善仿名款,例(3)说济公“救苦救难”,这些都是好事,使用贬义成语“无所不为”显然不妥。至于例(4),不仅感情色彩不对,而且意思也令人捉摸不透,说李昌镐“无恶不作”肯定不会,说他“无所不能”或是“无往不胜”“所向披靡”都有可能,究竟想说什么,只能请作者自己回答了。

2009 年 9 月 3 日

# “无所不至”不等于“无微不至”

“无所不至”语出《论语·阳货》:“鄙夫可与事君也欤哉!其未得之也,患〔不〕得之;既得之,患失之。苟患失之,无所不至矣。”何晏集解引郑玄曰:“无所不至者,言其邪媚无所不为。”郑玄用“无所不为”释“无所不至”。杨伯峻《论语译注》用“无所不用其极”翻译“无所不至”。“无所不为”和“无所不用其极”都是没有什么坏事干不出来的意思。例如《礼记·大学》:“小人闲居为不善,无所不至。”清·曹雪芹《红楼梦》七十二回:“旺儿的那小子,虽然年轻,在外吃酒赌钱,无所不至。”毛泽东《论联合政府》:“他们对于各少数民族,完全继承清朝政府和北洋军阀政府的反动政策,压迫剥削,无所不至。”茅盾《赵高指鹿为马论》:“其后矫诏杀扶苏、蒙恬,窃符弄权,无所不至。”

“无所不至”还有一个意思是无处不到,极言所到之广。语出《史记·货殖列传》:“周人既纤,而师史尤甚,转毂以百数,贾郡国,无所不至。”例如北魏·郦道元《水经注·序》:“天下之多者,水也。浮天载地,高下无所不至,万物无所不润。”这个意义现在仍然有人使用。从这个意义又引申出极其周到、完备的意思。例如《陈书·殷不害传》:“不害事老母,养小弟,勤剧无所不至。”清·百一居士《壶天录》卷下:“慈母爱子之心,无所不至。”这个意义现在已经被褒义成语“无微不至”

所取代。所以《现代汉语词典》以“指凡能做的都做到了(用于坏事)”释“无所不至”,准确地反映了这条成语在现代汉语中的含义和用法。

“无微不至”始见于清代。如清·孙道乾《小螺庵病榻忆语》:“张姬爱儿如己出;姬病,儿侍奉汤药,无微不至。”意思是没有一处细微的地方照顾不到,形容关怀照顾极其细心周到。这条成语出现以后,由于具有鲜明的褒义色彩,立即被广泛使用。例如老舍《四世同堂》五十八:“金钱而外,她需要安慰与爱护,而马老太太与长顺是无微不至地体贴她,帮助她。”巴金《除恶务尽》:“周总理对文艺工作和文艺创作的关怀,更是无微不至。”

早在五十多年前,周祖谟先生在《汉语词汇讲话》一书中就曾指出:“‘无所不至’和‘无微不至’有褒贬之分,不应混淆。”但是时至今日,仍然有人用贬义成语“无所不至”形容关怀照顾细心周到,就令人感到褒贬色彩不协调了。例如:

(1) 妻子无所不至照料残疾丈夫50年。(《华西都市报》2011年2月11日)

(2) 父母爱自己的子女,无所不至,唯恐其有疾病。(中国文明网2010年11月9日)

(3) 中国人特别宝爱子女,体贴呵护无所不至。(《光明日报》2008年2月22日)

(4) 售楼处工作人员的精心布置,以及对于客户无所不至的精心呵护,这些,都让大家对首开及国风的未来充满期待和憧憬。(搜狐网2010年12月6日)

(5) 某大厦5层是兆阳理疗床体验中心,在这里执法人员共查到了10张理疗床，消费者就是躺在这些床上，一边接受营销人员表面上的无所不至的免费体验服务，一边在不经意间接受虚假宣传的。（浙江在线2010年3月19日）

以上诸例中的“无所不至”都应改为“无微不至”。

2011年3月16日

# “下里巴人”不指下等人

南朝·梁·萧统《文选·宋玉〈对楚王问〉》：“客有歌于郢中（yǐngzhōng，楚国国都）者，其始曰《下里》《巴人》，国中属（zhǔ，跟着）而和（hè，一起唱）者数千人……其为《阳春》《白雪》，国中属而和者不过数十人……是其曲弥（mí，越）高，其和弥寡。”《下里》和《巴人》原来都是战国时期楚地民间歌曲（下里即乡里，巴人指巴蜀一带的人，表示歌曲出自这些地方的人），为大众喜闻乐见，能应和的人很多。后凝结为成语“下里巴人”，借指通俗的普及的文艺作品，也用来谦称自己的作品，常与“阳春白雪”对举。例如清·李渔《闲情偶寄·变调第二》：“有暇即当属草，请以下里巴人为白雪阳春之倡。”许寿裳《鲁迅的生活》：“《阿Q正传》的署名是‘巴人’，取‘下里巴人’，并不高雅的意思。”蒋子龙《不惑文谈》：“不管有人把这个斥为‘通俗文学’也好，‘下里巴人’也好，我是敬佩那些能让自己的故事和人物深入人心的作家。”

用《下里》《巴人》两首民间歌曲代表一切通俗的文艺作品，用《阳春》《白雪》两首高雅的歌曲代表一切高雅的文艺作品，这是一种借代的修辞手法。这种手法在成语中是很常见的，例如“万紫千红”“姹紫嫣红”就是用“紫”和“红”这两种花的颜色借指各种颜色的花卉。有人不了解这条成语的来历和它所体现的修辞手法，望文生义，认为“下里巴人”就是下等人，这实在是一种不应有的误解。请看例句：

(1) 例如相声，原本是在天桥卖艺练摊的把式，服务于下里巴人，贩夫走卒。(《大河报》2009 年 6 月 23 日)

(2) 侯宝林除去善交下里巴人的朋友，倜傥儒雅的学者也是他钟情交友的对象，如钟灵、华君武、方成等漫画名家都是他的座上宾。(《呼伦贝尔日报》2010 年 9 月 12 日)

(3) 如同鲁迅笔下的话，贵族家的小姐出的是香汗，下里巴人出的是臭汗。(人民网 2008 年 7 月 4 日)

(4) "炮手"认为，文章"浅显直白"、没有艰涩难懂的地方，就只能给"下里巴人"(亦即"庸众")看看，万万不够格登上大雅之堂。(凤凰网 2010 年 9 月 5 日)

(5) 〔城东老街〕茶馆里鼻涕口水四溅，空气中烟雾弥漫，充斥着廉价香烟、叶子烟的味道，是下里巴人云集的地方。(新华网 2010 年 9 月 7 日)

以上诸例，"下里巴人"或与"贩夫走卒"连用，或与"儒雅的学者""贵族家的小姐"对举，或直接注明"亦即'庸众'"，或被描绘得粗俗卑下，显而易见所指的都是下等人。这纯属对"下里巴人"的曲解和误用，亟应纠正。

2010 年 11 月 17 日

# “相敬如宾”用于夫妻之间

“相敬如宾”原作“相待如宾”，语出《左传·僖公三十三年》：“臼季使，过冀，见冀缺耨（nòu，除草），其妻馌（yè，到田里送饭）之，敬，相待如宾。”意思是互相敬重，如同对待宾客一样。后世多作“相敬如宾”，形容夫妻之间互敬互爱，关系和谐。例如《后汉书·逸民传》：“夫妻相敬如宾。”明·冯梦龙《醒世恒言》卷十：“刘奇成亲之后，夫妇相敬如宾，挣起大大家事，生下五男二女。”茅盾《霜叶红似二月花》十二：“他待夫人不坏，然而直到夫人死了，他这才知道夫人心中的抑塞悲哀；他和她何尝不‘相敬如宾’，然而他们各人的心各有一个世界……”

同“举案齐眉”一样，“相敬如宾”也只能用于夫妻之间，所以《现代汉语词典》释为“形容夫妻互相尊敬像对待宾客一样”。现在有人随意扩大它的使用范围，以致造成误用。例如：

（1）康嫒嫒把老人当作自己的母亲看待，相敬如宾。（《南宁日报》2008 年 4 月 14 日）

（2）据伊能静好友描述，婆媳俩平常相敬如宾。（中国新闻网 2008 年 11 月 17 日）

（3）与家人和睦相处，相敬如宾；对晚辈和蔼宽容；与老伴相濡以沫。（《中国老年报》2006 年 9 月 1 日）

(4) 患者和医护人员间的矛盾未必像我们想的那样复杂,〔只要〕理清流程……大家自然能相敬如宾。(《生命时报》2008年8月12日)

(5) 当汽车驶进这座小城后,顿觉神清气爽,只见街道干净整洁,处处绿树成荫,车辆来往有序,人人相敬如宾。(《人民日报》2009年3月2日)

例(1)把"相敬如宾"用于母女之间,例(2)用于婆媳之间,例(3)用于家人(从上下文看,不包括老伴和晚辈)之间,虽然是误用,但使用范围还没有超出家庭的圈子,总算有所节制。例(4)用于医患之间,范围已经扩得够大了,没想到例(5)竟然扩大到"人人"之间,达到普天之下无所不包的境地,真是沿着错误的道路越走越远了。

如果仅仅从字面上看,似乎只要彼此互相尊敬,无论什么人都可以说"相敬如宾",但是不要忘记这是一条成语,而成语往往有与字面意义不完全相同的特定含义。这条成语从它开始出现就是形容冀缺同他妻子互相尊敬的,后来在长期使用过程中又都用于夫妻之间,因此它的使用范围已经约定俗成,使用者只能遵守,而不能随意扩大。

顺便说一下,例(3)的"相濡以沫"也用错了,见本书《"相濡以沫"比喻在困境中互相救助》一文。

2009年4月12日

# “相濡以沫”比喻在困境中互相救助

2009年10月31日，中国新闻网在报道钱学森先生逝世的电文中说：“他与妻子蒋英青梅竹马，在美国被软禁的五年间相濡以沫，借音乐排遣寂寞与烦闷。”同年11月13日，《新民晚报》在通讯《夫人眼中的中国导弹之父》中说：“这位科学巨匠和妻子长达六十余年的相濡以沫……却鲜为人知。”钱学森夫妇究竟仅仅在“被软禁的五年间”相濡以沫呢，还是“六十余年”始终处于相濡以沫的状态？回答这个问题，首先要考察一下这条成语。

“相濡以沫”语出《庄子·大宗师》：“泉涸，鱼相与处于陆，相呴（xǔ，吐气）以湿，相濡（rú，沾湿）以沫。”意思是泉水干涸了，鱼一起困在陆地上，用湿气互相嘘吸，用口沫互相浸润。后用来比喻在困境中竭尽微薄之力互相救助。例如明·刘廷谏《与刘简斋》：“放废之人，归来况味殊不恶，沐酬眠食，日与丹铅蠹鱼相濡以沫。”梁启超《外债平议》：“或低首下心，求其民之相濡以沫。”王安忆《本次列车终点》：“爹爹很早就死了，妈妈带着他们三个，相依为命，相濡以沫，什么苦都吃过了。”“相濡以沫”也可说成“以沫相濡”，如鲁迅《集外集拾遗补编·题〈芥子园画谱三集〉赠许广平》：“十年携手共艰危，以沫相濡亦可哀。”也可以只说“濡沫”，如宋·朱熹《答仁卿》：“所恨自困涸辙，不能少致濡沫之助，但有叹恨耳。”

这条成语的出处和古今典范用例足以说明，它只能用来形容在困境中互相安慰救助，而不能用来形容在顺境中互相关心支持。钱学森夫妇在美国被软禁的五年间处境险恶，前途未卜，说他们相濡以沫是确切的，而此前此后基本上都生活在顺境之中，说“六十余年”始终相濡以沫，就不符合事实了。

类似的误用，在媒体中屡见不鲜。例如：

(1)〔敬一丹和王梓木〕两人结婚二十年一直相濡以沫。(《每日经济新闻》2009 年 11 月 19 日)

(2) 她和李双江相濡以沫 20 年，不仅是生活上的伴侣，更是艺术上的伙伴。(人民网 2009 年 10 月 9 日)

(3) 高锟以他特别的方式感谢在他身后默默支持、相濡以沫 50 年的妻子。(《人民日报》海外版 2009 年 12 月 15 日)

(4) 这光辉的六十年……伟大的五十六个民族相濡以沫，尽展中华民族神韵的精彩。(《陕西日报》2009 年 10 月 1 日)

(5) 回首各民主党派与共产党风雨同舟、相濡以沫的光辉历史，全省 4000 多名民建会员由衷地认识到……我们的前途和未来将会无限光明。(《河北日报》2009 年 9 月 2 日)

敬一丹夫妇、李双江夫妇婚后的 20 年间，事业有成，生活优裕，可谓如鱼得水，鱼水和谐，怎么能描写成被困涸辙，要靠口沫互相浸润才能苟存呢？诺贝尔物理学奖获得者、号称“光纤之父”的华裔科学家高锟先生，长期在英国从事科学研究并取得辉煌成就，他和夫人黄美芸女士的处境一直很好，显然也不能使用“相濡以沫”。至于我国五十六个民族之间、共产党同民主党派之间,60 年来相处的历史,尽管并非始终一帆风顺,但绝没有到“相濡以沫”的地步,这样说不仅有乖史实,而且也同前后文“光辉的六十年”、“光辉历史”、“无限光明”的描述自相矛盾。

2010 年 2 月 23 日

# “香消玉殒”不用于男性

2011 年 5 月 22 日《新京报》B05 版有一个通栏标题：“‘挑战者’香消玉殒 里根致词悼念——寒冷天气导致‘挑战者’号航天飞机升空 73 秒时爆炸”。这使我想起 2005 年 2 月 28 日《辽宁日报》上的一段话：“不幸的是，1986 年 1 月 28 日，就在‘挑战者’号航天飞机起飞仅 73 秒时，麦卡利夫人与其他 6 名航天员一起香消玉殒。”两篇报道都使用了成语“香消玉殒”。用得对不对，值得探讨。

“香消玉殒”比喻年轻美貌的女子死亡（殒：死亡）。本作“香消玉碎”，语见明·许仲琳《封神演义》三十回：“香消玉碎佳人绝，粉骨残躯血染衣。”后多作“香消玉殒”。例如晚清·王韬《淞滨琐话·谈艳下》：“姬善积财，数年已逾巨万，产后误服人参，竟至香消玉殒，惜哉！”蔡东藩、许廑父《民国通俗演义》七十九回：“到了次日，凤仙闭户不出，至午后尚是寂然。鸨母大疑，排闼入室，那知已香消玉殒，物在人亡。”徐迟《牡丹》：“船抵大江中流时，她跃过栏杆，投身昏黑的江水中。尸体已经在下游打捞到了。虽然香消玉殒，依旧面目姣好云云。”

理解这条成语的关键在“香”“玉”二字。古人习惯用“香”“玉”比喻女子。仅仅从成语中就可以找到许多例子：如“怜香惜玉”比喻男子对女子温存爱怜，“瘗玉埋香”比喻埋葬已故的美女,“软玉温香”喻指温柔妩媚的女子,“香娇玉嫩”形容女子肌肤娇嫩温香,“玉减香销”形容女子形貌消瘦。由此可见,“香消玉殒”只能比喻美女死亡,绝不能用于男子。

“挑战者”号共有航天员7人,5男2女。说麦卡利夫人“香消玉殒”则可,说7人“一起香消玉殒”已属张冠李戴,而说“挑战者”号航天飞机“香消玉殒”,便不伦不类了。

遗憾的是,类似的误用在媒体中并不罕见。例如:

(1)九年过去了,香港娱乐圈的面貌已大为不同:张国荣香消玉殒了,周星驰大隐于市了,李嘉欣息影了。(人民网2010年1月26日)

(2)类似的事情(按,指飞机失事),在重庆还发生过一次,而这次,差点让蒋氏父子当场香消玉殒。(人民网2010年10月13日)

(3)“5.12”特大地震,使……都江堰阔嘴大笑的硕壮乡民、映秀湾采摘红樱桃的明眸川女、北川羌笛横吹的顽童,瞬间香消玉殒。(人民网2008年6月10日)

(4)要给“嫩官”们足够的宽容和支持……千万不要让“嫩官”们在质疑的口水中“香消玉殒”。(中国共产党新闻网2011年4月28日)

(5)救救哭泣的文物,近千件文物香消玉殒。(大河网2011年1月21日)

(6)双汇不可能不知道那些因为食品安全而瞬间香消玉殒的风光企业,也不可能不知道消费者就是上帝,是企业赖以生存的衣食父母。(齐鲁网2011年4月8日)

(7)在中国普遍实行的按照收视率末位淘汰的机制下,

央视《读书时间》、北京电视台的《东方书苑》、凤凰卫视中文台的《开卷有益》等10余个电视读书节目相继香消玉殒。(人民网2009年4月22日)

众所周知,影星张国荣和蒋介石、蒋经国父子都是男士,说他们"香消玉殒"显然用错了对象。在地震中丧生的"都江堰阔嘴大笑的硕壮乡民"和"北川羌笛横吹的顽童",恐怕都是男性,近年来新提拔的"嫩官"也不可能全是女性,说他们"香消玉殒",更是张冠李戴。更有甚者,例(5)用于文物,例(6)用于企业,例(7)用于电视节目,已经沿着误用的道路越走越远了。

2011年5月24日

# 凡·高、托尔斯泰“信笔涂鸦”?

唐代诗人卢仝《示添丁》中有这样两句:“忽来案上翻墨汁,涂抹诗书如老鸦。”说的是他的小儿子用墨汁在他的书上胡涂乱抹,把书涂得黑乎乎的像乌鸦一样。从此人们便用“涂鸦”比喻书画或文字幼稚拙劣。例如清·徐枋《与杨明远书》:“外一扇乃幼儿涂鸦,亦以申敬。”后来又扩展为成语“信笔涂鸦”(信笔:漫不经心随便书写),用来形容书写幼稚拙劣,或胡乱写作,常用作自谦之词。如清·李渔《意中缘·先订》:“僻处蛮乡,无师讲究,不过信笔涂鸦,怎经得大方品骘?”巴金《云》:“这些云并没有可以吸引住眼光的美丽,它们就像小孩的信笔涂鸦。”也作“信手涂鸦”。如陶菊隐《记者生活三十年》:“说来惭愧,我对国际问题一窍不通,写起国际问题文章来,只是信手涂鸦,哪里有什么真才实学?”

“信笔涂鸦”用于自己是谦虚,用于别人就是贬损或挖苦了,因此通常不用来形容别人,更不能用来褒扬别人。还有人断章取义,只见“信笔”,不见“涂鸦”,把“信笔涂鸦”当成“信笔写来”,也是错误的。请看例句:

(1) 在西溪西区餐饮服务中心“爱心包粽”区域,美院的大学生们挥毫泼墨,信笔涂鸦……将整个爱心区点缀得生机勃勃。(《城乡导报》2009 年 5 月 22 日)

(2) 他(按,指哈尔滨市美术家协会副主席李建华)喜欢

画画写字，在白报纸上临摹、写生、信笔涂鸦，除了画山水、花鸟之外，还喜欢刻印谱。（《哈尔滨日报》2008年9月11日）

（3）他（按，指画家凡·高）深信，的确有一股不可抵御的力量在推动着他前进，使他试图通过一种非造作的、不完善而即兴的、信笔涂鸦的方式体会心灵世界的内涵和价值，体会生活本真的暗示。（人民网2006年1月16日）

（4）他本是因为生活苦闷而信笔涂鸦写小说的，由于名作家的欣赏，竟一下子点燃了创作的火焰，找回了自信和人生目标，于是一发而不可收拾地写了下去，最终成为具有国际声誉和世界意义的艺术家和思想家。他就是伟大的列夫·托尔斯泰。（《人民日报》海外版2003年8月19日）

说美院大学生、美协副主席"信笔涂鸦"已属误用，而说凡·高和列夫·托尔斯泰这样的大师也"信笔涂鸦"，便令人啼笑皆非了。

顺便说一下，例(4)的"一发而不可收拾"也用错了，应改为"一发而不可收"。说见本书《"一发而不可收"与"一发而不可收拾"》一文。

2009年6月11日

# “星罗棋布”的种种误用

“星罗棋布”意思是像天上的星星那样罗列着，像棋盘上的棋子那样分布着。形容多而密集。语见北朝·东魏·无名氏《中岳嵩阳寺碑》：“塔殿宫堂，星罗棋布。”例如明·陈琏《皆山轩赋》：“群圉牧监，星罗棋布。”刘绍棠《蒲柳人家》四：“这片河滩方圆七八里，一条条河汊纵横交错，一片片水洼星罗棋布，一道道沙冈连绵起伏。” 2010 年 8 月 24 日《人民日报》：“菲律宾有‘西太平洋明珠’的美誉，7000 多个岛屿星罗棋布在碧波荡漾的海面上。”

这条成语不难理解也不难使用，但是仍然有人用错。使用这条成语要注意以下几点：

一、天上的星星、棋盘上的棋子都是多而密集的，少而稀疏的东西不能说“星罗棋布”。以下诸例显系误用：

(1) 四五家欧林雅专卖店如星罗棋布般散落于闽西高原各处。(《青年文摘》2008 年 11 月下半月刊)

(2) 500 座旅游厕所星罗棋布于〔甘肃〕全省各地。(《甘肃日报》2010 年 6 月 18 日)

(3) 8 月 4 日，由 40 余名记者组成的中博会中部六省巡回采访团来到七仙女下凡地、世界光伏城新余市。“山色幽而青，绿水自多情”的仙女湖幽幻秀美、星罗棋布，让记者们陶醉其中。(人民网 2010 年 8 月 5 日)

四五家专卖店，怎么能多而密集地分布在整个闽西高原？说“星罗棋布”显然不妥。500座厕所，绝对数量不算少，如果分布在某座城市或某些景点，可以说“星罗棋布”，而分散在面积54万平方公里的甘肃“全省各地”，就显得稀稀落落了，说“星罗棋布”也不贴切。至于江西新余的仙女湖只有一个，说湖中的几十个岛屿“星罗棋布”则可，说这个湖“星罗棋布”就不成话了。

二、可以“星罗棋布”的通常都是在一定地区内占有一定空间的实物，诸如岛屿、湖泊、建筑、景点、工厂、商店、学校之类，也包括某些组织、机构等实体。因此以下诸例中的“星罗棋布”也属误用：

(4) 他们（按，指在农村创业的大学生）用自己的青春和智慧，激活了星罗棋布的村域经济。（《河南日报》2009年8月2日）

(5) 过去平阳民间星罗棋布的布袋戏，今已不再，老艺人不断逝去，后继乏人，现已濒临消失之危。（人民网2010年7月29日）

(6) 丰子恺是最容易引起媒体提起的文人画家，关于他的文章星罗棋布，至今仍是学界的热门话题。（人民网2010年4月16日）

“村域经济”不是具体事物，显然不能说“星罗棋布”。“布袋戏”是一个剧种，它的戏班或剧团可以说“星罗棋布”，它本身是不能说“星罗棋布”的。至于文章，说随处可见、不胜枚举、浩如烟海……都可以，说“星罗棋布”也不贴切。

三、在这条成语中，“星”和“棋”都是用来打比方的喻体，把喻体同被比方的本体混为一谈，说星星像星星一样，就不像话了。以下诸例中的“星罗棋布”显然也用错了：

(7) 远古时期，伏羲氏做王，他根据天空星罗棋布的星象发明了八卦，利用八卦的原理发明了渔网，让人们可以捕到更多的鱼。(《体育周报》2011 年 1 月 17 日)

(8) 在星罗棋布的晚上，从桑拿浴中出来跳进刺骨的冰水中感受一下火与冰的结合……。(《环球时报》2010 年 5 月 26 日)

(9) 七夕佳节，那星罗棋布的星斗璀璨夺目，那蓝丝绒般的夜空充满魅力。(人民网 2010 年 8 月 24 日)

四、“星罗棋布”是动词性词组，“罗”和“布”就是罗列、分布的意思，因此后面不能再加“分布”之类的动词。以下诸例都犯了叠床架屋的毛病：

(10) 600 多座醒目的水塔、100 多个无塔压力罐、5000 多眼深层手动泵井奇迹般地出现了，它们星罗棋布地分布在和田大地上。(《新疆日报》2010 年 9 月 26 日)

(11) 西藏被称为地球第三极……这里星罗棋布地分布着由冰川形成的天然湖泊和江河。(《人民日报》海外版 2011 年 5 月 16 日)

2011 年 7 月 12 日

# 什么叫“胸有成竹”?

“胸有成竹”,语本宋·苏轼《文与可画筼筜谷偃竹记》:“故画竹,必先得成竹于胸中。”原意是在画竹子以前,胸中必须先有竹子的整体形象,这样才能把竹子画好。这是宋代著名画家文与可的经验。后以“胸有成竹”四字成文,比喻做事之前已经有通盘的考虑,因而做起来很有把握。例如章炳麟《东京留学生欢迎会演说辞》:“就是将来建设政府,那项须要改良,那项须要复古,必得胸有成竹,才可以见诸施行。”巴金《春》三十一:“‘那到时候再说罢,现在还早勒!’觉民逃避似地答道。其实他已经胸有成竹,而且连实行的步骤也多少确定了。”峻青《海啸》三章:“老宫相信,这件事,大老姜早在他提出这个问题之前就深思熟虑过了,而且已经胸有成竹。”

前人的典范用例充分说明,说“胸有成竹”,就是指事先不但对情况了如指掌,而且经过深思熟虑,就连将来怎么做也有所安排,所以做起来才能充满信心。有些人没有切实掌握这条成语的含义,误以为只要熟悉情况或具有信心就可以说“胸有成竹”,以致造成误用。例如:

(1) 干部的信心在于对我们所处的一个地区的实际情况胸有成竹,非常的清楚,了如指掌的掌握。(人民网 2009 年 3 月 10 日)

(2) 对市场的调研还不够仔细,南京观众到底需要什么、

喜欢什么，他们不是胸有成竹，而是猜测居多。（《新华日报》2009 年 7 月 15 日）

（3）北京四中“考古社”的一位女同学就对定窑烧制细节胸有成竹。（《人民日报》海外版 2009 年 11 月 24 日）

例（1）说了那么多，实际上就表达了一个意思——熟悉情况，例（2）说调研不够、猜测居多，讲的也是不熟悉情况，都谈不上“胸有成竹”。至于北京四中那位女同学，既不是古代定窑的工匠，也不准备去仿制定窑瓷器，仅仅有一点书本知识，同“胸有成竹”更不沾边了。这几例的“胸有成竹”都可以改为“了如指掌”或“心中有数”。

（4）他（按，指先烈朱克靖）每天读书看报，从国民党反动宣传中分析解放战争的形势，他胸有成竹地对难友说，整个江南很快就要全部解放了。（《人民日报》2009 年 11 月 24 日）

（5）早在丁俊晖尚未打决赛之前，好朋友刘翔就对他胸有成竹……“我敢保证，这个冠军他拿定了。”（《东方早报》2009 年 12 月 17 日）

朱克靖当时在狱中，并没有参与指挥解放江南的战役，怎么可能对江南的解放“胸有成竹”呢？刘翔在经过充分准备以后，对自己的比赛可以做到“胸有成竹”，而对丁俊晖的比赛是绝对不可能“胸有成竹”的。这两例的“胸有成竹”都应改为“满怀信心”或“充满信心”。

因此，我们一定要注意，仅仅熟悉情况或具有信心，都不能说“胸有成竹”。

2010 年 2 月 26 日

# “休戚相关”与“息息相关”

“休戚相关”意思是彼此之间忧乐祸福互相关联(休:欢乐;戚:忧愁),形容彼此利害一致,关系密切。语见宋·陈亮《送陈给事去国启》:“眷此设心,无非体国;然用舍之际,休戚相关。”例如清·李汝珍《镜花缘》六回:“今日大家既来祖饯,都是休戚相关之人,将来设有危急,岂有袖手之理。”周立波《暴风骤雨》一部七:“在哈尔滨,在佳木斯,在一面坡,都有他的休戚相关的亲友。”孙犁《芸斋琐谈》:“作为一个作家,每时每刻,都和国家的命运联系在一起,不管任何处境,他不能不和广大人民休戚相关。”

“休戚相关”的“休”“戚”,都是人的思想感情,所以只用于人与人之间,扩大一点也可用于人与集体之间,但是不能用于事物之间。有些人不了解它的适用范围,把它扩大到事物之间,以致造成误用。例如:

(1) 中国教育的未来与党和国家的命运休戚相关。(《广州日报》2009 年 9 月 17 日)

(2) 金融机构与地方经济兴衰与共、休戚相关。(《安徽日报》2009 年 7 月 6 日)

(3) 从某种角度讲,俄语的兴衰与俄罗斯在其国内外的战略利益休戚相关。(《中国青年报》2009 年 8 月 9 日)

(4) 新诗史上的一些经典作品与某种诗体的出现与成熟

休戚相关。如刘半农的《晓》标志着中国散文诗的问世……。(《人民日报》2009 年 7 月 29 日)

以上诸例中的"休戚相关"都应改为"息息相关"。"息息相关"意思是彼此之间一呼一吸都互相关联,形容关系非常密切。本来也只用于人与人之间,但是后来使用范围逐渐扩大,也可用于人与事物、事物与事物之间。如《清史稿·文祥传》:"事不尽属总理衙门,而无事不息息相关也。"老舍《四世同堂》五十四:"在思索这些小问题的时候,他才更感到一个人与国家的关系是何等的息息相关。"邹韬奋《患难余生记》一章:"这个代表时代性的刊物,它的内容和当前时代的进步主潮息息相关,有着非常密切的关系。""息息相关"同"休戚相关"都形容关系密切,"息息相关"除了不一定表示双方利害一致以外,适用范围要比"休戚相关"来得宽,所以用在上述诸例中都比较合适。

2009 年 10 月 18 日

# “休养生息”不等于休息

提到“休养生息”，大家都会想到历史上著名的“文景之治”。《史记·景帝纪赞》：“汉兴，扫除烦苛，与民休息。至于孝文，加之以恭俭，孝景遵业，五六十载之间，至于移风易俗，黎民醇厚。”当时史家的提法是“与民休息”，这里的“休息”就是休养生息。而“休养生息”一语直到唐·韩愈《平淮西碑》中才开始出现：“高祖太宗，既除既治；高宗中睿，休养生息；至于玄宗，受报收功，极炽而丰。”后遂用“休养生息”指在战争或社会大动荡引起经济凋敝、人口锐减之后，采取措施，安定社会秩序，减轻人民负担，发展生产，繁殖人口，以恢复元气。例如明·李贽《续焚书·姚恭靖》：“以为我国家二百余年以来，休养生息，遂至今日士安于饱暖，人忘其战争。”廖沫沙《为和平民主斗争的一年》：“八年的长期抗战，使中国人民感觉和平的必要，非和平不能够休养生息；八年的抗战，也使中国人民觉醒，不民主就不可能获得保持国内的和平。”姚雪垠《李自成》二卷四十八章：“河南是所谓四战之地，明朝决不会让他有时间在几个府中安安稳稳地招集流亡，散发耕牛种子，使百姓休养生息。”现也指制止对自然环境的过度开发，使之得到恢复和发展。如 2009 年 8 月 7 日《人民日报》：“2008 年年初，胡锦涛总书记在安徽考察淮河时发表重要讲话，明确提出要让江河湖泊休养生息，恢复生机。”

考察了这条成语的出处和古今典范用例，自然就会掌握它的含义和用法了。可惜有些人没有读懂这条成语，想当然地把它同“休息”混为一谈，以致造成误用。请看例句：

(1)【编者按】又到国庆黄金周，7天的假期得好好利用，出门游玩、探亲访友、休养生息都是不错的选择。（东方网2010年9月30日）

(2) 春节期间，为了让刚挨过小手术刀的双眼休养生息，被“勒令”暂时与电视、文字“绝缘”。对于习惯于读书写文章的人来说，让我脱离文字，实在有点难熬。（科学网2010年9月21日）

(3) 已在拉萨生活多年的王先生，过年期间的日程已提前定好——除夕熬夜守岁，初一在家休养生息，初二至初六，挨家登门拜年聚会。（《人民日报》2010年2月12日）

(4) 为了准备这场比赛（按，指与立陶宛队的复赛），邓华德所幸（按，应当写作“索性”）让中国队王治郅、刘炜、易建联等主力在与土耳其的最后一场C组比赛中休养生息。（人民网2010年9月8日）

(5) 好不容易遇到休息日，不少“宅女”选择窝在家里，休养生息。（《生活日报》2009年10月13日）

以上诸例毫无例外都把“休养生息”等同于“休息”。所以造成误用，不仅是因为不了解这条成语产生的历史背景以及由此产生的特定含义，而且也没有弄懂“休养生息”的字面义。“休养”就是休息调养，与今义无别；“生息”却不是休息，也不是产生利息，而是滋生繁衍。“息”也是滋生的意思。《易·革》：“水火相息。”孔颖达疏：“息，生也。”《集韵·职韵》：“息，生也。”“息”的儿子义和利息义就是从这个意义引申出来的。弄清了这一点，再回头看例(5)，还会以为“不少宅女选择窝在家里”是想一边休息调养一边生孩子呢，岂不是天大的笑话？可见望文生义实在是运用成语之大忌，不可不察。

2010年11月21日

# “栩栩如生”关键在“如生”

“栩栩如生”语本《庄子·齐物论》:“昔者庄周梦为胡(蝴)蝶,栩栩然胡(蝴)蝶也。”后以“栩栩如生”四字成文,形容文学艺术作品塑造的形象生动逼真,像活的一样(栩栩:生动活泼的样子)。例如清·陈端生等《再生缘》四十四回:“看到庭柱上……雕的一条倒挂金龙,张牙舞爪,栩栩如生。”冰心《我看见了陶渊明》:“怎么能使历史上人物栩栩如生地走到青年人的眼前,这就是历史小说的作用了。”邓拓《新罗山人的画》:“他画翎毛……使人看去羽毛蓬松,栩栩如生。”

使用这条成语必须扣准“如生”二字。第一,塑造的对象,必须是活物,不能是没有生命的东西,否则就不能说塑造得像活的一样;第二,用来塑造形象的,必须是文字、绘画、雕塑之类的东西,不能是活人,说活人像活的一样就不像话了。忽略其中的任何一点都会造成误用。例如:

(1) 栩栩如生的食物模型一应俱全。(《湖北日报》2009年6月8日)

(2) 在构成的立体视野里,会出现高耸的山体,陡峭的河谷,矗立的灯塔,栩栩如生的公路、房屋、桥梁。(《中国测绘报》2009年7月6日)

(3) 通过图片演示、举例解剖,把一堂凝重的安全生产教育课讲得别开生面、栩栩如生。(人民网2009年5月21日)

（4）一部古典名著《水浒传》，借 108 个栩栩如生的外号让梁山好汉名扬天下。（《解放军报》2009 年 5 月 22 日）

（5）依靠对角色的准确把握和精湛的演技，她把这个角色塑造得栩栩如生。（《齐鲁晚报》2009 年 4 月 2 日）

（6）20 多年前的《四世同堂》云集了一批实力派演员，将老舍笔下的人物栩栩如生地搬上荧屏。（《沈阳日报》2009 年 4 月 28 日）

“食物”“公路、房屋、桥梁”都是没有生命的，只能说像真的一样，不能说像活的一样。“课”“外号”都是抽象事物，只能说形象生动，更不能说像活的一样。至于演员的表演，说“惟妙惟肖”则可，说“栩栩如生”就不通了，因为演员本身就是活人，演得好坏都不存在像不像活人的问题。

2009 年 8 月 18 日

# “喧宾夺主”用于主客或主次关系

“喧宾夺主”的意思是客人的喧闹声压倒了主人的声音，比喻外来的、次要的人或事物占据了原有的、主要的人或事物的位置(喧：声音大而嘈杂；夺：压倒)。语见清·阮葵生《茶余客话》卷二十：“余仿为之，香则喷鼻而酒味变矣。不论酒而论香，是为喧宾夺主。”例如冰心《关于女人》五：“不到几天，新娘子就喧宾夺主，事无巨细，都接收了过去，母亲高高在上，无为而治，脸上常充满着‘做婆婆’的笑容。”欧阳山《三家巷》十八：“广东是人家的地盘，人家就是主人，咱们只是客人。喧宾夺主，怕对大局不利。”老舍《我怎么写的〈春华秋实〉剧本》：“主要人物老有戏一定比较次要人物喧宾夺主强。”

这条成语涉及两个人或两种事物，二者之间必须是主客或主次的关系，例如前举书证中冰心所说的“婆婆”和“新娘子”，欧阳山所说的本地人和外地人，老舍所说的“主要人物”和“次要人物”。否则，就不能使用这条成语。事物之间的关系是多种多样的，如果不作具体分析，不管什么关系，拿来就用，便会张冠李戴，造成误用。例如：

(1) 进入最后的复习阶段，还要不要记单词？答案是肯定的，但单词只是基础，我们不能让它喧宾夺主。(人民网2009年9月21日)

(2) 权力一旦喧宾夺主，学校必然变味，必然导致以权力

为主导，而不是以教育为主导。（人民网 2008 年 9 月 16 日）

（3）我们必须依法办事，而不能别出心裁，出台不符合法律精神的“土政策”，更不能让“土政策”喧宾夺主，影响选举工作。（人民网 2007 年 12 月 12 日）

（4）独立报到，可以说是大学生自立的开始……如果家长过分呵护，入学“喧宾夺主”，对孩子的未来成长不见得有利。（《北京日报》2009 年 8 月 21 日）

例（1），记单词是学外语的基础，它同学语法、读课文之间不是主客或主次的关系。例（2），“以权力为主导”和“以教育为主导”，是两种截然不同的管理体制，它们之间不是可以同时并存的主次关系。这两例显然都不能使用“喧宾夺主”。例（3），“土政策”既然是“不符合法律精神的”，那么它之于法律，一个是错误的，一个是正确的，二者水火不相容，不是摆好了彼此的位置就可以相安无事的，当然更不是主次关系，所以也不能使用“喧宾夺主”。至于例（4），报到是大学新生应该而且可以独立完成的事，无需家长参与或代劳，在这件事上，学生与家长之间更不是主客或主次的关系，说“越俎代庖”则可，说“喧宾夺主”就毫无道理了。

由此可见，弄清二者之间的关系，是正确使用“喧宾夺主”的前提。

2009 年 10 月 12 日

# “雪泥鸿爪”比喻往事的痕迹

“雪泥鸿爪”，鸿雁在化了雪的泥土上走过时留下的爪痕。语本宋·苏轼《和子由渑池怀旧》：“人生到处知何似？应似飞鸿踏雪泥。泥上偶然留指爪，鸿飞那复计东西？”后以“雪泥鸿爪”四字成文，比喻往事留下的痕迹。例如清·钱谦益《耦耕堂诗序》：“吾两人游迹，雪泥鸿爪，已茫然如往劫事（往劫：往世）。”冰心《冰心散文选·自序》：“又如《往事》，那都是我心版上深印的雪泥鸿爪，值得纪念，不记下可惜。”萧三《记起我俩年轻的岁月》：“在我与法捷耶夫几十年的交往中，彼此的了解逐渐加深，建立了兄弟般的友情，在他的忌日里，雪泥鸿爪，倍增怀念。”

从这条成语的出处和古今典范用例可以看出：第一，它比喻的是一种痕迹；第二，留下痕迹的是往事；第三，这种痕迹值得回忆或怀念。有些人既没有读懂这条成语的字面义，更没有理解它的比喻义，稀里糊涂就拿来使用，结果只能造成误用。例如：

(1) 我国新生代的鸟类化石发现甚少，而且大部分是残肢断骨或者零星羽毛，纯属雪泥鸿爪，给鉴定具体的鸟类名称造成了极大困难。（中国公众科技网 2004 年 6 月 25 日）

现在发现的新生代的鸟类化石太少，而且多是不完整的，这与往事留下的值得回忆的痕迹毫不相干，显然不能说“雪泥鸿爪”。如果是想强调这些化石都是零星片段的,可以用“一鳞半爪”。“一鳞半爪”比喻事物的零星片段。例如萧乾《伦敦三日记》:“一个旅行家的印象总是一鳞半爪,十分片面——我心里想。”廖沫沙《从古代史到近代史》:“因为这个研究的本身,还在发展变迁之中,而一鳞半爪,更增加着研究的困难。”

(2) 虽然有数百篇的小小说佳作,被选入多种典藏版和进入语文教材……但真正被社会认可的小小说作家,可能会被写进文学史的实属“雪泥鸿爪”。(《小小说选刊》2006 年第 8 期)

(3) 中国皇家宫殿园林,秦的阿房宫、汉的上林苑、唐的大明宫、宋的艮岳等不胜枚举,但皇家宫苑建筑工匠、建筑大师的资料,雪泥鸿爪,凤毛麟角。(新华网 2008 年 4 月 26 日)

例(2)是说小小说作家能被写入文学史的恐怕为数极少,既不是痕迹,又不是往事,当然也不能说“雪泥鸿爪”,改为“凤毛麟角”比较贴切。“凤毛麟角”比喻罕见而珍贵的人才或事物。例如姚雪垠《李自成》一卷二十九章:“像这样不受贿的官儿,如今是凤毛麟角了。”张志公《“文”“里”议》:“几个世纪以来,如李时珍和他的《本草》这样的科学巨著,如曹雪芹和他的《红楼梦》这样的文学名著,同样都是凤毛麟角,屈指可数。”例(3)是说有关古代建筑工匠和大师的资料留存下来的太少,用了“凤毛麟角”意思已经完足,前面加上“雪泥鸿爪”,纯属画蛇添足,必须删掉。

(4)《谭米丹:雪泥鸿爪勘狐踪》(《中国妇女报》2010 年 11 月 3 日)

例(4)是《中国妇女报》上一篇文章的标题。文章介绍南昌铁路公安局女技术刑侦员谭米丹，善于从犯罪嫌疑人不经意留下的指纹、脚印之类的痕迹中，找到线索，察到犯罪嫌疑人的踪迹。这里使用“雪泥鸿爪”也是错误的。可以改用“蛛丝马迹”。“蛛丝马迹”比喻事物留下的不很明显但隐约可寻的痕迹。例如张恨水《啼笑因缘》十九回：“现军警机关，正在继续侦缉凶犯，详情未便发表。但据云已有蛛丝马迹可寻，或者不难水落石出也。”从维熙《大墙下的红玉兰》六：“他暗暗庆幸自己，事情办得没留下一点蛛丝马迹。”

2010年12月19日

# “寻章摘句”不等于摘录、征引

“寻章摘句”语见《三国志·吴书·吴主传》“屈身于陛下，是其略也”裴松之注引《吴书》：“吴王……任贤使能，志存经略，虽有余闲，博览书传历史，借采奇异，不效诸生寻章摘句而已。”例如唐·李贺《南园》诗之六：“寻章摘句老雕虫，晓月当帘挂玉弓。不见年年辽海上，文章何处哭秋风？”《三国演义》四十三回：“孔明曰：寻章摘句，世之腐儒也，何能兴邦立事？”郑振铎《迎“文艺节”》：“他们不能像过去似的仅仅寻章摘句，矜一字之奇，赏一句之丽，他们必须以精密的尺度，深刻的思想，来解剖，来分析一部作品。”丁玲《我读〈东方〉》：“魏巍同志不是在故纸堆里寻章摘句，主观铺陈，或者反复从已有的戏剧形式中再现生活。”

从“寻章摘句”的出处和古今典范用例可以看出，它不是泛指从古书中搜寻、摘取词句，而是指读书时只注意搜寻、摘取一些漂亮词句，不去深入研究文章的义理，或写作时一味堆砌现成词句，缺乏创造性，是一条色彩鲜明的贬义成语。有些人没有理解这条成语的特定含义和感情色彩，把它同“摘录”“旁征博引”“引经据典”之类的词语混为一谈，以致造成误用。例如：

(1) 毛泽东……在论述和讲演里，经常将它（按，指《资治通鉴》）和《三国演义》结合引用，寻章摘句，挥斥方遒。（新华

网 2011 年 4 月 26 日)

(2) 博览群书,寻章摘句,摘抄观点鲜明、富有哲理的精辟文句,记录触动灵感、有感而发的只言片语……在作报告和上辅导课时,顺手拈来……收到事半功倍的效果。(《江门日报》2006 年 3 月 21 日)

(3)《中国成语故事》系列连环画是上世纪 70 年代末由上海人美社集结全社精英,精心编写、编辑、出版的一部鸿篇巨制……每则词条都配以出处和释文,寻章摘句、引经据典,然后通过连续的画面描绘成语故事的内容。(《中华读书报》2009 年 1 月 7 日)

(4) 在一年一度的总理与中外记者见面会上,任职刚满一年的温家宝总理再次以他广博的文史知识、恰到好处的寻章摘句,使不少在座的记者感叹"书到用时方恨少"。(新华社电讯 2004 年 3 月 14 日)

(5)〔《纽约客》驻北京记者何伟的《寻路中国》〕虽然不算是寻章摘句式的学术论著,也能称得上是本实地勘察民情的读物。(《新京报》2011 年 1 月 16 日)

以上诸例,"寻章摘句"从意义上看,或与"引用"、"摘抄""记录"、"引经据典"连用,或接受"恰到好处"的修饰,或用来修饰"学术论著",表示的都是摘录、征引的意思;从感情色彩上看,或赞扬毛泽东、温家宝等人,或评介优秀的出版物,毫无例外都用于褒义:都与"寻章摘句"的特定含义和感情色彩大相径庭,显然犯了望文生义的错误。

2011 年 5 月 27 日

# “烟消云散”与“冰消瓦解”

“烟消云散”意思是像烟和云一样消散了，比喻某些情绪或某些抽象事物消失得干干净净。语见元·张养浩《天净沙》曲：“更着十年试看，烟消云散，一杯谁共歌欢？”例如李六如《六十年的变迁》八章：“回家的愉快心情，一下被她这瓢冷水泼得烟消云散。”欧阳山《三家巷》一八五：“周炳那满腔不可遏制的愤怒，在一刹那之间，不知不觉地完全烟消云散了。”赵树理《卖烟叶》：“这样一来，父子们的矛盾就完全烟消云散了。”叶圣陶《城中》：“好好的计划，往往给经费问题打得烟消云散。”

从以上书证可以看出，“烟消云散”只能比喻喜怒哀乐等情绪的消失，也可以比喻某些抽象事物的消失，但是不能比喻一个实体的彻底崩溃。以下诸例都超出了“烟消云散”的使用范围：

(1) 1912 年 2 月 12 日，溥仪退位……坚不可摧的清王朝，烟消云散了。(《新京报》2011 年 6 月 21 日)

(2) 甲午战争中……被视为中国近代海军图腾的北洋水师全军覆没，这支曾经拥有两艘装甲舰，十余艘巡洋舰，威震东亚的大舰队烟消云散。(《文史参考》2010 年第 23 期)

(3) 陶成章一死，栋梁摧折，大厦呼啦啦地倾覆，光复会就此划上了一个时代的句号。想不到，一人之死居然牵涉到

了一个组织的烟消云散。(《浙江日报》2011年5月6日)

(4) 此一战(按,指中原之战)……〔蒋介石〕最大的对手冯玉祥烟消云散,阎锡山、李宗仁俯首称臣,东北王也被成功地安抚。(《1750－1950的中国》,新世界出版社)

无论是满清王朝、北洋舰队、光复会,还是冯玉祥的西北军,都是客观存在的政治或军事实体,它们的崩溃,都不能用"烟消云散"来比喻。可以改用"冰消瓦解"。"冰消瓦解"既可以比喻事物彻底崩溃,也可以比喻某些情绪完全消释,使用范围比"烟消云散"广。例如庐隐《何处是归程》:"不久政局又发生了大变,国会解散……我们妇女同盟会也就冰消瓦解。"邓友梅《烟壶》三:"载漪不仅没当上皇帝的老子,连端王的爵位也丢了,被发配新疆,终身禁锢,虎神营也就冰消瓦解了。"这条成语用在上述诸例中正好合适。

2011年7月8日

# “严阵以待”待的是来犯之敌

“严阵以待”意思是摆好严整的阵势，等待迎击来犯的敌人（严：严整，这里是“使严整”的意思）。语本《周书·武帝纪下》：“吾严军以待，击之必克。”后多作“严阵以待”。例如《资治通鉴·汉光武帝建武三年》：“赤眉馀众东向宜阳。甲辰，帝亲勒六军，严陈（陈：同‘阵’）以待之。”《明史·成祖纪二》：“六月甲辰，阿鲁台伪降，命诸将严阵以待，果悉众来犯。”吴伯箫《响堂铺》：“以一团埋伏在响堂铺迤东神头河南的西岸，封锁消息，严阵以待。”李国文《月食》：“那股偷袭的匪徒，看到这支严阵以待的队伍，犹豫了一阵以后，别转马头跑了。”

从“严阵以待”的出处和古今典范用例可以清楚看出，这条成语是有特定的使用对象的，那就是来犯的敌人。当然，也不是不可以用于比喻，但只限于可以同敌人相比拟的事物，不能随意扩大。例如茅盾《雨天杂写之二》：“午夜梦回，木屐清脆之声一记记都入耳刺脑，于是又闹失眠，帐外饕蚊严阵以待，如何敢冒昧？只好贴然僵卧，静待倦极，再寻旧梦了。”蚊要叮人，人要灭蚊，比喻为敌对的双方是可以的。遗憾的是现在有人用得太滥，不管是等待谁，也不管是谁在等待，只要做好准备等待什么就说“严阵以待”，这就不妥了。例如：

(1) 记者获悉罗志祥来京赶到机场守候，当时机场已经聚集了上百名罗志祥的粉丝，高举偶像的海报和手牌严阵以

待。（新华网 2010 年 11 月 23 日）

（2）刚刚踏进 3 月，各个商家就开始严阵以待，消费者就这样“被上帝”了。（《广州日报》2010 年 3 月 15 日）

（3）记者昨天来到运动员村公共区发现，一排排整齐的大巴严阵以待，蓝色的车身在阳光下熠熠生辉。（《羊城晚报》2010 年 11 月 5 日）

（4）新季将至，各大时装名牌早已严阵以待。（《羊城晚报》2010 年 8 月 16 日）

（5）记者在……施工现场看到，地上附着物已清理干净，大片被整理过的土地正严阵以待，准备履行新的使命。（人民网 2010 年 5 月 25 日）

“粉丝”等待的是台湾歌星，“商家”等待的是消费者，“大巴”等待的是各国运动员。歌星是“偶像”，消费者是“上帝”，运动员是来宾，都与敌人毫无共同之处，怎么能说“严阵以待”呢？至于说“时装”等待销售，“土地”等待施工，与“严阵以待”更不沾边，纯属滥用了。

2011 年 1 月 16 日

# “偃旗息鼓”的种种误用

“偃旗息鼓”语出《三国志·蜀书·赵云传》“成都既定，以云为翊军将军”裴松之注引《赵云别传》：“翼（张翼）欲闭门拒守，而云入营，更大开门，偃旗息鼓。公（指曹操）军疑云有伏兵，引去。”意思是放倒军旗，停敲战鼓（偃：放倒；息：停止）。后用来形容军队行动隐蔽，不暴露目标。例如明·冯梦龙《东周列国志》十七回：“公子偃乃以虎皮百余，冒（覆盖）于马上，乘月色朦胧，偃旗息鼓，开雩门而出。”引申为停止战斗。例如《新唐书·裴光庭传》：“突厥受诏，则诸蕃君长必相率而来，我偃旗息鼓，不复事矣。”也比喻停止批评、争论等具有攻击性的行动。例如清·曹雪芹《红楼梦》六十二回：“秦显家的听了，轰去了魂魄，垂头丧气，登时偃旗息鼓，卷包而去。”晚清·李伯元《官场现形记》四十回：“于是瞿太太千恩万谢，偃旗息鼓，率领众人，悄悄回省而去。”鲁迅《两地书》七三：“但先前利用过我的人，现在见我偃旗息鼓，遁迹海滨，无从再来利用，就开始攻击了。”

现在通常使用的是这条成语的比喻义。使用时要注意两点：

第一，它比喻的必须是某种行动的停止。所谓停止，就是不再进行。只有已经、正在或即将进行的行动，才能停止，根本不准备进行就谈不上停止。请看几个例句：

(1) 从去年开始的本轮通胀，首先是蔬菜价格暴涨，接着是房租上涨，再接着是日化等日常用品涨价，一段时间似乎猪肉和食用油较为安生、偃旗息鼓。(《中华工商时报》2011 年 7 月 13 日)

(2) 无怪乎一些〔人大〕常委会委员自嘲:"调研认真细致，发言踊跃积极，整改却偃旗息鼓。"(《人民之声报》2011 年 6 月 17 日)

(3) 淡季前期正是各厂商结算政策补贴的关键时期……没有哪个厂家会〔在这个时候〕高调抛头露面……偃旗息鼓静观其变才是最为理智的策略。(人民网 2011 年 3 月 15 日)

例(1)是说"本轮通胀"初期，猪肉和食油并没有涨价，而不是说这两种商品一直在涨，现在突然不涨了。说"较为安生"则可，说"偃旗息鼓"就没有道理了。例(2)是说有些政府部门不认真对待人大的审议意见，不进行整改，而不是说整改一阵之后突然停止了。只能说整改拖拖拉拉，而不能说"偃旗息鼓"。例(3)是说厂家在"淡季前期"不会贸然采取行动"高调抛头露面"，而不是突然停止正在采取的行动，当然也不能说"偃旗息鼓"。如果要使用成语，可以用"按兵不动"。"按兵不动"的意思是使军队暂不行动，以待时机，比喻不肯采取行动或故意拖延行动。例如晚清·李伯元《文明小史》五十九回:"〔冲天炮〕叫幕府里拟批拟稿，幕府里面子上虽含糊答应，暗地里却给他个按兵不动。"姚雪垠《李自成》二卷五十二章:"闯王见将士们连日辛苦……决定明日一天按兵不动，让将士们好生休息。"这条成语放在前举三例中都比较合适。

第二，停止进行的必须是某种行动。只有能够进行的才能停止，不能进行的当然也谈不上停止。再看几个例句：

（4）人类社会发展复杂产品走证券化的道路这个方向不会改变，但是暂时遭遇了挫折，所以这个方向会暂时偃旗息鼓。（人民网 2011 年 1 月 12 日）

（5）在刚刚过去的双休日，多个楼盘似乎偃旗息鼓了。（《现代快报》2010 年 11 月 15 日）

（6）自 1 月份以来，次新房的成交量逐步偃旗息鼓。（《青年时报》2011 年 3 月 3 日）

无论是“方向”，还是“楼盘”“成交量”，都不是什么行动，根本不可能进行，当然也不能说“偃旗息鼓”。

至于像下面这样的例子，使用“偃旗息鼓”就纯属于滥用了：

（7）有的考生在笔试中很占上风，但是遇到面试就偃旗息鼓。如何克服这尴尬的境况，在面试中取得好成绩？（人民网 2011 年 2 月 15 日）

（8）影片上映后，所有对她的疑虑都偃旗息鼓，谁都没有想到斯斯文文的凯特竟然具备动作女星的天分。（人民网 2010 年 4 月 1 日）

例（7）应该说“发挥失常”，例（8）应该说“烟消云散”。

2011 年 8 月 21 日

# “掩耳盗铃”不是掩人耳目

《吕氏春秋·自知》记载：晋国贵族范氏出亡的时候，有个人得到他家一口大钟，但是钟太大背不走，想把钟砸碎后再运走，不料抡起大锤刚一砸，钟就发出巨响，他害怕别人闻声而来同自己争夺，便赶紧捂住自己的耳朵，以为这样别人就听不见了。后遂以“掩耳盗铃”比喻用愚蠢的手法自己欺骗自己。例如宋·朱熹《答江德功书》：“成书不出姓名，以避近民之讥，此与掩耳盗铃之见何异？”洪深《少奶奶的扇子》四幕：“闭上了眼睛，不要知道世界上的龌龊，觉得可以保住自己的清高，岂非掩耳盗铃？”郁达夫《离散之前》：“他想作掩耳盗铃之计，想避去这一种公然的侮辱，只好装了自己是不在楼上的样子。”邹韬奋《援助绥远前线战士》：“这明明是侵略国明目张胆压迫‘伪匪’来残杀中国人，我们绝对不能掩耳盗铃，认为是本国的土匪问题。”

这条成语几乎尽人皆知，但是要想用得贴切却很不容易。理解和运用这条成语的关键是，要弄懂“掩耳”是掩自己的耳，而不是掩别人的耳，是自掩耳目，而不是掩人耳目。“掩耳盗铃”固然意在欺骗别人，但事实上被欺骗的只能是自己，因此是一种极其愚蠢的行为。前举朱熹的用例是说，著书而不署名，便以为不会受到讥讽；洪深的用例是说，闭上眼睛不看世界，便以为可以保住自己的清高；郁达夫的用例是说，装作自己不在楼上没有听到别人的议论，便以为可以避去一场侮辱：这些做法都是自己欺骗自己。有些人没有把握住这一点，把“掩耳盗铃”同“掩人耳目”，把欺骗自己同欺骗别人混为一谈，以致造成误用。请看例句：

（1）日本当局之所以〔把“九一八”〕叫做“事变”，其用心是耍弄掩耳盗铃的政治流氓手段，借以掩盖侵略事实，逃避侵略战争的罪责。（《大众日报》2011 年 8 月 31 日）

（2）〔北京市昌平区阳坊镇镇政府〕伪造法律条文，试图证明违法行政的“合法性”，这是赤裸裸的掩耳盗铃。（人民网 2011 年 9 月 2 日）

（3）潢川县相关部门在竭力撇清居民腹泻与自来水水质的关系，但究竟是什么原因导致了这起公共卫生事件的发生，他们又说不出所以然来。这种掩耳盗铃的做法，就是试图逃避责任。（《新京报》2011 年 7 月 10 日）

（4）〔地方政府滥建高尔夫球场，〕无论是打着体育公园、生态园、休闲园等旗号也罢，还是巧立名目的各色俱乐部也罢，都不过是掩耳盗铃而已。（《燕赵晚报》2011 年 6 月 21 日）

（5）〔四川省乐至县交通局原局长宋立光因涉嫌受贿接受法院审理，庭审中拒不认罪，〕目的无非就是想玩弄“掩耳盗铃”的把戏，与法律死抗硬顶，妄图蒙混过关。（人民网 2011 年 1 月 21 日）

（6）无数的事实证明，对消费者的隐瞒与欺骗只是企业的掩耳盗铃之举。（《北京晨报》2010 年 10 月 25 日）

日本当局绝不会相信把“九一八”称为“事变”就不是侵略

行为了，他们这样做纯粹是掩人耳目，混淆视听，根本不是"掩耳盗铃"，而且"掩耳盗铃"也不是什么"政治流氓手段"。阳坊镇政府明明知道他们强制拆迁是违法的，却不惜伪造法律条文进行狡辩；潢川县有关部门明明知道居民腹泻是因为水质不洁，却竭力否认这一事实以逃避责任；宋立光明明贪污受贿，却百般抵赖，企图蒙混过关：凡此种种都是明目张胆地欺骗别人，绝不是欺骗自己，显然都不能使用"掩耳盗铃"。至于某些地方政府巧立名目瞒上欺下滥建高尔夫球场，某些企业采取种种手段蒙蔽欺骗广大消费者，都是事先精心策划的欺骗行为，与"掩耳盗铃"更是毫无共同之处。

2011 年 9 月 10 日

# “洋洋大观”是褒义成语

“洋洋大观”形容事物美好繁盛，丰富多彩。语见清·陈忱《水浒后传》三十九回：“登眺海山，洋洋大观，一望千里。”例如清·沈复《浮生六记·浪游记快》：“河之北，山如屏列，已属山西界。真洋洋大观也。”朱自清《经典常谈·诗经第四》：“乐器在中国似乎早就有了……到了《诗经》时代，有了琴瑟钟鼓，已是洋洋大观了。”秦牧《江上灯语》：“航标的款式可真多了……红的、绿的、白的，单闪的、双闪的，五花八门，洋洋大观。”

这条成语同“蔚为大观”（事物丰富多彩，荟萃而成盛大壮观的景象）一样都包含“大观”一词。“大观”就是盛大壮观的景象。宋·范仲淹《岳阳楼记》：“衔远山，吞长江，浩浩汤汤，横无际涯，朝晖夕阴，气象万千，此则岳阳楼之大观也。”只有美好繁盛的事物，才能形成盛大壮观的景象。所以这两条成语的褒义色彩是非常鲜明的，不能用来形容消极事物，这一点必须准确把握。下面就是褒词贬用的例子：

（1）我们中国的丑陋建筑是可以用洋洋大观来形容的，到处都有……我们有没有勇气各地从上到下也都评它一个“十大最丑”？（《南方日报》2009 年 11 月 25 日）

（2）陈冠希艳照门已成往事，如今的宋山木强奸门更是洋洋大观。相信随着时光的推移，其她（按，应作“其他”）被宋山木强奸的女员工还会陆续浮出水面。（人民网 2010 年 5 月

18日）

（3）这只是出国旅游一件事，还有车子呢，房子呢，吃喝拉撒睡呢，灰色乃至黑色的收入呢，林林总总，洋洋大观。（《现代快报》2008年12月4日）

（4）名人故里之争，在我们的国土上已经到了走火入魔的境地。倘若谁要来个汇总，必定洋洋大观，非个别而普遍，就不能说是一种正常的现象。（《南方日报》2010年4月22日）

（5）据报道，在辽宁庄河市政府门前下跪的民众有上千人之多，虽然访民下跪的事情并不鲜见，但这么多人集体下跪却盛况空前、洋洋大观。（中国江西网2010年5月4日）

无论“中国的丑陋建筑”，“宋山木强奸门”，还是官员的种种腐败现象，都是消极事物，“名人故里之争”既然“已经到了走火入魔的境地”，当然也不是什么好事，都不能说“洋洋大观”。上千访民集体下跪令人震惊，令人扼腕，显然更不能用“盛况空前，洋洋大观”来形容。

顺便说一下，“洋洋大观”强调的是事物美好繁盛，景象壮观，而不是数量众多，不要同“不计其数”“不可胜数”之类单纯表示数量的成语混为一谈。以下两例的“洋洋大观”用得都不贴切：

（6）下岗工人有多少，说得清吗？有说三千万的，有说五千万的……如果算上事实已经下岗了，却不予承认的更是洋洋大观。（人民网2008年9月16日）

（7）11月30日开考的公务员考试，报考人数洋洋大观，首次突破百万。（《经济参考报》2008年12月26日）

2010年7月24日

# “洋洋洒洒”不等于飘扬、洒落

2010年8月24日的《文汇报》上有一句话：“每天14:07、16:07、19:07，当浦东驶向浦西的摆渡船刚刚靠岸，雪花就从韩企馆（按，即世博会韩国企业馆）的楼顶洋洋洒洒地飘落下来，仿佛为场馆入口卷下了一道‘雪帘’。”“洋洋洒洒”能不能形容雪花飘落，让我们先来考察一下这条成语。

“洋洋洒洒”语出《韩非子·难言》：“所以难言者，言顺比滑泽，洋洋纚纚然，则见以为华而不实。”这段话是说：难于进言的原因是，话说得和顺而流畅，富丽而有条理，就会被认为华而不实。后多作“洋洋洒洒”，形容文章或谈话很长，内容丰富，一气贯通，明白流畅。例如清·夏敬渠《野叟曝言·凡例》：“故成此一百五十余回洋洋洒洒文字。”梁启超《新中国未来记》：“洋洋洒洒，将近演了一点钟，真是字字激昂，言言沉痛。”巴金《春》二四：“国光在这个题目下面，洋洋洒洒地写了三四千字。”秦牧《读茅盾〈八十自述〉诗》：“我曾看过沈老向人谈及他青年时代读过的一串古典书籍的目录，那真是洋洋洒洒，蔚为大观。”

使用这条成语，必须弄清“洋洋”的意思是形容众多、丰盛的样子，“洒洒”的意思是形容明白、流畅的样子。有人错误地把“洋洋”同“扬扬”“飘扬”混为一谈，把“洒洒”同“飘洒”“洒落”混为一谈，从而把“洋洋洒洒”当成形容雪花飘扬、细雨飘洒的成语,与原意大相径庭。《文汇报》的“雪花……洋洋洒洒地飘落下来”,就是典型的误用。类似的误用,在媒体上并不罕见。请看例句:

(1) 雪片洋洋洒洒,穿过树林,滑落地面,瞬间就白了一片,周围红色、橘色的背影也变成了雪人。(《京华时报》2010年11月25日)

(2) 2月18日清晨,节后的金城飘洒着久违的春雪,洋洋洒洒的雪花将刚被烟花描画过的天空擦洗一新,空气舒爽湿润。(《兰州晨报》2011年2月19日)

(3) 今天上午11点左右,今冬第一场雪飘落甬城,密集的雪花夹着雨丝洋洋洒洒落下,别样的冬日景致让市民十分惊喜。(人民网2010年12月15日)

(4) 山花节第一天,天空飘着洋洋洒洒的小雨,整个大明山烟雾缭绕。(人民网2011年2月28日)

例(1)(2)用“洋洋洒洒”形容雪花,例(3)形容“雪花夹着雨丝”,例(4)形容小雨,显然都是误用。前两例可以改为“纷纷扬扬”。“纷纷扬扬”形容雪、花、叶等飘洒得多而杂乱(纷纷:形容多而杂乱的样子;扬扬:形容飘扬的样子)。例如《水浒全传》十回:“正是严冬天气,彤云密布,朔风渐起;却早纷纷扬扬卷下一天大雪来。”叶文玲《丹梅》:“天,渐渐地黑下来了。高庄车站通往县城的道路,已经被纷纷扬扬的大雪盖满了。”但是最后一例不能这样改,因为“纷纷扬扬”不能形容下雨。

(5) 音乐掺杂着咖啡和酒香在高大宽敞的建筑中洋洋洒洒地飘出。(人民网2011年4月25日)

(6) 待全部客人净手完毕后,主人端来几盘抓饭……抓

吃时，务必注意，不得洋洋洒洒。抓饭之名由此而来。（人民网 2011 年 4 月 27 日）

例(5)由雪花飘扬发展为声音和气味飘扬，例(6)又由雪花洒落发展为饭粒洒落，则是沿着错误的道路越走越远了。

2011 年 6 月 27 日

# “一笔抹杀”不能否定缺点和错误

“一笔抹杀”语出明·沈德符《万历野获编·刑部·嘉靖大狱张本》:“遂将前后爰书(爰书:记录囚犯供词的文书),一笔抹杀。”意思是一挥笔即把有关的文字材料全部抹掉。作为成语主要用其比喻义,《现代汉语词典》释为:“比喻轻率地把优点、成绩等全部否定”。例如朱自清《文物·旧书·毛笔》:“历史和旧文化,我们应该批判的接受,作为创造新文化的素材的一部,一笔抹杀是不对的。”毛泽东《关于中华人民共和国宪法草案》:“我们对资产阶级民主不能一笔抹杀,说他们的宪法在历史上没有地位。”也作“一笔抹煞”。徐特立《研究历史的目的与方法》:“康有为是否寻得了真理是另一个问题,可是对于他们在某一个时候追求真理的热忱和劳绩,我们现在是不该一笔抹煞的。”

从以上书证可以看出,这条成语可以用来比喻把成绩和问题全部否定,也可以用来比喻单纯否定优点和成绩,唯独不能用来比喻只否定缺点和错误。有人没有注意到这个特点,扩大了它的使用范围,以致造成误用。例如:

(1) 功劳甚巨已如前述,相伴而生的过失也不可一笔抹杀。(人民网 2006 年 4 月 12 日)

(2) 这本书(按,指《中国介绍》)一笔抹杀了日本军国主义对中国犯下的罪行,否认南京大屠杀的存在。(新华网

2005 年 11 月 21 日）

（3）很长时间的感情，因为房子问题产生分歧，难道就可以一笔抹杀吗？（《新闻晚报》2005 年 8 月 16 日）

（4）阿布哈兹人与格鲁吉亚人在一个国家和平共处的希望被格鲁吉亚领导亲手一笔抹杀。（人民网 2008 年 8 月 28 日）

例(1)的否定过失，例(2)的否认罪行，都不能使用“一笔抹杀”是显而易见的。例(3)是说不承认过去长期存在的感情，例(4)是说使希望破灭，都无所谓成绩与错误，也不能使用“一笔抹杀”。以上诸例的“一笔抹杀”都应该改用“一笔勾销”。“一笔勾销”的意思是从账簿或名单上一笔勾掉，表示账目已清或事情已结，比喻把过去的一切完全取消，不再提起。被取消的可以是罪名、错误，也可以是恩怨、感情、理想等等。例如鲁迅《两地书》二十三：“三年间的同学感情是可以一笔勾销的，翻脸便不相识，何堪提起！”又《阿 Q 正传》八章：“从此决不能望有白盔白甲的人来叫他，他所有的抱负、志向、希望、前程，全被一笔勾销了。”浩然《浮云》：“如今他没事了……所有的罪名全一笔勾销，工作职务也恢复了。”“一笔勾销”用于以上诸例正好合适。

2008 年 10 月 5 日

# “一蹴而就”的应是较高的境域

“一蹴而就”语本宋·苏洵《嘉祐集·上田枢密书》：“天下之学者，孰不欲一蹴而造圣人之域。”蹴：踏；造：至。也作“一蹴而至”。如宋·朱熹《答何叔京》：“由今观之，始知其为切要至当之说，而竟亦未能一蹴而至其域也。”后多作“一蹴而就”（“就”和“造”“至”同义），意思是踏一步就可以达到，形容轻而易举就能取得某种成就或完成某项艰巨复杂的任务。多用于否定句或反问句。如晚清·吴趼人《历史小说总序》：“从前所受皆为大略，一蹴而就于繁赜（复杂深奥），毋乃不可。”刘少奇《论共产党员的修养》五：“共产主义事业，真如我们所说的是‘百年大业’，是决不能一蹴而就的。”杨沫《不是日记的日记》：“科学上的成功哪有一蹴而就的呀！”

这是一条很常见的成语，不难理解，也不难运用。要注意的是，所谓踏一步就可以达到的，必须是人们向往、追求、为之奋斗的较高境域，而且必须有明确的目标，如前引书证中的“圣人之域”“共产主义事业”“科学上的成功”之类。有人没有把握住这一点，以致造成误用。例如：

（1）身心耗竭综合征的出现不是一蹴而就的，而是身体和心理状况不断恶化的结果。（《生命时报》2009年12月3日）

（2）事物的衰减不是一蹴而就的。（《经济参考报》2009

年10月9日)

(3) 大部分贪官的外逃计划都不是一蹴而就,都要经历一段时间。(《羊城晚报》2009年11月27日)

(4) 现在大家习以为常的过年习俗也并非一蹴而就,而是经历了多年的演变。(《渤海早报》2010年2月18日)

(5) 矿石类资源买方高度集中,谈判效果不会一蹴而就。(人民网2010年3月7日)

(6) 蓝筹股行情难以一蹴而就。(中国证券网2009年12月31日)

身心耗竭、事物衰减确实是一个渐进的过程,但都是消极事物,贪官外逃更是犯罪的行为,这些都不是人们向往、追求的境域;习俗是人民群众在长期的生活实践中自然形成的,也不是某些人奋斗的结果。因此都不能使用"一蹴而就"。"效果"有好有坏,"行情"有涨有落,都存在两种可能,不是一个明确的目标。只能说谈判取得预期的效果、行情涨到预期的目标不会"一蹴而就",而不能说效果、行情不会"一蹴而就"。

此外,还有人把"一蹴而就"混同于"一挥而就"(形容创作诗文、书画等大笔一挥就能完成)或"一步到位"(把可以分几次做的事一次做完),更属于明显的误用了。例如:

(7) 她的每幅作品都不是一蹴而就的,有的要画几个月,有的甚至下笔前已构思了一年多。(《江门日报》2010年2月26日)

(8) 不搞一个模式,不搞一刀切,也不搞一蹴而就,要"走小步,不停步,不走弯路回头路"。(中国政府网2010年3月

5 日)

例(7)应改为“一挥而就”,例(8)应改为“一步到位”。

2010 年 5 月 25 日

# “一发而不可收”与“一发而不可收拾”

“一发而不可收”和“一发而不可收拾”，经常被人们混为一谈，有的成语词典也说前者“也作”后者，二者互为“或式”。这究竟是一条成语的两种形式呢，还是两条不同的成语呢?

“一发而不可收”，意思是事情一经开始，便发展得十分顺利，停不下来了(一发：一经发动；一经开始)。如鲁迅《呐喊·自序》：“从此以后，便一发而不可收，每写些小说模样的文章，以敷衍朋友们的嘱托，积久就有了十余篇。”也作“一发不可收”。如徐一化《党报民生新闻探析》：“1993 年开播的中央电视台《东方时空》‘讲述老百姓自己的故事’，则标志着民生新闻的真正开始。此后，民生新闻便一发不可收，在电视和都市报的范围内形成了一个又一个高潮。”

“一发而不可收拾”意思是说事情一旦发生，便会闹到无法挽回的地步。如晚清·李伯元《官场现形记》十二回：“他们在文七爷船上做的事，及文七爷醉后之言，又全被统领听在耳朵里，所以又是气，又是醋，并在一处，一发而不可收拾。”也作“一发不可收拾”。如冯玉祥《我的生活》十四章：“接着十四、十五两日，天津、保定都继续发生兵变的事，一发不可收拾。”

这两条成语是有区别的：“收”是收敛、停止的意思，“不可收”就是收敛不住、停不下来，一直保持发展的势头；“收拾”是整顿的意思，“不可收拾”就是事情坏到无法挽回的地步。二者含义和感情色彩都不相同。一说,“一发不可收拾”的“一发”是“更加”的意思。如《现代汉语词典》“一发”条释为“更加”,举“如果处理不当,就一发不可收拾了”为例。“一发”确有越发、更加义,但目前已为大家广泛使用的“一发(而)不可收拾”是否就等于“更加不可收拾”,尚须进一步探讨。不过这至少说明《现代汉语词典》也认为“一发而不可收”同“一发而不可收拾”不是一条成语的两种形式。

近年来,这两条成语的出现频率都很高,尤其是“一发(而)不可收拾”。从语用实际看,多数使用者还是能把二者区别清楚的,但是混为一谈的也不少,例如:

(1) 如果不慎打开贪欲的初次闸门,以权谋私的欲望就会如同打开的潘多拉魔盒,一发而不可收。(《中国纪检监察报》2010 年 3 月 1 日)

(2) 此后,成克杰一发不可收,在犯罪的道路上越走越远。(《检察日报》2009 年 8 月 19 日)

(3) 随后他……使一发不可收,先后十余次携带螺丝刀、钳子等工具实施盗窃……涉案价值约 20 余万元。(《齐鲁晚报》2009 年 10 月 13 日)

以上三例说的都是坏事,一旦发生便越陷越深,不能自拔。这里的“一发不可收”都应该改为“一发(而)不可收拾”。

(4) 从 2002 年,他的第一部电视连续剧《刘老根》在央视一套播出之后,赵本山一发不可收拾,又先后自编自导了《马大帅》、《刘老根 2》和《马大帅 2》等多部电视剧。(人民网 2010 年 4 月 12 日)

(5) 他有空便教孩子识字,孩子也显示出强烈的兴

趣……由此，小小的陈彦伯一发而不可收拾，一岁不到便能轻松识出几百字。（《新民晚报》2009 年 4 月 15 日）

（6）直到二十多年后，她（按，指画家刘菊清）才探索到了自己较为满意的画牡丹的技法，并形成了自己的牡丹画的风格。从此，她画牡丹就一发而不可收拾。（人民网 2009 年 10 月 25 日）

以上三例说的都是好事，一经开始便停不下来，发展得十分顺利和迅速。这里的"一发(而)不可收拾"都应改为"一发(而)不可收"。

这样改动以后，两条成语的分工就清楚了，使用混乱的情况也就可以避免了。

2010 年 5 月 29 日

# “一孔之见”与“一家之言”

“一孔之见”意思是从一个小窟窿里所看到的，比喻狭隘片面的见解。例如清·谭嗣同《兴算学议·上欧阳中鹄书》：“不敢讳短而疾长，不敢徇一孔之见而封于旧说，不敢不舍己从人取于人以为善。”苗得雨《文谈诗话》：“把一点当全面，把侧面当正面，把一孔之见当全部真理……这种事情，在我们的生活中，包括政治生活中，不是时常有的吗？”李劼人《大波》二部六章：“这是职司一孔之见，仍候大人钧裁。”徐铸成《报海旧闻》：“对他的政治立场，我不想，也没有水平加以全面分析，只从我的体会，说些一孔之见罢了。”

理解“一孔之见”的关键在“孔”字。“孔”是窟窿，从小窟窿里看东西，看到的自然狭隘片面。因此这是一条贬义成语，通常用作谦辞，如果用于评价别人，那就是有意贬低了。遗憾的是有人没有理解这条成语的含义和感情色彩，竟然用来肯定甚至赞扬别人的见解，以致造成误用。请看例句：

(1)《望海楼》栏目的文章……与时俱进，抓住要旨，因事因人而议、而论、而发，文字精炼，立意新颖，虽系一孔之见，但含金量极重，令人读之耳目一新。(《人民日报》海外版 2005年6月11日)

(2) 我以为易中天、于丹、阎崇年、钱文忠诸位先生起码在以一己之力、一孔之见解读传统文化，做着实实在在的具体

工作，比那些大而无当的空头议论不知要强多少倍。（《人民日报》2009年3月21日）

（3）以前的声音主要由政府首脑发出，一言九鼎，惜字如金；再就是学者之声，多为一孔之见，即有卓识，也是人微言轻。周小川既是官员又是行家，提供了庙堂和书院之外的另一种意见。（《中国青年报》2009年4月2日）

（4）既有领导干部高屋建瓴的深谋远虑，也有来自最基层代表委员说出的“人民心声”；既有专家学者们的权威观点，也有平头百姓的一孔之见。作为议事和决策平台的两会，当然应该呈现出社会多元化的丰富立面。（《江西日报》2009年3月11日）

赞扬《人民日报》海外版《望海楼》的文章“含金量极重”，肯定易中天等学者对解读传统文化的贡献，慨叹学者的意见虽然不乏“卓识”，但是“人微言轻”，不受重视：这三例显然都不是批评他们的见解狭隘片面，怎么能说“一孔之见”呢？至于例（4），把“两会”之上“来自基层代表委员”、反映“平头百姓”意见的“人民心声”，一概贬斥为狭隘片面的“一孔之见”，错误就更加明显了。

“一家之言”语出汉·司马迁《报任少卿书》：“亦欲以究天人之际，通古今之变，成一家之言。”指有独到见解、能自成一家的学术论述，本是褒义成语。现也泛指某一个人的说法，或谦称自己的见解，强调这仅仅是个人的意见，而不是对意见本身的评价，不含贬义。例如丁玲《改善和加强党对文艺工作的领导》：“领导有意见，当然可以而且应该参加批评，但是不搞家长制，一言堂，也是一家之言。”巴金《随想录》八十二：“我虽然几次大声疾呼，但我的意见不过是一家之言。”“一家之言”放在以上四个例句中都可以豁然贯通。

2009年6月15日

# “一念之差”可以上天堂？

2010年1月4日人民网上有一句话：“一个人的行善与作恶有时在于一念之间，一念要行善成善，一念要作恶成恶，所以一念之差可以上天堂也可以下地狱。”一念之差可以下地狱，自然不在话下；一念之差是否可以上天堂，却值得讨论。

“一念之差”意思是一个念头的差错，形容由于一个错误的想法导致严重的后果。语见宋·陆游《丈人观》诗：“我亦诵经五千文，一念之差堕世纷。”例如宋·黄榦《陶器铭》：“一线之漏，足以败酒；一念之差，得无败所守乎！”明·周楫《西湖二集·巧妓佐夫成名》：“只因一念之差误落风尘。”夏衍《掌声与哀声》：“执政的阶层……一念之差，一事之误，往往可以使千千万万人民沦于家破人亡，妻离子散的悲境。”也作“一念之误”“一念之错”。如宋·曾慥《类说》卷四七引《遯斋闲览·口中芙蕖花香》：“此人前身为尼，诵《法华经》二十年，一念之误，乃至于此！”清·夏敬渠《野叟曝言》四十八回：“一念之错，终身之悔耳！”

理解“一念之差”的关键在“差”。“差”在这里是差错的意思，与“一念之错”“一念之误”中的“错”“误”同义。既然是想法出现了差错，当然只能导致坏的结果，而不能产生好的结果，更不能引出好坏两种结果。说“行善与作恶”这“一念之差可以上天堂也可以下地狱”，显然是把“差”理解为差别，把“一念之差”理解为一个念头的差别。这是对成语“一念之差”的误解和误用，“一念之差”只能“下地狱”，绝对不能“上天堂”。

令人遗憾的是类似“一念之差可以上天堂”的用法，在媒体中时有所见。请看例句：

（1）好人坏人，有时候就是一念之差。（《人民日报》2010年3月17日）

（2）胜负只在一念之差，判断只在一瞬之间。（人民网2010年5月31日）

（3）也许面试主考给多少分只是一念之差，但造成的结果是考生人生命运冰火两重天。（人民网2009年6月24日）

（4）雯成功挽救了婚姻，挽救了家庭，也挽救了另外一个女人，全在于她的一念之差。（新浪网2010年6月7日）

（5）只是一念之差，罪过成了功劳，灾祸化为洪福，坏事变成好事。（凤凰网2010年12月13日）

“一念之差”的后果只能是沦为坏人，遭到败绩，给考生带来不好的命运，而不可能相反；“一念之差”更不可能挽救自己和别人，化灾祸为洪福，变坏事为好事。以上诸例显然都是由于把“差”误解为“差别”而造成的误用。

顺便说一下，“一念之差”的“差”应当读 chā。有些工具书标 chà，有人写文章主张应读 chà，都是错误的。国家语委、国家教委、广播电视部1985年联合发布的《普通话异读词审音表》审定：chā 是文读，chà 是白读。文读用于书面语、成语、专科名词，白读用于单说和一些日常生活用语。“一念之差”是成语，毫无疑问应该读 chā。

2011年2月12日

# “义无反顾”重在“义”字

“义无反顾”的意思是按照道义勇往直前，决不退缩回头（义：道义，这里作状语，按照道义；顾：回头看）。语见宋·张孝祥《代揔得居士与叶参政》：“王、戚、李三将忠勇自力，义无反顾。”例如清·浴日生《海国英雄记》下：“臣誓以身许国，义无反顾。”邹韬奋《持久战的重要条件》：“民众方面认清这一点，便应存着百折不回、义无反顾的沉着的心理。”王蒙《如歌的行板》：“在历史的转变关头我是敢于做出决断、做出转变的，过去如此，现在和将来仍是如此，做出决定以后我就一往直前，义无反顾。”

“义无反顾”与“勇往直前”“百折不回”意思相近，但它更强调一个“义”字，只能用于某个人或某些人为正义事业而勇往直前，百折不回。但是有些人偏偏丢掉了这条成语中最关键的“义”字，只看到“无反顾”三个字，凡是一个人干一件事，不管好事坏事，只要下定决心、决不回头地干下去，就说“义无反顾”，甚至不是人的行为也用它表述。这就改变了这条成语的感情色彩，扩大了它的使用范围。请看例子：

（1）上半年国内钢价义无反顾地爆发或上涨，让业内人士望尘莫及，进入下半年……则急速下跌。（人民网 2009 年 1 月 12 日）

（2）他的导师希望他完成硕士课程之后可以留在所里继

续服务，几经挽留，他还是义无反顾地踏上了去美国的征途。（《第一财经日报》2007 年 12 月 10 日）

（3）记者采访时产生很大疑问：这些外资为什么会义无反顾地恶意撤离呢？（《法制日报》2009 年 1 月 8 日）

（4）糟糕的成长环境让他们义无反顾地踏上了一条反常、变态、畸形的寻欢之路。（《中国青年报》2007 年 11 月 13 日）

（5）怀揣着一腔财富梦想……一批又一批人背井离乡，义无反顾地投入大海的怀抱，在黢黑的深夜里陪伴着死亡泗向彼岸。（《人民日报》2007 年 12 月 15 日）

钢价的涨落是由市场规律决定的，与正义与否无关，而且也不是某个人的行为，根本不能用“义无反顾”。毕业后去哪里，人各有志，本无可非议，但作者显然是对某君辜负导师期望的做法持否定态度，自然也不应使用“义无反顾”。由于受国际金融危机的影响，某些外资一度非正常撤离，这至少是一种背信弃义的行为，怎么能说“义无反顾”呢？至于例(4)的走上反常、变态、畸形之路，无疑是错误的选择，例(5)的泗海偷越国境，更是犯罪的行为，都只能加以贬斥，不可褒扬，显然更不能谓之“义无反顾”。

褒贬失当是使用成语的大忌，一定要细心辨别，不可大意，否则就会与要表达的本意相背离，造成相反的效果，甚至贻笑大方。

2009 年 3 月 11 日

# “亦步亦趋”不可滥用

2006年山东省公务员考试出过一道判断题。题目引用了2005年9月21日《中国青年报》的一句话：“你闲庭信步地徜徉在影坛不温不火，却初显大家风范，前辈对你宠爱有加，赞词不断，而你却依然平静如初，亦步亦趋。”指出“这句话中存在着别字、用词不当等多种错误”，错误之一就是“亦步亦趋”的误用。为什么？首先让我们考察一下这条成语。

“亦步亦趋”语出《庄子·田子方》：“夫子步亦步，夫子趋亦趋。”意思是先生慢走我也慢走，先生快走我也快走（步，慢走；趋，快走）。后以“亦步亦趋”四字成文，比喻自己没有主见，处处模仿或追随别人。例如晚清·况周颐《蕙风词话》卷一：“然必择定一家，奉为金科玉律，亦步亦趋，不敢稍有逾越。”邹韬奋《经历·几个原则》：“尾巴主义是成功的仇敌。刊物内容如果只是‘人云亦云’，格式如果只是‘亦步亦趋’，那是刊物的尾巴主义。”秦牧《艺海拾贝·独创一格》：“一切对亦步亦趋、处处模仿那种行为的批评不是用来批评小孩子和初学者的。”

对于这条成语的含义和用法，有几点需要弄清。第一，它指的是人的一种行为；第二，这种行为的特点是处处模仿或追随别人；第三，这样做的原因是自己没有主见或有意讨好别人。这几个特点就决定了这条成语只用其比喻义，不用其字面义；只用于贬义，不用于褒义。所以《现代汉语词典》释为："比喻自己没有主张或为了讨好，每件事都效仿或依从别人，跟着人家行事。"

许多人并没有理解它的确切含义，没有把握它的感情色彩，没有弄清它的使用范围，以致造成形形色色的误用。山东省试题中的那句话，是称赞一位"十佳青年摄影记者"虚心向前辈学习的，当然不能使用贬义成语"亦步亦趋"。遗憾的是类似的误用，此后仍然屡见不鲜。例如：

(1) 摆在郎朗英文版自传清样旁的是一份中文译稿《千里之行：我的故事》……它根据英文版翻译，但并非亦步亦趋。(《中国青年报》2008 年 4 月 8 日)

(2) 电影不能以是否忠于原著来判断水准，而对原著亦步亦趋的作品未必就是好作品。(《江南时报》2007 年 11 月 21 日)

(3) 唐宋以前，中华文化是优雅的代名词……日本和朝鲜对中华文化的模仿亦步亦趋。(《南方日报》2007 年 6 月 18 日)

例(1)把翻译外国作品时忠实于原文，例(2)把改编文学名著时忠实于原著，都说成是一种没有主见、处处模仿别人的行为，显然是错误的。例(3)，中古时期日本、朝鲜学习先进的中华文化，无疑是一种具有远见卓识的进步行为，怎么能用贬义成语"亦步亦趋"来形容呢？

事实上对"亦步亦趋"的误用，不仅限于感情色彩。请看例子：

(4) 猫一般是不恋人的，但季羡林的猫却会跟着主人散

步，而且亦步亦趋，紧随其后。（人民网 2009 年 2 月 17 日）

(5) 在德国有购物经验的人都知道，那里的店员很少会亦步亦趋地跟着顾客，也不会陪着笑脸去主动地推销。（《中国经济周报》2007 年 5 月 21 日）

(6) 必须要在承包制基础上再走出深化改革的步子，对农民的家庭经营构成新的刺激，使传统农业的改造与工业化和城市化进程亦步亦趋。（《人民日报》2008 年 11 月 27 日）

(7) 保障居民收入与社会劳动生产率能够亦步亦趋，不至于长期大幅背离而引发经济波动。（《上海证券报》2007 年 12 月 5 日）

(8) 随着国际油价下跌，国际煤价很可能亦步亦趋。（《中国证券报》2008 年 11 月 13 日）

(9) 种种困难依然未能打败徐光炜呼吁普及癌症筛查的心，他依然在亦步亦趋地履行“不为良相，愿为良医”的誓言。（《生命时报》2009 年 9 月 29 日）

(10) 一个从梦想成为新闻主播的“丑小鸭”……亦步亦趋地朝着自己少年的梦想前进，直到有一天一飞冲天，蜕变成美丽的“白天鹅”。（人民网 2007 年 11 月 21 日）

例(4)例(5)把“亦步亦趋”当成“紧随其后”或“寸步不离”的同义语。《庄子》的原文“夫子步亦步，夫子趋亦趋”是有紧随老师之后的意思，但是凝固为成语“亦步亦趋”之后，就产生了比喻义，此后只用其比喻义了。例(6)大约是“同步进行”，例(7)恐怕是“同步增长”，例(8)想必是“随之下跌”，总之都是“同步”的意思。这似乎是从“紧随其后”引申出来的“新义”，已经沿着错误的道路越走越远了。至于(9)(10)两例，究竟是

“一步一步”，还是“坚定不移”“勇往直前”呢，实在捉摸不透了。把一个具有特定含义的固定词组，随心所欲地加以理解和使用，到了让读者猜谜的地步，这就超出了误用的范畴，近于滥用了。

2009年11月10日

# “溢美之词”不等于赞美的话

“溢美之词”原作“溢美之言”，过分赞美的言辞。语出《庄子·人间世》：“夫传两喜两怒之言，天下之难者也。夫两喜必多溢美之言，两怒必多溢恶之言。”这句话的意思是，传达两国国君喜怒时的言辞，是天下最困难的事情。两国国君喜悦，就一定会在话中添加很多过分赞美的言辞；两国国君愤怒，就一定会在话中添加很多过分指责的言辞。后多作“溢美之辞”。例如清·江藩《汉学师承记·江永》：“考永学行，乃一代通儒，戴君为作行状，称其学自汉经师康成后罕其俦匹，非溢美之辞。”清·梁章钜《归田琐记·高雨农序》：“余姑摭拾丛残，就正于高雨农中翰。雨农遽为之序，且有溢美之辞。”现多作“溢美之词”。如冯友兰《三松堂自序》：“常看见书上说，某某军所到之处‘秋毫无犯’，以为这是溢美之词，未必真有那样的军队。可能过去是没有的，解放军可真是‘秋毫无犯’。”赵国兴《溢美之词何时休》：“近年来的溢美之词，似乎更变本加厉起来。动辄便称作什么什么‘家’，什么什么‘大师’，这还不够，前边或者后边还要加上‘学者’‘教授’的称谓。”

理解这条成语的关键在于“溢”字。“溢”的本义是水满而向外流出，引申为过度、过分。“溢美”就是过分赞美。既然是过分赞美的话，就不是客观公正的评价，不是有意吹捧就是夸大其词，都不足为据。因此这条成语具有明显的贬义。遗憾的是现在有些人错误地把“溢美”同“赞美”混为一谈，把实事求是的肯定、衷心的赞美也说成“溢美之词”，这就大错特错了。这种例子在媒体中屡见不鲜。例如：

(1) 国际足联主席在发布会上对南非成功举办世界杯充满溢美之词，他说，如果满分是10分的话，南非的组织工作可以得9分。(人民网2010年7月13日)

(2) 在对他的前任的悼词中，罗格不吝任何溢美之词，“他将奥林匹克运动提升到一个新高度，在顾拜旦后，萨马兰奇是国际奥委会最有影响力的主席。”(《东方早报》2010年4月23日)

(3) 冯玉祥称他“才大如海”，侯锷颂他“独挽神州危，正气永不死”，唐蟒说他“开中国风气之先，论功不在孙(中山)黄(兴)后”。所有这些洋洋溢美之词，都说明了梁启超在中国近代史上尤其是立宪运动中的巨大影响。(人民网2009年10月23日)

(4) 对于刘庆邦、苏童、迟子建的短篇小说，她(按，指王安忆)毫不吝啬自己的溢美之辞：“那是什么样的神来之笔啊！”(《人民日报》海外版2009年3月13日)

无论是国际足联主席布拉特对南非世界杯的肯定，国际奥委会主席罗格对萨马兰奇的评价，还是冯玉祥等人对梁启超的称颂，王安忆对三位作家的赞赏，都是客观公正的评价、发自内心的赞美，既不是夸大其词，更不是阿谀奉承，显然都不能说“溢美之词”。

2010年7月1日

# “因人成事”的误解和误用

2008年7月24日《平凉日报》有一篇题为《毛遂与蒋干》的文章，在详细介绍了毛遂的事迹之后，得出一个结论：“事实证明，毛遂不但有脱颖而出的勇气，更有因人成事的胆识和才干。”毛遂确实在同楚王的谈判中脱颖而出，但是他的成功是“因人成事”吗？“因人成事”也需要“胆识和才干”吗？还是让我们先来看看这条成语的来历吧。

《史记·平原君列传》记载：秦国包围了赵国国都邯郸，赵国派平原君到楚国求救。平原君决定挑选二十个文武兼备的门客同去。挑来挑去，只挑出十九个，毛遂自荐，成了第二十个随员。到了楚国之后，平原君同楚王谈判，从早晨谈到中午，一直没有结果。这时毛遂挺身而出，义正词严，晓以利害，终于迫使楚王与平原君歃血为盟。毛遂左手端着盛血的盘子，右手招呼那十九个人说：“公相与歃此血于堂下。公等录录，所谓因人成事者也。”意思是：你们诸位，庸庸碌碌，正是所谓依靠别人的力量才能把事情办成的人啊。后遂用“因人成事”形容人庸庸碌碌，不能独当一面，含贬义。例如宋·王谠《唐语林·雅量》：“狄梁公曰：臣以文章直道进身，非碌碌因人成事者。”郑逸梅《书报旧话·四角号码检字法的创始经过》：“从这个记述看来，王云五不过因人成事，高梦旦的创造和改革精神是不可没的。”也用于自谦。如宋·苏轼《谢失察妖贼表》:“捕斩群盗之功,乃是邻近一夫之力……〔臣〕虽为国督奸,常怀此志,而因人成事,岂足言劳。”

《毛遂与蒋干》的作者,虽然在文章中多次引用《史记·平原君列传》,但是并没有读懂毛遂这句话,不了解“因人成事”是毛遂奚落十九人的话,反而用来赞美毛遂有胆识和才干,显然是错误的。其实类似的误解并不罕见。例如2010年10月6日一家网站上有一篇文章,介绍与毛遂有关的五条成语,说:“平原君从楚国回到邯郸后,感叹地说:这次出使楚国,亏得有毛遂,正是因为有了他,才把事情办的圆满成功。这便是成语‘因人成事’的来源。”这位作者不但把毛遂说的话当成平原君的话,而且把当“依靠”讲的“因”误解为“因为”,把泛指别人的“人”,误解为特指毛遂。更常见的则是把“人”误解为“人才”,把这条成语误解为因为有了人才,才能办成大事。请看例句:

(1)中国的古语讲“千军易得、一将难求”,还说“因人成事”……用人从来都是决定事情成败的一个关键。(人民网2006年7月7日)

(2)蜀汉诸葛亮之后的几个继任者蒋琬、费祎、董允……一代不如一代,所以蜀汉衰落败亡也就是必然趋势了。因人成事,由此,我们可以看到人才在历史发展中的重要性。(人民网2009年7月6日)

(3)古人云:因人成事。没有具备较高能力和品格的执法人员,很难保障行政裁量权的正确行使。(中国政府法制信

息网 2009 年 8 月 26 日）

（4）事在人为，因人成事。新中国的石油工业从一穷二白起步，能够跨入石油大国之列，关键在于有余秋里、康世恩和王进喜等为代表的一批奠基者。（《中国石油报》2010 年 1 月 26 日）

例(1)使用“因人成事”，是想说明“人是决定事情成败的关键”，而不是批评某些人庸庸碌碌，不能独当一面，与“因人成事”的意思大相径庭。其余三例的错误与例(1)相同，都把这条成语同“事在人为”混为一谈。前三例的“因人成事”可以改为“事在人为”，最后一例已经用了“事在人为”，“因人成事”纯属画蛇添足，应该删掉。

由于对这条成语的误解，造成的误用还远不止上面这一种。随便举几个例子：

（5）因地制宜因人成事——选派“对路”的大学生“村官”。（《泉州晚报》2010 年 6 月 2 日）

（6）教师对接职业岗位，着力打造“双师型”队伍，因人成事，提高了课堂内容的含金量，更直接将科研成果孵化为实际效益。（《中国教育报》2010 年 4 月 14 日）

（7）中国球迷关注 NBA，大多只是关注姚明和火箭队。刘翔参加芬兰田径世锦赛，有 100 多名中国记者赶到赫尔辛基，采访人数创下了历史纪录。这些，都是因人成事。（《新民晚报》2005 年 8 月 9 日）

例(5)似乎是想说“因人而异”或“因人制宜”。例(6)是不是想说“因材施教”呢，猜不准。至于例(7)想说什么，更不好猜了。

望文生义是使用成语的大忌，对于自己拿不准的成语，使用前最好查一查工具书，这是避免误用最有效的办法。

2010年10月8日

# “应运而生”不用于坏人坏事

“应运而生”语出唐·王勃《益州夫子庙碑》:“大哉神圣,与时回薄,应运而生,继天而作。”意思是顺应天命而降生。例如《红楼梦》二回:“若大仁者则应运而生,大恶者则应劫而生,运生世治,劫生世危。”蔡东藩《明史通俗演义》一回:“明太祖朱元璋,应运而生,不数年即驱逐元帝,统一华夏。”后多指顺应客观形势、时代潮流而产生或出现。如柳亚子《我和南社的关系》:“我们就不能不和他们分家,另行组织,和一般新朋友携手合作起来,这新南社便应运而生,呱呱坠地了。”魏金枝《编余丛谈》:“本来,作者总是应运而生的,哪一个时代,不产生若干属于他们自己的时代的作者,为那个时代而服务?”

从“应运而生”的含义和古今典范用例都可以看出,这条成语一般都用于好人好事或新生事物的产生或出现,而绝不能用于逆时代潮流而生的坏人坏事。有人忽略了这一点,以致造成误用。例如:

(1)随着用人不正之风的蔓延,一种令人惊叹的腐败现象——“群蛀”也应运而生。(《法制日报》2010 年 4 月 6 日)

(2)于是,各种折腾老百姓的乱评比、乱检查、乱摊派应运而生。(中国共产党新闻网 2009 年 9 月 23 日)

(3)更为可笑的是,在“发展”的名义之下,许多“豆腐渣工程”、“烂尾工程”、“建成即拆工程”应运而生。(中国共产党

新闻网 2009 年 1 月 4 日）

（4）在这样的“潜规则”操纵下，那些“卖公务员岗位”诈骗者也就应运而生了。（《检察日报》2009 年 6 月 30 日）

无论是祸国殃民的“群蛀”“乱摊派”“豆腐渣工程”，还是卖官鬻爵的“诈骗者”，都属于逆时代潮流而生的坏人坏事，只能使用“随之产生”、“乘机滋生”之类的词语，而不能说“应运而生”。

2010 年 6 月 28 日

# “有口皆碑”只用于好人好事

“有口皆碑”语本宋·普济《五灯会元·太平安禅师》:“劝君不用镌顽石,路上行人口似碑。”意思是路上每个行人的嘴都是记载功德的石碑。后来就用“有口皆碑”形容人人称赞、颂扬。例如清·刘鹗《老残游记》三回:“宫保的政声,有口皆碑,那是没有得说的了。”罗瑞卿《回忆周总理》:“敬爱的周总理为中国革命建树的伟大功勋,已经有口皆碑,载入史册。”陈忠实《白鹿原》二十三章:“单是这次赈灾,先生所作所为无论朝野有口皆碑。”

从这条成语的出处和古今典范用例可以看出,这是一条感情色彩鲜明的褒义成语,只能用于好人好事。但是常常有人忽略了这一点,从而造成误用。例如:

(1) 在孙朋展的工作和生活圈子中,他的小气是有口皆碑的。(人民网 2008 年 1 月 23 日)

(2) 我这个女友的任性可是有口皆碑。(《北方晨报》2006 年 11 月 14 日)

(3) 苗乔伟在生活中是有口皆碑的好好先生。(《新闻晨报》2007 年 6 月 13 日)

(4) 这位科级干部是当地一位有口皆碑的“清官”。(人民网 2007 年 4 月 11 日)

“小气”“任性”都不是什么优点,“好好先生”也不值得称道，怎么能说“有口皆碑”呢？至于那个加了引号的“清官”本是内蒙古乌拉特前旗的一个贪污分子，当然更不能说“有口皆碑”。这几例中的“有口皆碑”都应该换成“尽人皆知”“人所共知”之类的中性成语。

成语的感情色彩是长期形成的客观存在，使用者只能遵循这个规律而不能随意改变。

2008年5月10日

# “有所起色”是生造词语

近年来，一个貌似成语的词组悄然走红，在媒体中经常被使用。这就是“有所起色”。请看最近从媒体摘录的例句：

(1) 如今扫黑打假如火如荼，国字号球队有所起色，四支中超球队打亚冠也打得有模有样。(《北京晨报》2010 年 3 月 11 日)

(2) 下半时，国奥队的表现虽有所起色，但始终未能将努力转化为进球，只能接受 0∶0的结果。(《云南日报》2010 年 1 月 16 日)

(3)〔日本〕到 1995 年经济已有所起色，GDP 增速回升到 2.5％左右。(《人民日报》2009 年 12 月 28 日)

(4)〔袁贵仁〕被每一个关心中国教育的人寄予厚重的期望，期盼他在任职期间，中国的教育改革能有所起色。(《钱江晚报》2009 年 11 月 16 日)

“有所起色”于古无征，也不见于任何现代汉语词典或成语词典。“所”可以放在动词前同动词组成名词性的“所”字词组，如“所见”“所闻”“〔各尽〕所能”“〔不出〕所料”。“有”“所”连用，放在双音节动词前面，表示具有一定程度，如“有所发展”(有一定程度的发展)、“有所提高”、“有所警惕”、“有所收敛”。而“起色”的意思是事物变好时表现出来的情况或样子，名词，根本不能同“所”或“有所”结合。表示事物出现变好的样子，如果想用“起色”，可以说“有起色”“略有起色”“稍有起色”“颇有起色”“大有起色”等。如果想用“有所”，可以说“有所好转”“有所改观”“有所回升”等。上述诸例中的“有所起色”，例(1)可以改为“略有起色”，例(2)可以改为“有所改观”，例(3)可以改为“有所好转”，例(4)可以改为“有所突破”。可以选用的词语很多，唯独不能使用“有所起色”这个生造的不合语法的词语。

无独有偶，一个同“有所起色”类似的“有所＋名词”式的生造词语“有所意见”，近来也在媒体中露头。例如：

(5) 赛季结束，俱乐部没有赚到钱，作为赞助商，是不是会有所意见？(《东方早报》2010 年 4 月 15 日)

(6) 没有不能判决的案件，如果法庭判下去，到时对方肯定有所意见。(《泉州晚报》2009 年 12 月 23 日)

(7) 以往小糊涂仙的提价经销商均会有所意见，但此次提价很顺利。(《信息时报》2009 年 7 月 27 日)

真不明白这些作者为什么放着简单明了的“有意见”不说，偏偏要用文理不通、莫明其妙的“有所意见”。

鲁迅先生在《答北斗杂志社问》一文中告诫我们：“不生造除自己之外，谁也不懂的形容词之类。”“有所＋名词”的始作俑者已无法考据，而一人生造、众人跟着滥用的浮躁文风尤其害人，现在到了应该杀一杀这股歪风的时候了。

2010 年 7 月 28 日

# 不要用“与虎谋皮”比喻好人

“与虎谋皮”原作“与狐谋皮”，语本《太平御览》卷二〇八引《符子》：“周人有爱裘而好珍羞，欲为千金之裘而与狐谋其皮，欲具少牢之珍而与羊谋其羞。言未卒，狐相率逃于重丘之下，羊相呼藏于深林之中。”意思是跟狐狸商量要剥下它的皮来，比喻所商量要办的事跟对方的切身利益完全对立，是绝对办不到的。后多作“与虎谋皮”。把“谋皮”的对象变为凶猛的老虎，其贬抑的色彩更加明显了。例如孙中山《大亚洲主义》：“要请在亚洲的欧洲人，都是和平的退回我们的权利，那就像与虎谋皮，一定是做不到的。”续范亭《学习漫谈》：“现在想起来，实际上是做了三十年与虎谋皮的事，几乎被虎吃了。”王火《战争和人》(二)卷五：“我自己要去与虎谋皮，引狼入室，我自己要将恶鬼请进门来，能怨谁？”

这条成语现在已经发展成为贬义成语。《新华词典》释为“比喻跟恶人商量要他放弃自己的利益，是绝对办不到的”，比较准确地反映了“与虎谋皮”在现代汉语中的用法。因此只能把坏人，至少是主观上认定的坏人或有意贬损的人比作“虎”，而不能用来比喻好人。现在有人忽略了这一点，把不该比作“虎”的也比作“虎”，这就同这条成语的感情色彩不谐调了。例如：

(1) 通胀之下，我们固然应该寄望于政府，采取切实有效的手段促进普通国民的工资倍增和收入增长，但不论是减税加薪还是打破垄断，可能都是与虎谋皮极为不易。（《青年时报》2010 年 7 月 26 日）

（2）指望地方政府按中央要求落实保障房建设，那简直是与虎谋皮，根本办不到。（人民网 2010 年 8 月 31 日）

（3）指望医院在不增加收费的情况下增加服务内容不啻与虎谋皮，想都别想。（《广州日报》2010 年 10 月 8 日）

（4）老百姓自动把钱拿出来让政府代表人民去花掉，这无异于与虎谋皮，谁也不愿意的。所以，跟老百姓商量增加消费税是商量不出什么结果来的。（东方网 2010 年 7 月 14 日）

把“与虎谋皮”用于人民政府或医院（不是个别医院），已属不妥，而用于“老百姓”便更加离谱了。

2010 年 11 月 25 日

# “雨后春笋”不用于贬义

“雨后春笋”语本宋·赵蕃《章泉稿·过易简彦从》：“雨后笋怒长，春雨阴暗成。”后以“雨后春笋”四字成文，比喻新生事物大量涌现，蓬勃发展。例如郭沫若《洪波曲》九章三：“青年的救亡团体真如雨后春笋一样，在武汉簇生起来。”李六如《六十年的变迁》八章：“平民夜校好像雨后春笋，一天多过一天。”廖沫沙《凌云健笔意纵横》：“在上海的其他革命戏剧团体、革命文学刊物、社会科学刊物和马列著作的翻译本，也都如雨后春笋般出现了。”春雨过后，竹笋怒长，一派生机勃勃，令人欢欣鼓舞，用来比喻新生事物的涌现，形象生动，富有诗意。显然这是一条褒义成语，可惜有人却把它用于贬义。请看例句：

(1) 近年来，贪官似雨后春笋般不断涌现，表现出“职务越来越高、数额越来越大、花样不断翻新”的特点。（人民网 2009 年 2 月 10 日）

(2) 因为有甜头，风险又如此低，骗子就如雨后春笋般地蓬勃生长了。（新华网 2009 年 6 月 22 日）

(3) 由于技术门槛问题，此类产品在市场上是龙蛇混杂，伪劣产品如雨后春笋涌现。（《广州日报》2009 年 3 月 2 日）

(4) 毒品加工厂如雨后春笋般在贝卡谷地成批地出现。（人民网 2009 年 6 月 11 日）

无论贪官、骗子的不断涌现，还是伪劣产品、毒品加工厂的肆意泛滥，显然都是坏事，不能用“雨后春笋”来比喻。成语是有感情色彩的，“雨后春笋”的褒义色彩很鲜明，绝对不能用于贬义。

2009 年 9 月 8 日

# 什么情况才能说“缘木求鱼”？

《孟子·梁惠王上》记载，梁惠王不想施行仁政，却企图开辟疆土，统治天下，孟子对他说：“以若所为求若所欲，犹缘木而求鱼也。”“缘木求鱼”意思是爬到树上去找鱼（缘：攀缘；木：树），比喻方向错误或方法不对头，一定不能达到目的。例如《后汉书·刘玄传》：“今以所重加非其人，望其毗益万方，兴化致理，譬犹缘木求鱼，升山采珠。”梁启超《生计学学说沿革小史》：“致富之道，非使农产物日增不能，而彼重商论者，反保护分利之工商业，使之夺本而蠹民，是缘木求鱼之类也。”《中国共产党致中国国民党书》：“爱国有罪，冤狱遍于国中，卖国有赏，汉奸弹冠相庆，以这种错误政策来求集中与统一，真是缘木求鱼，适得其反。”

理解和运用这条成语，需要注意两点。

第一，这条成语包含手段和目的两个方面，“缘木”比喻手段，“求鱼”比喻目的，缺一不可。前举书证中，《后汉书》例的手段是重用不该重用之人，目的是使国家得到治理；梁启超例的手段是保护工商业，削弱农业、损害农民，目的是使国家富强；最后一例的手段是采取错误的政策，目的是求得国家的集中与统一。如果只有手段、只有目的，或者既没有手段也没有目的，都不能说“缘木求鱼”。例如：

（1）如果简单地以为一部电影的成功，只不过是个投入

问题，只不过是个高科技运用的问题，这无异于是在缘木求鱼，背道而驰。（《长江日报》2010 年 1 月 21 日）

（2）你指望有好多房产的人和想要买套房的人有同样的观点，那是缘木求鱼。（《京华时报》2010 年 5 月 28 日）

（3）我也是一个很没有安全感的女人……曾经在压力和焦虑之中生活了很久。现在终于明白，追求安全感无异于缘木求鱼。（《广州日报》2009 年 4 月 17 日）

例(1)讲的是一种片面的认识，例(2)讲的是一种不切实际的想法，既没有手段，也没有目的；例(3)讲了目的(追求安全感)，而没有讲手段，只表达了一种不可能实现的愿望：显然都不能使用“缘木求鱼”。

第二，之所以不能达到目的，唯一的原因就是手段(方向、方法)不对头。由于其他原因达不到目的，也不能说“缘木求鱼”。例如：

（4）气候大敌压境，小国要想幸免于难无异缘木求鱼，但真正的大国却又不愿承担历史责任。（《国际先驱导报》2009 年 12 月 25 日）

（5）没有核心的鲁能，面对弱旅尚可保持优势，面对申花、北京等老牌强队就很难占到便宜了，要想成就中超霸业无疑是缘木求鱼。（人民网 2010 年 5 月 23 日）

小国不可能避免全球气候变化带来的灾难，原因是缺乏经济实力；山东鲁能队不可能称霸中超，原因是缺乏核心球员。其所以不可能达到目的，都与方向、方法无关，显然也不能使用“缘木求鱼”。

顺便说一下，还有人根本没有弄懂这条成语的含义，便任意使用。例如：

(6) 牡丹“富含蛋白质、氨基酸、维生素、类黄酮等多种营养元素”，有蛋白质、氨基酸没错，不过比起吃鸡蛋，嚼牡丹获得的蛋白质，无异于缘木求鱼。(《新京报》2010 年 4 月 13 日)

(7) 制度是非中性的，任何制度都有其占优群体和劣势境遇。一项制度可能让某一社会群体如鱼得水，占尽利益，却会让另一社会群体缘木求鱼，得不偿失。(《北京日报》2009 年 7 月 27 日)

例(6)是想说“嚼牡丹”同“吃鸡蛋”的收获相比，无异于小巫见大巫，例(7)是想说“一项制度”不可能使所有“社会群体”都获得利益，都与“缘木求鱼”风马牛不相及，错得更加离谱，纯属滥用了。

2010 年 8 月 19 日

# 使用“芸芸众生”不要叠床架屋、自相矛盾

“芸芸众生”本是佛教用语，指一切有生命的东西。后作为成语，指为数众多的普通人（芸芸：形容众多的样子；众生：指一切有生命的东西，也指世人、百姓）。例如晚清·秋瑾《光复军起义檄稿》：“芸芸众生，孰不爱生？爱生之极，进而爱群。”秦牧《在探索学问的道路上》：“如我们之辈的‘芸芸众生’，既不是两三岁就认识一两千字，也不是七八岁还流着口涎不会说话，我们绝大多数人，天资都是一般水平。”柯灵《香雪海·阿波罗降临人世》：“他们的倒行逆施，几乎把芸芸众生推进毁灭的深渊。”

“芸芸众生”就是众多的普通人，本身就包括“众多”和“普通”两个义素。因此使用这条成语时必须注意防止叠床架屋和自相矛盾：

一、既然是“众多”的普通人，前面就不能再用“众多”“广大”之类的形容词修饰，后面也不能再带表示复数的后缀“们”。因此以下诸例都属于误用：

（1）每平方米7万多元的昂贵房价，对广大“芸芸众生”来说，委实是惊心怵目的天价了。（《人民日报》2009年8月8日）

（2）中国人对母亲的感情极其深厚……岳飞以牢记母亲

"精忠报国"之训为孝顺的方式,朱德元帅也撰文深情回忆了他母亲平凡中的伟大,我们更多的芸芸众生,也都以各种方式孝敬、怀念自己的母亲。(人民网 2009 年 5 月 9 日)

(3) 每一个今天,在 24 小时过后,都会变成昨天,而为明天奋斗着的芸芸众生们,也不是每个人都能幸运地走到明天。(《南方都市报》2010 年 4 月 6 日)

二、既然是"众多"的普通人,前面就不能再接受数词、量词的修饰。因此以下诸例都属于误用:

(4) 两个人从千千万万芸芸众生中一看就对上了眼,相偕相伴,不离不弃,从此牵手,走到一起……这也非常非常不容易呢。(《人民日报》海外版 2009 年 12 月 2 日)

(5) 比如村上春树,日本国一亿两三千万芸芸众生济济英才衮衮公卿,但时下哪个都比不上他这个单枪匹马的小说家。(《羊城晚报》2009 年 10 月 13 日)

三、既然是"众多"的普通人,一个人当然不能说"芸芸众生"。因此以下诸例都属于误用:

(6) 他不过是……被各类报刊媒体拿着放大镜一遍遍研究过的"七十年代"中的一枚芸芸众生。(中国共产党新闻网 2009 年 3 月 5 日)

(7) 诠释这一力量的人并非圣贤,而正是茫茫人海中的每一个芸芸众生。(《国际先驱论坛报》2009 年 5 月 11 日)

四、既然是众多的"普通人",当然不能再用"普通"来修饰,也不能再用来修饰"普通人""老百姓"之类。因此以下诸例都属于误用:

(8) 他(指巴西寓言作家保罗·柯艾略)擅长给普通的芸

芸众生披上形而上的优雅外衣。(《京华时报》2009 年 8 月 7 日)

(9) 我们只是芸芸众生的普通人。(人民网 2009 年 12 月 7 日)

(10) 我们的政府官员不需要花大价钱去购买高价房……高价房的购买对象只是芸芸众生的平头百姓。(人民网 2009 年 3 月 31 日)

判断"芸芸众生"用得对不对,有一个简单的办法,就是把"众多的普通人"代入句中,看看是否讲得通。用这个办法测试上述例句,结果不是叠床架屋就是自相矛盾,其为误用显而易见。

2010 年 8 月 23 日

# “在所难免”的是不好的事情

“在所难免”意思是实在难以避免（“在”和“所”连用有表示强调的意思）。语见晚清·李伯元《活地狱》九回：“或者阳示和好，暗施奸刁的，亦在所难免。”例如巴金《随想录》七十九：“不过以后参加的许多大会小会中整人被整的事就在所难免了。”黄一欧《回忆先君克强先生》：“因事隔多年，记忆模糊，错漏在所难免。”

在这些书证中，在所难免的毫无例外都是不好的或不希望出现的事情。因为所谓避免，就是设法不让某种不好的或不希望出现的事情发生。但是有人忽略了这一点，不管将要出现什么事情都说“在所难免”，以致造成误用。例如：

（1）两队的分差逐渐扩大到40分以上，看来一场大胜又是在所难免。（新浪网2009年11月21日）

（2）当两岸关系发展到一定的阶段，两岸的政治协商和对话在所难免，势在必行。（环球网2009年11月21日）

（3）由此可见，人生一世，荣与辱、得与失在所难免。（中国共产党新闻网2009年11月9日）

“大胜”是每个球队都梦寐以求的，没有谁会设法避免它的出现；“政治协商和对话”是海峡两岸有识之士长期为之奋斗的目标，怎么能设法加以避免呢？显然都不能说“在所难免”。说“辱”与“失”在所难免是可以的，而说“荣”与“得”也在所难免就不通了。例(1)的“又是在所难免”可以改为“已成定局”,例(2)的“在所难免”不如索性删掉,例(3)应该换个说法,比如“都可能出现”之类,这样这几个句子就通顺了。

2009 年 11 月 24 日

# “振聋发聩”不同于“震耳欲聋”

“振聋发聩”原作“发蒙振聩”，意思是使瞎子见到光明，使聋子听到声音（蒙：“矇”的简化字，眼睛失明；聩：耳聋），比喻用言论、文章唤起糊涂麻木、是非不明的人，使他们猛醒。语见清·吴敬梓《儒林外史》四十四回：“先生，你这一番议论，真可谓之发蒙振聩。”后多作“振聋发聩”。例如清·袁枚《随园诗话补遗》卷一：“此数言，振聋发聩，想当时必有迂儒曲士以经学谈诗者，故为此语以晓之。”郭沫若《今昔集·“娜拉”的答案》：“然在革命初期总须得有一二壮烈的牺牲以振聋发聩，秋〔瑾〕徐〔锡麟〕二先烈在这一点上正充分完成了他们作为前驱者的任务。”

有些人误把“振聋发聩”同“震耳欲聋”混为一谈。请看例子：

（1）“冲啊，冲啊”一阵振聋发聩的声音从前方传来，抢滩登陆的官兵向目标发起冲击。（《解放军报》2007 年 8 月 17 日）

（2）类似飞机轰鸣的巨大声响振聋发聩，火箭先竖直而上，穿过云层，身后云朵变幻出一条巨龙的形象。（《信息时报》2007 年 10 月 25 日）

（3）话剧演员时常手持话筒出现在舞台中间，与舞台上振聋发聩的音乐进行着声嘶力竭的对抗，使整台演出显示出

粗犷的质感。(《京华时报》2007 年 11 月 29 日)

(4) 北京广播学院,“北广”,曾是多么辉煌的名牌……“哈军工”那更是振聋发聩的名字了!(《解放日报》2008 年 1 月 7 日)

不必多作分析,就可以看出前三例的“振聋发聩”都应改为“震耳欲聋”。值得说一说的是例(4),它不仅把“振聋发聩”混同于“震耳欲聋”,而且把具体的声音引申为抽象的名声,使之成为“遐迩闻名”“名闻天下”的同义语,在错误的道路上又有所前进,真是越走越远了。

其实“振聋发聩”同“震耳欲聋”的区别是相当明显的。“震耳欲聋”的“震”是震动、颤动的意思,“耳”指正常人的耳朵,是说声音大得把正常人的耳朵都快要震聋了。“振聋发聩”的“聋”和“聩”是同义词,都指聋子;“振”和“发”词义相近,都是启发、奋发的意思。声音再大聋子也是听不到的,所以这条成语根本不是形容声音大,而是比喻唤起愚顽,促人猛醒,与“发人深省”意思相近。“振聋发聩”只用于比喻义,而“震耳欲聋”根本没有比喻义。只要切实弄清这两条成语的区别,就不会混为一谈了。

2008 年 5 月 15 日

# “振振有词”形容理由本不充分

“振振有词”,《现代汉语词典》释为“形容理由似乎很充分,说个不休”(振振:理直气壮的样子)。语见梁启超《关税权问题》:“今者外人之以排外相诬者,既振振有词,其乌可更为无谋之举,以授之口实也。”例如郑振铎《三姑与三姑丈》:“到了两造同在县官面前对质时,他的两个哥哥都振振有词,虽然自己取了好的,还说取的是坏的,虽然自己取了多数,还说取的是少数。”李英儒《野火春风斗古城》五章:“虽然不断给他提些意见,对方总是振振有词地巧言争辩。”也作“振振有辞”。如巴金《探索与回忆·究竟属于谁》:“这些人振振有辞、洋洋得意,经常发号施令,在大小会上点名训人,仿佛真理就在他们的手里。”

所谓“理由似乎很充分”,就是说理由本不充分,而自以为充分或装出充分的样子,即理虽屈而词不穷,近乎“强词夺理”,而与“理直气壮”“义正词严”不同。有人没有准确把握这条成语的含义,在说话人确有充分理由的情况下也使用“振振有词”,就不妥当了。例如:

(1)基于毛泽东出言如此振振有词,有理有据,无懈可击,设计方案只好进行更改。(中国共产党新闻网 2009 年 2 月 24 日)

(2)听完王根英的叙述,陈赓当天就大胆地来到王家,向

她的父母说明道理，他振振有词地说……。（中国共产党新闻网 2009 年 3 月 3 日）

(3) 围绕宝马、奔驰这些豪华的高级轿车该不该入围中央国家机关公务车采购名单，反对方振振有词，支持方也“有法可依”。（人民网 2009 年 6 月 29 日）

(4) 这些年轻的大学生对现任〔日本〕政府的缺点了如指掌，特别是对其引领经济复苏方面的政策失误振振有词。（《国际金融报》2009 年 8 月 20 日）

当年毛泽东反对把自己的头像印在人民币上，“出言……有理有据，无懈可击”；陈赓劝说王根英的父母不要为女儿包办婚姻，合情合理，令人信服；我国群众反对国家机关采购豪华轿车，理由正当而且充分；日本大学生既然对政府的缺点和失误“了如指掌”，批评起来自然理直气壮，切中时弊。以上诸例，显然都不宜使用“振振有词”。

至于有人把“振振有词”同“滔滔不绝”“夸夸其谈”之类混为一谈，错得更是毫无道理了。例如：

(5) 只要一提起官场上的事，他便眉飞色舞，绘声绘色，振振有词，甚至吹得神乎其神。（人民网 2009 年 3 月 13 日）

(6) 综观现在一些地方的文件和领导讲话，振振有词，天花乱坠，脱离实际。（中国共产党新闻网 2009 年 3 月 3 日）

例(5)应该用“滔滔不绝”，例(6)应该用“夸夸其谈”，两例都不能使用“振振有词”。

2009 年 10 月 26 日

# 莫把“纸上谈兵”当成“一纸空文”

在媒体上时常看到有人把“纸上谈兵”同“一纸空文”混为一谈。这两条成语确有相似之处，但区别还是很明显的。

“纸上谈兵”意思是在纸面上谈论用兵策略，比喻空发议论，不解决实际问题。《史记·廉颇蔺相如列传》记载：战国时赵国大将赵奢的儿子赵括，自幼熟读兵书，谈起兵事头头是道，连他父亲也驳不倒他。后来他代替廉颇为大将，由于缺乏实战经验，只知照搬兵书，结果秦赵长平之战，他率领的赵军全军覆没。后人由此概括为成语“纸上谈兵”。例如清·汤斌《答孙屺瞻侍郎书》：“此先生亲身阅历之言，故凿凿如此，非他人纸上谈兵也。”晚清·曾朴《孽海花》六回：“只怕他们纸上谈兵，终无实际，使国家吃亏。”老舍《四世同堂》三十四：“书生都喜欢纸上谈兵，只说而不去实行；他是书生，他知道怎样去矫正自己。”曹禺《北京人》一幕：“通常他是无时无刻不在谈着发财的门径的，但多半是纸上谈兵的谈话，只图口头上快意，决不想到实行。”

“一纸空文”意思是一张没有效用的空头文件，指尽管写在纸上却不能兑现的东西，如条约、合同、规章、计划等等。语见晚清·李伯元《官场现形记》四十六回：“近来又有了什么外销名目，说是筹了款项，只能办理本省之事，将来不过一纸空文，咨部塞责。”例如梁启超《立宪法议》：“故苟无民权，则虽有至良极美之宪法，亦不过一纸空文。”邹韬奋《萍踪忆语·金圆王国的劳动妇女》:“就是有了这样的法律以后,还要靠工人们自己有力量督察着执行,否则还是一纸空文。”母国政《支部书记和他的同事们》:“没有一批这样的干部,多完善的方针政策,也有成为一纸空文的危险!”

这两条成语的区别在于:第一,从意义上看,“纸上谈兵”本身就是不切实际的空谈,根本不可能实现,或者根本没有打算去实现。“一纸空文”虽然最终未能兑现,但它本身未必就是空谈,如果具备一定条件,它们还是可能兑现的。第二,从语法功能上看,“纸上谈兵”是动词性词组,指的是空谈这种行为,在前举书证中,汤斌、曾朴、老舍都直接用作谓语,曹禺用来修饰“谈话”。“一纸空文”是名词性词组,指的是空头的文件,梁启超用来指“宪法”,邹韬奋用来指“法律”,母国政用来指“方针政策”。把握住这两点,就不会把两条成语混为一谈。

考察了两条成语之后,就不难看出以下诸例中的“纸上谈兵”都属于误用,都应该改为“一纸空文”:

(1) 如果没有项目做支撑,再好的规划都是纸上谈兵、空中楼阁。因此,抓落实必须抓项目。(《宝鸡日报》2010 年 10 月 21 日)

(2) 再多的政策如果得不到切实的遵照、实行,也只是纸上谈兵。(《南都周刊》2010 年 10 月 27 日)

(3) 如果没有足够的惩处措施,封杀令很可能是纸上谈兵。(《燕赵晚报》2010 年 7 月 14 日)

(4) 很多市民担心〔卫生部出台的〕“完全禁烟令”最后会变成纸上谈兵。(《河北日报》2010 年 5 月 19 日)

2010 年 12 月 5 日

# 应该为“炙手可热”降温

著名语言学家张斌先生在为2007年出版的一部大型成语词典写的序言中指出：“目前的出版物当中滥用、错用成语的情况并不罕见。”“炙手可热”就是他举出的一个例子。确实如此，近年来“炙手可热”已经被当成“吃香”“走红”“热门”等的同义语，使用范围不断扩大，使用频率与日俱增。开始还只用于股市，后来发展到形容明星、名人、商品、物资，进而修饰市场、职业、单位、作品，现在已经扩展到话题、概念、题材、信息等抽象事物，不断升温。随便举几个最近从媒体上摘录的例子：

(1) 春晚过后的电视屏幕上，刘谦又一次成为最炙手可热的明星。(《中国青年报》2010年2月24日)

(2) 齐白石堪称当今收藏市场上最炙手可热的画家。(《南方日报》2010年2月23日)

(3) 新奥拓是市场上炙手可热的车型之一。(《北京青年报》2010年2月24日)

(4) 国进民退导致房地产市场炙手可热。(《人民日报》海外版2010年1月4日)

(5) 在短期内它(按，指公务员)还是一个炙手可热的岗位。(人民网2010年1月21日)

(6)《游戏中的科学》《迪士尼永恒经典》……都成为了炙

手可热的读物。(人民网 2010 年 2 月 18 日)

(7) 全国人大第十一届三次会议明日开幕,无论会场内外,房价都是最炙手可热的话题之一。(《广州日报》2010 年 3 月 4 日)

(8) 张家界的一次“非常举动”使得此事(按,指“更名门”事件)再次升温,成了炙手可热的热点新闻。(《法制日报》2010 年 1 月 28 日)

(9) 选秀,一个在中国炙手可热的词,在发掘大量明星预备队的同时,让各大赞助企业、电视台名利双收。(《中国青年报》2010 年 1 月 8 日)

(10) 电话更加炙手可热,刚挂掉一个,另一个紧跟着就接进来。(《北京日报》2010 年 1 月 4 日)

“炙手可热”的意思是一挨近就感到热得烫手(炙手:烫手),比喻气焰很盛,权势很大,使人不敢接近。语出唐·裴庭裕《东观奏记》:“魏国公崔铉秉政,郑鲁、杨绍复、段瓌、薛蒙一时俊造,铉所取信,凡有补吏议事,或与之参酌。时人语曰:炙手可热,杨郑段薛。”例如唐·杜甫《丽人行》:“炙手可热势绝伦,慎莫近前丞相(按,指杨国忠)嗔。”元·高明《琵琶记》:“我夫人虽则贤慧,争奈老相公之势,炙手可热。”鲁迅《华盖集·“公理”的把戏》:“都是北大教授,又大抵原住在东吉祥胡同,又大抵是先前反对北大对章士钊独立的人物,所以当章士钊炙手可热之际,《大同晚报》曾称他们为‘东吉祥派的正人君子’。”郭沫若《洪波曲》五章:“公朴那时还年轻……不幸他又碰上那炙手可热的陈诚。”又作“势可炙手”“炙手之势”。单用“炙手”也比喻权势炽盛,如清·洪昇《长生殿·定情》:“中书独坐揽朝权，看炙手威风赫烜。”

由此可见，这条成语只能比喻气焰盛、权势大，仅用于人，且含贬义。目前媒体上出现的形形色色的用法，不仅歪曲了它的意思，扩大了它的使用范围，而且改变了它的感情色彩，纯属滥用。

有人认为这不是滥用，而是成语在使用过程中的发展。诚然，成语不是一成不变的，在长期的使用过程中，少数成语的意义、用法会有一些变化，但是正如张斌先生所说，这种变化应该“是有公认的标准的”。置成语的整体含义和诸多义素于不顾，只抓住其中某个义素，如“首当其冲”的“首”，“紧锣密鼓”的“紧”，“投鼠忌器”的“忌”，“炙手可热”的“热”，便无限扩张，随意使用，这种做法纯属断章取义，根本不符合词义引申的普遍规律和成语发展的公认标准。特别是某些人一时误用，别人便趋之若鹜，群起效尤，这种浮躁的文风，实不足取。

“炙手可热”目前已经越来越热，热得烫手，应该为它降温。

2010 年 3 月 30 日

# “擢发难数”形容罪恶极多

“擢发难数”意思是拔下头发来计数也难以数清(擢:拔),形容罪恶多得数也数不清。语本《史记·范雎蔡泽列传》:“范雎曰:‘汝罪有几?’〔须贾〕曰:‘擢贾之发以续(赎)贾之罪,尚未足。’”例如《唐大诏令集·会昌四年·平潞州德音》:“胁从百姓,残忍一方,积恶成殃,擢发难数。”清·夏敬渠《野叟曝言》七十五回:“秦桧之罪,擢发难数。”萧乾《南德的暮秋·战犯开审》:“照现有法律,这些倒行逆施的恶徒似乎并未犯罪,然而事实上,他们犯下的罪擢发难数。”

从“擢发难数”的出处和古今典范用例可以看出,这条成语使用范围很窄,只能形容罪恶极多。有人没有把握住这一点,不管什么事物,只要数量极多,就用“擢发难数”来形容,以致造成误用。例如:

(1) 马云……凭一个浙江人的精明相信中国的中小企业市场具有无限潜能并最终走到今天,这其中的艰难和所经历过的失败,恐怕擢发难数。(浙江在线 2009 年 1 月 16 日)

(2) 中医应用中药治疗失眠症已有二千年的临床丰富经验,应用的方药擢发难数。(华夏经纬网 2009 年 7 月 16 日)

(3) 只要能编一个好故事,具有一定的语言和叙述能力,就能写成一篇或一部小说,至于在擢发难数的小说丛林中,能否让自己的作品高出一些尺寸,则完全要靠作家的感悟和发

掘了。(《贵州民族报》2005 年 12 月 21 日)

例(1)可以用“一言难尽”,例(2)可以用“不计其数”,例(3)可以用“浩如烟海”,唯独不能用“擢发难数”。

2009 年 11 月 28 日

# “罪不容诛”不是罪不应诛

“罪不容诛”，意思是即使判处死刑也不能抵偿所犯的罪行，形容罪大恶极。语本《孟子·离娄上》：“争地以战，杀人盈野；争城以战，杀人盈城。此所谓率土地而食人肉，罪不容于死。”例如《汉书·王莽传上》：“兴兵动众，欲危宗庙，恶不忍闻，罪不容诛。”《三国演义》五十八回：“欺君罔上，罪不容诛。”姚雪垠《李自成》一卷九章：“你身入贼伙，罪不容诛。”

理解这条成语的关键在“容”字。“容”在这里是宽容、原谅的意思。《孟子》“罪不容于死”句，赵岐注：“言其罪大，死刑不足以容之。”意思是即使判处死刑也不足以原谅他，换句话说就是判处死刑也不能抵偿他的罪过，同“死有余辜”意思相近。有人把“容”字误解为容许，把“罪不容诛”误解为所犯的罪行还不容许被判处死刑，即还没有到非死不可的地步，罪不应诛。这就大错特错了。例如：

(1) 从目前媒体报道的情况来看，唐骏其实也没犯多大的罪过，起码罪不容诛吧，比起三聚氰胺还有某某品牌牛奶造成的危害，实在小的不能再小了。(中国贸易网 2010 年 7 月 13 日)

(2) 当马谡失街亭后，大多数将领都认为马谡固然失误重大，但罪不容诛，且在随诸葛亮南征时屡次进言献计，颇有建树。(深圳新闻网 2010 年 6 月 22 日)

(3) 有的大臣以“李可灼罪不容诛”,议“罚俸一年”;有的大臣以“可灼非医官,且非知药知脉者”议上,将其遣戍。(央视网 2009 年 4 月 2 日)

例(1)是说“打工皇帝”唐骏尽管博士造假,但罪过不大,危害极小;例(2)是说马谡有过也有功,可以从轻发落;例(3)是说向明光宗朱常洛进献“红丸”的李可灼情有可原,“罚俸一年”足矣:既然如此,怎么又说这些人罪大恶极,“罪不容诛”,岂不自相矛盾?显然这些作者都把“罪不容诛”误解为罪不应诛,这样就同所要表达的意思截然相反了。

2010 年 8 月 27 日

# “作奸犯科”不要重词轻用

“作奸犯科”意思是为非作歹，触犯刑律。语出三国·蜀·诸葛亮《出师表》：“若有作奸犯科及为忠善者，宜付有司，论其刑赏。”例如明·袁帙《世纬·贵士》：“士之作奸犯科者，付之刑部都察院，评之大理寺。”明·凌濛初《二刻拍案惊奇》卷三十八：“今儿子既在你处，必然是你作奸犯科，诱藏了我娘子，有甚么得解说？”李劼人《死水微澜》二部八：“至于近年，教民二字，竟成了护身之符，官吏不能治，王法不能加，作奸犯科，无所不用其极。”任乃强《张献忠》：“阳刚队讲的是占吃霸赊，占嫖霸赌，杀人越货，放火行劫。阴柔队则坐地分肥，套赌骗奸，诈欺取财，包揽是非。虽然同是作奸犯科，却有软硬功夫不同。”

需要注意的是，“作奸犯科”指的不是一般的犯错误、做坏事，而是严重地触犯刑律。“作奸”就是做不法之事。例如明·沈德符《野获编·癸未二首相长子》：“嘉靖癸未科，华亭徐相长子璠，以南京应试作奸，问革（问罪革职）。”“科”是刑律，“犯科”就是触犯刑律。所以诸葛亮说“作奸犯科”要“付有司，论其刑”，袁帙也说要送交“刑部”“都察院”“大理寺”治罪。可见这条成语的语义很重，使用时必须注意分寸，切不可重词轻用。请看误用的例子：

(1) 乔燕和说:“乔家的生意终结了,可乔家的精神却一代代传承了下来。我们这个家族70多口人,没有一个‘作奸犯科’的,乔家的后人们也一直恪守着祖先留下的规矩,诚信忠义。”(人民网2010年12月3日)

(2) 艺术家必须应该有自己的职业操守和道德规范,公众期望的是更多真正“德艺双馨”艺术家出现;而那些作奸犯科并自鸣得意的缺陷艺术家,早晚会遭到昔日拥戴者的鄙弃。(《新闻午报》2009年1月12日)

(3) 甘肃省武威市梁州区在全区公检法系统竞职笔试中,为了保证公正、杜绝作弊……聘请18名少先队员担任监考官。孩子们不负众望,秉公执法,当场抓出25名作奸犯科的考生。(《新民晚报》2010年11月1日)

例(1)想说明晋商乔家的后人一直恪守祖训,把乔家的精神一代代传承下来,论据却是“70多口人没有一个作奸犯科的”。这么低的标准怎么能说明问题呢?“作奸犯科”在这里显然是重词轻用了,如果改为“不走正道”之类的话,可能更贴切些。例(2)讲的是艺术家的“操守”和“道德”,而“作奸犯科”早已超出了道德的范畴,而且“作奸犯科”之后竟然还“自鸣得意”,这样的人还叫“艺术家”吗?他们遭到“拥戴者的鄙弃”还用等很久以后吗?如果把“作奸犯科”改为“行为不检点”之类语义较轻的话,或许更符合作者的原意。例(3)的误用更加明显,考试作弊确实违反了考场纪律,但并没有触犯刑律,可以取消考试资格,却不能绳之以法。把“作奸犯科”改成“作弊”,便什么问题都没有了。

有些成语意思相近，但语义有轻有重，使用时必须权衡轻重，掌握分寸，重词轻用、轻词重用都是成语应用中常见的毛病，应该引起大家的重视。

2011 年 3 月 20 日

# “坐怀不乱”不等于不乱

传说春秋时期，鲁国大夫柳下惠夜宿城门，一个年轻的女子因为赶不上进城，要求与柳下惠同宿。柳下惠担心冻坏了她，便解开衣服将她裹在怀里，就这样坐了一夜，却没有发生任何越轨的行为（见《荀子·大略》和《诗·小雅·巷伯》毛传）。从此柳下惠便成了为人称颂的正人君子，“坐怀不乱”也成了形容男子作风正派，不为女色所动的成语。例如明·兰陵笑笑生《金瓶梅词话》五十六回：“其实水秀才原是坐怀不乱的，若哥请他来家，凭你许多丫头小厮同眠同宿，你看水秀才乱吗？再不乱的！”清·名教中人《好逑传》十六回：“我铁翰林不独姓铁，连身心都是铁的，比那坐怀不乱的柳下惠，秉烛达旦的关云长，还要硬着三分。”张爱玲《红玫瑰与白玫瑰》：“这件事他不大告诉人，但是朋友中没有一个不知道他是个坐怀不乱的柳下惠。”

“坐怀不乱”讲的不是在任何情况下“不乱”，而是在女子“坐怀”的特定情况下“不乱”，因此只能用来形容男子不为女色所动。现在有人不了解这条成语的出处及其特定的含义，只看到“不乱”，便置“坐怀”于不顾，不恰当地扩大了它的使用范围。请看例句：

（1）面对金钱坐怀不乱、敢于舍我，这才是真正的共产党人、真正的人民公仆！（人民网 2009 年 12 月 7 日）

（2）面对一连串的巨额奖金和数亿元的超级奖池，彩民

再也不能“坐怀不乱”。(《哈尔滨日报》2011 年 9 月 30 日)

这两例说的都是在金钱的诱惑面前不为所动,已经超出了这条成语的使用范围。但是金钱与女色对一般人都有难以抗拒的诱惑,连类而及,还勉强说得过去,而下面诸例所说的情况便同“坐怀”沾不上边了:

(3) 天都要快塌下来了,怎么日本人还能坐怀不乱?灾民平静地坐在抗震棚、安全区等待救援,每天有条不紊地排着长队领水、领食物,没有引起哄抢和慌乱事件的发生。(人民网 2011 年 3 月 18 日)

(4) 在本场比赛中,一贯患有“多动症”的偏执狂老马成为了坐怀不乱、沉着冷静、足智多谋的教父级人物。(人民网 2010 年 6 月 17 日)

(5) 热点知识的储备对申论备考意义重大……准备充足的热点知识能让你在作答时坐怀不乱、胸有成竹。(人民网 2010 年 11 月 1 日)

(6) 组织部长……遇到突发情况不仅要冷静,要临危不惧、坐怀不乱,还要……多谋善断、具备独立解决问题的魄力。(中国共产党新闻网 2009 年 6 月 9 日)

例(3)是说在发生 9 级地震的危急情况下,日本灾民仍然有条不紊、不慌不乱;例(4)是说在世界杯赛场上,面对动作粗野的韩国队员,阿根廷队主教练马拉多纳仍然不急不躁、指挥若定;例(5)是说准备充分便能在考场上沉着冷静、应付自如;例(6)是说遇到突发情况,要临危不惧、从容应对:以上诸例,都与“坐怀”了不相涉,显然都不能使用“坐怀不乱”。

2011 年 10 月 5 日